盐城工学院学术著作出版基金资助

中国乡村饮食旅游发展研究

韩双斌　著

中国矿业大学出版社
·徐州·

图书在版编目(CIP)数据

中国乡村饮食旅游发展研究 / 韩双斌著. — 徐州 : 中国矿业大学出版社，2024. 7. — ISBN 978-7-5646-6357-5

Ⅰ. F592.3

中国国家版本馆 CIP 数据核字第 2024MW8389 号

书　　名　中国乡村饮食旅游发展研究

著　　者　韩双斌

责任编辑　史凤萍

出版发行　中国矿业大学出版社有限责任公司

（江苏省徐州市解放南路　邮编 221008）

营销热线　(0516)83885370　83884103

出版服务　(0516)83995789　83884920

网　　址　http://www.cumtp.com　**E-mail**:cumtpvip@cumtp.com

印　　刷　苏州市古得堡数码印刷有限公司

开　　本　787 mm×1092 mm　1/16　**印张** 14　**字数** 230 千字

版次印次　2024 年 7 月第 1 版　2024 年 7 月第 1 次印刷

定　　价　56.00 元

前　言

2021年，在比利时布鲁日举行的第六届世界旅游组织(UNWTO)世界饮食旅游论坛，突出强调了饮食旅游是乡村发展的驱动力。意大利、法国、西班牙、日本、韩国等国饮食旅游发展的实践证明，饮食旅游与农产品生产地的乡村已经浑然一体，乡村地区是饮食生产、开展与饮食相关的活动的最常见地点。在消费升级、文化交流加深等因素的推动下，越来越多的国家开始依托乡村生态、农业、乡土饮食、地方饮食民俗等资源，开发具有特色的乡村饮食旅游产品和线路，乡村饮食旅游正迎来国际化和全球化的发展机遇。在此环境下，中国发展乡村饮食旅游，成为传承中华优秀传统文化、实现乡村振兴、推动健康中国建设、保障中国乡村旅游高质量发展的新亮点。2023年春夏之际的淄博烧烤、2023年年底的哈尔滨冻梨、2024年春的甘肃天水麻辣烫等各类美食的出圈，无一不在表明，饮食可以成为旅游“小切口”，撬动地方经济、文化、社会的发展。

本书以中国乡村饮食旅游为研究对象，利用文献分析、逻辑推演、专家调查、层次分析、案例分析等方法，按照“文献回顾—机理研究—实证分析(现状分析—困境突破—经验借鉴)—路径探索—个案应用”的思路，揭示中国乡村饮食旅游的形成机理、系统总结中国乡村饮食旅游发展现状、归纳主要发展模式、梳理成功发展经验，为推动中国乡村饮食旅游的全域协同、全面深化、绿色发展提供指引，为一方水土一方饮食的乡村发展提供有益借鉴。

本书共包括九章内容。第一章为绪论部分，分析研究背景和意义，研究述评，研究思路、方法与技术路线，研究创新点。第二章为理论基础和文献回顾，利用文献研究和逻辑推演方法，展开国内外饮食旅游研究成果综述，系统梳理与乡村饮食旅游研究相关的理论与实践。第三章为机理研究，从旅游动力系统理论出发，归纳驱动中国乡村饮食旅游形成、发展的条件和因素。研究表明，需求、供给、中介、支持、社区参与等五大子系统共同驱动中国乡村饮食旅游的形成和发展。第四章为中国乡村饮食旅游资源的分类、调查与评价，明确乡村饮食旅游资源的分类依据，全面梳理中国乡村饮食旅游资源的构成，并构建中国乡村饮食旅游资源评价指标体系、展开资源评价。第五章为中国乡村饮食旅游发展的现状与困境分析。在五大子系统的驱动下，中国乡村饮食旅游得以发展并呈现出在地性、文化性、体验性和情感性等多维特征，表现出东北部、中北部、西北部、黄河中下游、长江中下游、东南部、西南部等七大区域间差异化发展现状，显现出旅游村、特色小镇、旅游节庆三大主要发展模式。但乡村饮食旅游的发展面临区域间失调、区域内同质化两大主要问题，同时还面临利益相关者利益冲突、品牌意识不强、保障机制不完善、科技力量有待抓牢四大发展障碍。第六章为典型案例分析，以中国乡村饮食旅游的三大模式为依托，各举一例——袁家村、黄酒特色小镇、盱眙国际龙虾节，总结成功经验，探索可能的发展挑战。第七章为中国乡村饮食旅游创新发展的总体要求和具体路径。提出五个坚持总体要求：坚持以文塑旅、以旅彰文，坚持系统观念，坚持旅游为民，坚持创新驱动，坚持生态优先；探索五个“化”发展具体路径：利益均衡化发展、数字化发展、品牌化发展、创新化发展、国际化发展。第八章为保障机制研究，从政府指导、旅游治理、人才体系、基础设施、资金支持、环境保护角度提出六大保障举措。第九章为个案应用，以江苏省盐城市为研究区域，深化中国乡村饮食旅游研究的内容，凸显先行理论研究的实践应用，“明体达用、体用贯通”。

本书的出版获得盐城工学院学术著作出版基金的资助，作者对此表示由衷的感谢。虽然尽力汇集了当前领域的最新研究，然而，鉴于学识的局限性和知识边界的不断扩展，书中难免存在未尽之处，恳请读者提出宝贵的意见和建议，以促进学术讨论。

跟着美食去旅游，跟着乡村饮食旅游研究出发，希望本书能为您的学术研究或旅游实践提供有价值的见解和启发。

作　者

2024年6月

目 录

第一章 绪 论

第一节 研究背景和研究意义

一、研究背景

（一）国际乡村饮食旅游发展的良好势头

2000 年，在塞浦路斯召开了第一届本土饮食与旅游的国际会议，会议提出的重要内容就是将地方饮食打造成旅游目的地的独特吸引物。饮食是游客选择目的地的主要驱动力，对旅游目的地的发展有重要影响，这一点在 2012 年世界旅游组织发布的第一版《全球饮食旅游报告》（*Global Report on Food Tourism*）中得到证实。

Hall 等（2003）指出，饮食旅游是指在某地的饮食体验之旅，以休闲或娱乐为目的，包含参观饮食加工厂、参加饮食节日和食品博览会、逛农贸市场、参加烹饪节目、品尝高品质的饮食或者参与其他与饮食有关的旅游活动。2021 年，第六届 UNWTO 世界饮食旅游论坛突出强调了饮食旅游是乡村发展的驱动力，饮食旅游为乡村社区增添了活力，有助于增加旅游体验的价值、复兴传统文化、支持当地粮食生产，因此应让饮食旅游成为乡村地区可持续发展的推手。意大利、法国、西班牙、希腊、比利时、葡萄牙、美国（特别是加利福尼亚州的纳帕山谷和索诺马山谷）、韩国、日本等地，饮食旅游与农产品生产地的乡村已经浑然一体。由于地处粮食生产地，乡村在提供传统食物方面往往享有相对优势。乡村地区是饮食生产、饮食相关产品供应以及开展饮食活动的最常见地点（Figueiredo et al. ,2021）。

意大利，拥有“西餐之母”美誉，通过自然、美食和生活方式向世界展示其丰富的葡萄酒产地、多样的村庄、美妙的葡萄酒文化和特色的美食。2017年,意大利美食和葡萄酒主题旅游游客人次达 1.1 亿,其中国际游客约占57%。葡萄牙在 2010 年推出“品尝葡萄牙”计划,该计划意在提高葡萄牙国内和国际美食的知名度和认知度。韩国自 1999 年以来,积极致力于将传统食品转变为韩国国内、国际旅游产品的工作。2020 年,韩国乡村旅游首选活动统计中,江原道、忠南、大邱、首尔、庆北的地方饮食、美食体验在各地各类乡村旅游活动中的选择占比最大,分别为 36.0%、34.1%、31.3%、26.3%和24.0%,地方饮食、美食体验在其他地区也成为重要的乡村旅游促进因素。①实践证明,饮食旅游在很多国家正发展成为一种乡村重组现象,它们探索出了利用饮食旅游促进乡村发展的道路,并开发了具有真实性和体验性的饮食旅游产品。

《中国国内旅游发展年度报告 2021》显示,2019 年城镇散客旅游者和农村散客旅游者两类人群的出游花费中,交通费所占比重皆最高,占比位列第二的皆是餐饮费,两类人群餐饮花费占比分别为 23.6%和 26.1%。饮食是游客旅游体验的重要构成。目前,中国已经在饮食旅游上展开了实践探索。2003 年,国家旅游局将当年的旅游促销主题确定为“中国烹饪王国游”,以饮食为旅游吸引核,弘扬中国悠久的历史和文化。《中国国家形象全球调查报告 2018》显示,海外受访者认为,中餐(55%)、中医药(50%)、武术(46%)是最能代表中国文化的三个元素;接触到中国饮食文化的受访者中,81%对中国饮食文化持有好印象。可见,饮食是彰显国家形象、激发文化认同的重要符号,是中国具辨识度的重要特征,饮食旅游发展大有可为,特别是饮食资源相对集中分布的乡村地区。因此,推进中国乡村饮食旅游的发展,是顺应国际趋势的必然选择。

(二) 中国乡村旅游的快速发展

Gilbert 等(1990)认为,乡村旅游就是农户为旅游者提供食宿,使其在乡村、牧场等典型的环境中从事各种休闲活动。世界旅游组织指出,乡村旅游是旅游者在乡村或较为偏远地区的传统乡村及其附近逗留、学习、体验乡村生活的活动。何景明等(2002)进一步指出,乡村旅游的核心要素包括乡村

① “농촌관광 시 선호 활동”,Kosis,2022 年 4 月 6 日。

环境、乡村遗产、乡村生活和乡村活动，其中饮食是乡村生活的重要构成要素。随着人们生活水平的提高和对休闲旅游需求的增加，乡村旅游作为一种新型的旅游形式受到普遍关注。乡村旅游的发展对促进乡村地区农产品直销、复兴传统文化、保护文化遗产、调节农业季节性收入、推动农村经济发展、促进环境保护等都发挥了重要作用。

自 1998 年国家旅游局提出“华夏城乡游”以来，中国乡村旅游发展迅速。2019 年，乡村旅游接待人次达 30.9 亿，占国内旅游人次的一半以上，乡村旅游总收入 1.81 万亿元，同比增长 11.3%，直接带动就业人数 1 200 万，带动受益农户 800 多万户。① 2012—2019 年，中国乡村旅游人次从近 8 亿提升到 30.9 亿，年均增速超过 20%（赵腾泽，2022）。乡村旅游已成为带动中国乡村经济发展的主要引擎，并让乡村文化遗产、乡村风情、乡村环境价值得以实现。中国乡村旅游趋于常态化发展，乡村旅游的本质在乡土性，重在乡愁，而乡土性、乡愁得以展示的重要载体离不开乡味——饮食。发展饮食旅游，是增加民众的文化认同感、增加地区经济收入的重要途径，有助于弘扬中国传统文化、增强文化自信（袁文军等，2018），发展乡村饮食旅游对提升游客满意度与忠诚度、带动农旅融合消费的作用也将越来越明显（桑虹丽，2022）。

同时，随着越来越多的资本进入乡村旅游，乡村旅游发展出现一些问题，如“千村一面”的同质化问题、利益主体矛盾问题、社会文化结构变迁问题、食品浪费与食物垃圾的增加对环境造成挑战问题等；也面临一些困难，如村民没有市场经验、游客行为有待规范、乡村旅游产业链有待优化等。一系列问题的出现，既不利于乡村旅游的可持续发展，也不利于中国美丽乡村的建设与乡村振兴战略目标的全面实现。因此，乡村旅游发展迫切需要相关的理论研究和实践指导。一方水土一方饮食、靠山吃山靠水吃水的多样食材、三分技术七分火候的烹饪技艺、十里不同风百里不同俗的饮食民俗，造就了中国乡村饮食文化鲜明的地域性、丰富性特征，乡村饮食文化是吸引游客的重要因素之一，是游客身份认同、情感认同的重要依托，是乡村旅游

① 《世界旅游日看中国：多业态融合促乡村发展　旅游业重振助市场复苏》，人民网-旅游频道，2020 年 9 月 27 日。

彰显地方特色和差异性的重要抓手。

2021 年 8 月 27 日，在“文化和旅游赋能全面小康新闻发布会”上，明确要将乡村打造成“摆开八仙桌、招待十六方”的旅游目的地，依托饮食旅游赋能乡村。饮食的旅游利用，有助于传达旅游产品的可持续性、真实性，能够彰显乡村社区身份（Rusher，2003）、文化独特性，帮助乡村地区社会文化结构的复兴（Figueiredo et al.，2021）。中国饮食根植于乡村，饮食是乡村地方文化的基本元素、地方标识的重要符号，所以，对中国乡村饮食旅游发展进行研究，探索乡村饮食旅游发展的驱动因素、发展模式以及发展方向，有助于游客构建安放乡愁的精神家园，对于引领中国乡村旅游可持续发展大有裨益。

（三）中国乡村振兴战略的实施

中国是农业大国，“农业、农村、农民”问题历来关系到经济发展和社会稳定。自 1978 年改革开放以来，中国切实加大了对“农业、农村、农民”的投入，中国乡村面貌发生巨大变化。2017 年 10 月 18 日，在中国共产党第十九次全国代表大会上，首次提出“把乡村振兴战略作为党和国家的重大战略”。自实施乡村振兴战略以来，中国出台了多项相关的政策文件进行落实和部署，紧扣“产业兴旺、生态宜居、乡风文明、治理有效、生活富裕”五大战略要求，逐步推进“农业强、农村美、农民富”战略目标的全面实现。实践证明，乡村旅游作为推进一、二、三产业融合的典型产业形态，契合乡村振兴战略的五大要求，是乡村振兴的一种行之有效的特色途径（北京巅峰智业旅游文化创意股份有限公司课题组，2019）。

首先，乡村旅游的发展有助于推动农村产业结构的优化升级。乡村旅游的发展，能够促使农业向观光农业、休闲农业转型，形成农旅结合的新型产业模式，提高农业的附加值，推动农村经济的多元化发展。其次，乡村旅游与乡村宜居协同发展，乡村旅游的发展有助于推动乡村生态环境的优化，提高乡村环境保护的意识，促进乡村自然景观的保护和环境的美化，促进乡村公共设施的改善和公共服务的提升，从而提升乡村的生态宜居性。再次，乡村旅游有助于推动乡风文明的建设，因为乡村旅游以乡村文化为核心，在乡村旅游发展过程中乡村文化的多重价值得以提升，乡村文化建设的内生动力（村民）被激活，乡村文化建设的外部推力（旅游者、乡村人才等）被关照

(韩双斌,2022)。此外,乡村旅游发展为乡村治理带来了机遇,乡村旅游有助于增强乡村社区的凝聚力和自我管理能力,促进乡村居民参与到乡村治理中,提高治理效率,优化乡村治理结构,提升乡村居民的生活质量和社会福祉。最后,乡村旅游依托乡村的风景、风情、风俗、风味、风土,开发旅游产品和服务,吸引旅游消费,从而为乡村带来经济收益,增加农民收入,改善农村生活条件,推进生活富裕目标的实现。

当前,乡村旅游越发注重培养新业态和特色产品。王应霞(2020)认为,乡村美食旅游为乡村特色饮食产业发展奠定了基础。乡村饮食旅游将乡村丰富厚重的饮食资源优势转换为实现乡村振兴的产业优势和经济优势。杨静等(2022)指出,在国家实施乡村振兴战略背景下,乡村美食文化旅游成为一种全新的旅游形式。韩双斌(2023)则进一步强调,饮食文化振兴与乡村旅游发展是中国乡村建设的重要举措。乡村振兴与乡村饮食旅游发展存在双向推动关系。乡村振兴战略背景下,乡村产业结构的优化、乡村环境的改善、公共基础设施的完善、生产生活条件的提高、乡村文化的复兴、乡村人才的培育,为乡村饮食旅游的发展提供了产业、环境、规划、土地、资金以及人才等机遇的同时,也对乡村饮食旅游的发展提出了要求,乡村饮食旅游需围绕"产业兴旺、生态宜居、乡风文明、治理有效、生活富裕"战略要求合理有序发展。但如何发展?现有饮食旅游理论研究中没有答案,因此有必要对中国乡村饮食旅游进行研究,以期找到正确的乡村饮食旅游发展路径,进而发挥乡村饮食旅游在乡村振兴中的应有作用。

(四) 健康中国建设以及新冠疫情的影响

中国共产党高度重视维护人民健康,党的十八届五中全会首次明确提出推进健康中国建设的任务,党的十九大报告中进一步明确全面实施健康中国战略。作为提升人民健康水平、促进国计民生发展的国家战略,健康中国建设在中国全面展开。通过全面深化医疗卫生体制改革、不断提升医疗卫生服务质量、完善医疗保障制度体系、加强中医药事业发展以及开展全民健康行动等举措(姚力,2022),人民健康水平大幅提升,健康环境显著改善,但中国仍面临人口老龄化加剧、卫生健康需求持续增长、疾病谱发生改变等众多挑战(魏晓瑶等,2022)。饮食供应、饮食消费影响人群营养和健康状况(翟凤英等,1996),尤其对于老年人而言,饮食是重要的影响身体健康的因素。于是，越来越多的人开始康养饮食的探索。《"健康中国 2030"规划纲要》提出，积极促进健康与旅游、养老、互联网、健身休闲、食品融合，发展健康新产业、新业态、新模式。这为乡村饮食旅游提供了发展机遇，乡村饮食旅游是传播健康生活方式的重要途径，能够满足游客对健康生活的追求。

2020—2022 年，受新冠疫情影响，全球旅游业受到极大冲击。世界旅游组织把 2020 年世界旅游日主题定为"旅游与乡村发展"，并发布报告称"世界很多国家的乡村都以旅游业为支柱产业，当前这些乡村正急切期待重振旅游业来推动经济的复苏"。此外，疫情的冲击，进一步激发了人们的健康需求以及人们对美好生活的期待（邢钰舒，2021）。同时，增强人们的免疫力，寻找既健康又有显著治疗效果的营养食品也成为全社会高度关注的问题。疫情之下，追求健康的旅游意愿显著提升，人们向往回归自然、修身养性的田园生活，愿意到乡村了解传统农耕文化，品尝乡村原生态健康饮食。陈纯等（2022）指出，乡村地区的饮食环境及养生菜品是重要的康养旅游资源。中国饮食文化博大精深，饮食不仅能满足人们的果腹之需，还有显著的食治养生功能，即以饮食为媒，达到治疗疾病、养生康体的目的。乡村绿色天然的有机食品、保持食物天然营养和自然风味的原味饮食、顺应时令的饮食等，无不具有康养功效。因此，充分利用乡村饮食资源、深入挖掘饮食康养价值、合理发展乡村饮食旅游，是复苏乡村、推动健康中国建设的必要途径。

二、研究意义

本书立足中华优秀传统文化传承发展、乡村振兴、健康中国建设三大当前中国经济社会发展的前沿课题，展开乡村饮食旅游发展研究。根据世界旅游组织 2019 年的数据，游客超过三分之一的支出用于食品，饮食已经成为旅游的主要原因之一。[①] 对于乡村地区而言，饮食是乡村发展战略的重要旅游资源（Bessière，2013）。中国乡村饮食旅游发展研究对传承发展中华优

① "Guidelines for the Development of Gastronomy Tourism"，UN Tourism，2019 年 5 月 13 日。

秀传统文化、振兴乡村、推进健康中国建设、促进乡村饮食旅游可持续发展具有重要的理论和实践指导意义。

第一，以习近平文化思想为行动指南，以文旅融合为实践路径，以饮食文化为传播媒介，不仅要让世界知道“舌尖上的中国”，更要让世界知道“发展中的中国”“开放中的中国”“为人类文明作贡献的中国”。饮食文化是中华优秀传统文化的重要组成部分，中华优秀传统文化是习近平文化思想的深厚底蕴和坚实根基，针对乡村饮食旅游发展展开系统理论研究和实践探讨，是对习近平总书记关于文化和旅游融合发展重要论述精神的深入贯彻和一种具体学理阐释，是对如何汲取中华优秀传统文化的力量使习近平文化思想持续推动文化建设工作新局面的实践探索。“明体达用、体用贯通”，把握乡村饮食旅游发展的规律特点，对在创造性转化和创新性发展中赓续中华文脉的同时推动中国的文化产业、旅游产业和农业在深度融合中获得高质量发展具有重要的指导意义，对国际文化交流和理解、增强地方认同与文化认同具有重要的实践意义。

第二，变“乡村饮食体验”为“为了饮食体验而奔赴乡村”。景观之上是生活，随着旅游空间从风景到场景的转变，饮食在乡村旅游目的地建设中的地位越发重要，“跟着美食去旅游”已成为旅游发展新观念。通过梳理先行研究，多角度、全方位探索饮食旅游与乡村地区的内外关联，理解饮食旅游在乡村旅游目的地建设和发展中的角色和影响，审视饮食旅游发展在乡村振兴中的作用，坚持创造性转化、创新性发展，并在活态保护前提下，将饮食旅游纳入乡村发展战略视野，积极探索乡村饮食旅游发展路径与市场培育的方法，让饮食成为乡村旅游目的地形象支撑，推动乡村“饮食＋旅游”深度融合发展，变“乡村饮食体验”为“为了饮食体验而奔赴乡村”，推进乡村饮食旅游目的地建设。

第三，揭示中国乡村饮食旅游的形成机理，丰富乡村饮食旅游理论内容。Gunn 于 1972 年提出了旅游系统的概念，认为旅游系统是一个复杂的系统（Gunn，1972）。乡村饮食旅游发展跨学科、跨产业、跨部门、跨目标人群，本书在理论上进行新的尝试，将系统理论引入中国乡村饮食旅游发展研究，从五大子系统梳理中国乡村饮食旅游发展驱动因素，旨在揭示中国乡村饮食旅游的形成机理，丰富中国乡村饮食旅游理论内容，并突出强调对乡村饮食旅游资源进行应有的分类、调查及评价。

第四，探索“饮食旅游＋乡村”的发展模式，创新乡村饮食旅游实践。中国饮食具有鲜明的地方性、民族性、情感性、文化性等特征，从系统理论视角，乡村饮食旅游发展势将呈现在地性、文化性等特征。中国乡村饮食旅游发展特征的系统总结，对指导乡村饮食旅游的区域协调发展具有重要意义。同时，探索中国乡村饮食旅游发展模式并对模式的适宜性进行初步评价，意在对中国乡村饮食旅游发展现状进行实践总结，也希望能为不同社会经济文化环境、不同饮食旅游资源条件、不同政策支持、不同发展阶段的乡村地区饮食旅游的未来发展提供模式借鉴。

第五，经验镜鉴，路径探索。当前，我国乡村饮食尚未真正地、全面地成为目的地形象构建的基本要素，还没有进行全面的系统的开发，乡村饮食旅游产业链也未得到有效构建。对此，以理论基础为指导，通过三大经典案例总结分析中国乡村饮食旅游发展经验，并借助经验镜鉴，打造多样性、品质化乡村饮食旅游目的地，形成品牌效应、规模效应，引导旅游消费新趋势。另外，已有研究表明，饮食旅游的发展带来了固体和液体食物垃圾（Diawaty et al.，2018）。中国乡村饮食旅游的未来发展需重视食品浪费、环境挑战和与饮食旅游相关的可持续性问题，政策制定者、旅游组织和利益相关者也应正确认识乡村饮食旅游的正面和负面影响。典型案例的辩证分析，为中国乡村饮食旅游可持续发展提供了重要的实践指导。

第六，个案应用，推而广之。通过现状分析、困境总结、经验镜鉴探索中国乡村饮食旅游发展路径，并将其应用于盐城地方实践，对于乡村饮食旅游目的地打造、乡村饮食旅游产业链构建等具有重要的借鉴价值。

第七，推动健康中国建设。乡村饮食旅游的发展，有助于人们了解和接受更健康的饮食方式、生活方式，慢享乡村生活，这与健康中国战略中提倡的健康生活方式相契合；有助于提升公众对健康饮食文化的认知和兴趣，传播遵从时节、五味调和、食治养生、十美风格等中国饮食思想，推动健康食品产业链的综合发展；有助于促进与乡村旅游发展配套的医疗卫生服务建设，提升农村地区的医疗服务水平；有助于巩固拓展健康扶贫成果，将健康扶贫政策与乡村振兴有效结合。

第二节 基于 CiteSpace 的文献研究

CiteSpace 是一款用于文献数据挖掘和可视化分析的文献计量工具，它融合了聚类分析、社会网络分析等多种方法，能通过关键词共现网络分析、参考文献共被引和耦合分析、作者合作网络分析、机构合作网络分析等，判断一定领域的基础知识、研究路径、热点问题和研究前沿，探测学科研究特征及演变趋势，从而全面揭示研究领域的发展状况（陈悦等，2015；刘桂锋等，2016；安传艳等，2018）。

目前，学术界对饮食旅游的认识具有广延性特点，饮食旅游的译文有“food tourism”（Hall et al.，2003）、“culinary tourism”（Long，1998；Smith et al.，2008）、“gastronomy tourism”（Hjalager et al.，2002）和“tasting tourism”（Boniface，2003）等，尤其在早期研究中这些名称互通使用。鉴于此，以“饮食旅游”＋“乡村”、“美食旅游”＋“乡村”、“烹饪旅游”＋“乡村”、“品尝旅游”＋“乡村”为主题词，在中国知网（CNKI）检索 2022 年 12 月 31 日以前的相关中文文献，剔除期刊会议征稿、书评、新闻等无效数据，检索文献仅 64 篇，以乡村为研究区域的饮食旅游研究相对较少。为保证饮食旅游先行研究的全面性与严谨性，以“饮食旅游”“美食旅游”“烹饪旅游”“品尝旅游”为主题词，在中国知网（CNKI）检索 2022 年 12 月 31 日以前的相关中文文献，剔除期刊会议征稿、书评、新闻等无效数据，检索文献 838 篇。

根据关键词时区网络图谱，归纳 1981—2022 年中国饮食旅游研究的关键词演化，详见图 1-1。

由图 1-1 可见，随着时间的推移，饮食旅游的研究范畴不断延伸。1993 年以前，国内真正意义上以“饮食旅游”为关键词的研究并未普及，该时期饮食旅游的研究主要集中在饮食与旅游服务方面。值得一提的是，唐友波（1991）以文化旅游为核心，探讨了中西饮食文化差异下的文化旅游得以开展的基础和出发点，推进了饮食文化与旅游的关系研究。1993 年开始，饮食文化研究得到普遍关注，到了 1999 年，饮食文化的旅游开发研究被重视，饮食文化作为一种重要的旅游资源被认可，饮食文化旅游得以迅速发展。孙志强（2008）、曹水群（2010）认识到饮食在乡村旅游发展中的重要性，饮食与

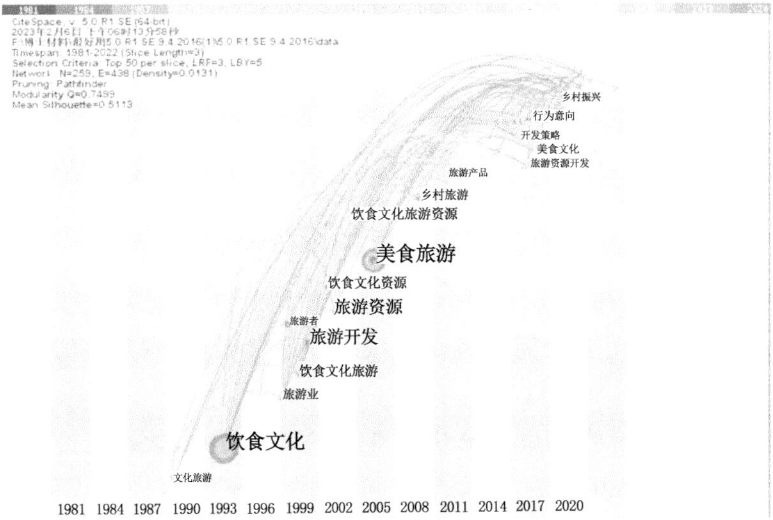

图 1-1　1981—2022 年中国饮食旅游研究内容演进

（资料来源：使用 CiteSpace 处理 CNKI 数据库文献后得出）

乡村旅游研究零星出现，但并没有成为研究热点。到了 2020 年，在乡村振兴国家战略背景下，李悦等（2020）开始美食旅游引导乡村振兴的路径探讨，同时期饮食旅游对乡村振兴的重要性开始成为核心关切。

对文献数据进行关键词突现度分析，共得到 16 个突现词（图 1-2），这些词是不同时间段的研究热点。

关键词	年份	强度	开始	结束	1981—2022 年
饮食服务业	1981	3.3952	1992	1999	
供销社	1981	2.7311	1996	1999	
饮食文化旅游资源	1981	2.2053	2002	2006	
旅游开发	1981	6.4146	2008	2010	
旅游产品	1981	2.1884	2010	2015	
饮食旅游	1981	2.5296	2012	2014	
饮食文化旅游	1981	5.2687	2014	2018	
旅游业	1981	2.6148	2015	2019	
旅游资源开发	1981	2.2030	2019	2020	
美食旅游	1981	8.5168	2019	2022	
美食文化	1981	2.6715	2019	2022	
行为意向	1981	3.7105	2019	2022	
乡村振兴	1981	4.9455	2020	2022	
游客感知	1981	3.0668	2020	2022	
目的地	1981	2.5529	2020	2022	
扎根理论	1981	2.2338	2020	2022	

图 1-2　1981—2022 年中国饮食旅游研究热点

（资料来源：使用 CiteSpace 处理 CNKI 数据库文献后得出）

由图1-2可见，不同时期的中国饮食旅游研究热点有别。1999年以前，旅游中的饮食服务是研究热点；2002—2006年，饮食文化作为重要的旅游资源被关照；2008—2010年的研究聚焦于饮食旅游开发；2014—2018年，研究热点则转向文化属性的饮食文化旅游；到了2019—2022年，突现度最高的是“美食旅游”，其次是“乡村振兴”。乡村饮食旅游与乡村振兴双向互促，乡村饮食旅游符合乡村振兴战略对新时代新农业新农村发展的总要求，而乡村振兴战略亦为乡村饮食旅游提供了政策等支持，指明了乡村饮食旅游发展的重点。因此，当下开展中国乡村饮食旅游研究，既是对研究热点的及时把握，也对中国乡村发展具有现实的指导意义。

第三节　研究思路、内容和方法

一、研究思路与技术路线

本书沿着“文献回顾—机理研究—实证分析（现状分析—困境突破—经验借鉴）—路径探索—个案应用”的思路展开。首先，分析研究背景，总结课题研究的理论价值和实践意义，并确定研究内容和方法。其次，通过收集、整理和归纳国内外相关研究成果，探索研究概念体系和主要理论基础，为研究提供理论支撑。再次，分析中国乡村饮食旅游形成与发展的驱动因素（机理研究）。然后，展开中国饮食旅游发展现状及案例研究，全面客观认识中国乡村饮食旅游发展的现状、困境和经验。接着，总结中国乡村饮食旅游发展的总体要求和具体路径。最后是个案研究，将理论应用于实践，探讨盐城乡村饮食旅游的发展。研究技术路线如图1-3所示。

二、研究内容

本书着眼乡村振兴和中华优秀传统文化传承发展，基于习近平文化思想、旅游系统理论、利益相关者理论、产业融合理论等理论基础，对中国乡村饮食旅游发展进行研究，聚焦饮食旅游与中国乡村的关系、中国乡村饮食旅游发展驱动因素、中国乡村饮食旅游发展模式、中国乡村饮食旅游的可持续发展。具体研究内容包括：

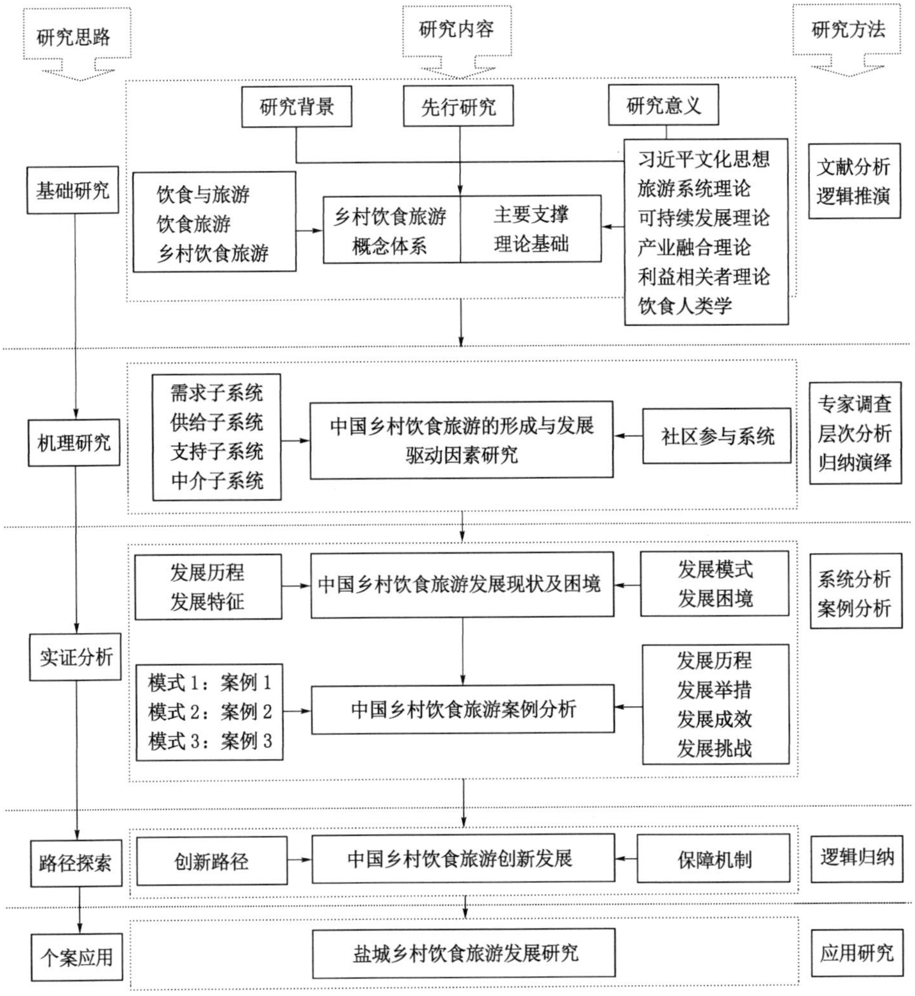

图 1-3　中国乡村饮食旅游发展研究技术路线

第一章，绪论。肯定饮食旅游对乡村地区的重要性，该观点是本书的基石，只有饮食旅游发展有益于乡村，才能确保本书研究的价值和意义。

第二章，理论基础和文献回顾。该章系统梳理乡村饮食旅游发展的理论基础以及饮食旅游、乡村饮食旅游先行研究成果，为本书的研究提供理论与实践支持。

第三章，中国乡村饮食旅游发展的驱动机制。该章以旅游系统理论为指导，从需求子系统、供给子系统、中介子系统、支持子系统、社区参与子系统等五大方面梳理中国乡村饮食旅游发展驱动因素。在需求拉动、供给引动、中介促进、支持带动下，中国乡村地区具备了发展饮食旅游的可行性和市场潜力。其中，需求子系统的分析主要借助官方统计数据及文献归纳，分析市场规模、消费能力、需求和意愿。供给子系统的分析依托饮食旅游资源、饮食旅游产品两个层面展开。中介子系统的阐述围绕旅游企业分析和旅游营销分析展开；支持子系统分析则根植国家及政府部门的政策和基础设施建设。社区参与子系统推动中国乡村饮食旅游的发展，其分析紧扣旅游目的地自身发展需要展开，探讨中国乡村饮食旅游发展的必要性。乡村振兴以“产业兴旺、生态宜居、乡风文明、治理有效、生活富裕”为要求，以“农业强、农村美、农民富”为目标。因此，从社区参与视角下的乡村居民收入增加、乡村女性生活状况改善、中华优秀传统文化传承发展、乡村社会经济发展与环境改善等方面，展开必要性分析。

第四章，中国乡村饮食旅游资源的分类、调查与评价。该章明确乡村饮食旅游资源的分类依据，全面梳理中国乡村饮食旅游资源的构成，构建中国乡村饮食旅游资源评价指标体系，并通过专家调查法对其价值加以评价，为满足市场需求、设计特色产品提供保障。

第五章，中国乡村饮食旅游发展现状及困境。在五大子系统的驱动下，中国乡村饮食旅游得以初步发展。中国乡村饮食旅游具有自身特色，呈现出鲜明的在地性、文化性、体验性和情感性等特征，有助于强化情感认同、身份认同、文化认同和国家认同。中国乡村饮食旅游表现出东北部、中北部、西北部、黄河中下游、长江中下游、东南部、西南部等七大区域间差异化发展现状，显现出旅游村、特色小镇、旅游节庆三大主要发展模式。按照乡村饮食旅游的内涵，乡村饮食旅游发展模式至少涵盖四个维度：乡村环境、旅游产品是否以“饮食”为基础、游客与饮食活动的关系、饮食的原真性程度。综合四个维度，分析不同发展模式的特征和适用范围。当前，中国乡村饮食旅游的发展面临区域间失调、区域内同质化两大主要问题，同时还面临利益相关者利益冲突、品牌意识不强、保障机制不完善、科技力量有待抓牢四大发展障碍。

第六章，中国乡村饮食旅游发展典型案例。该章以中国乡村饮食旅游的三大模式为依托，各举一例——袁家村、黄酒特色小镇、盱眙国际龙虾节，展开实证分析，总结成功经验，探索可能的发展挑战。

第七章，中国乡村饮食旅游创新发展路径。该章紧承案例总结的经验与教训，依托中国乡村饮食旅游发展环境、市场需求、资源条件等，立足发展现状及困境，探索出中国乡村饮食旅游创新发展的总体要求和具体路径，即五个坚持总体要求、五个“化”发展具体路径。五个坚持包括坚持以文塑旅、以旅彰文，坚持系统观念，坚持旅游为民，坚持创新驱动，坚持生态优先；五个“化”则指利益均衡化发展、数字化发展、品牌化发展、创新化发展、国际化发展的五大路径。

第八章，中国乡村饮食旅游创新发展保障机制。该章从政府指导、旅游治理、人才体系、基础设施、资金支持、环境保护角度提出六大保障举措。

第九章，盐城乡村饮食旅游发展研究。该章将理论应用于实践，深化中国乡村饮食旅游研究的内容，系统研究盐城乡村饮食旅游发展的条件、现状、障碍及未来方向。

三、研究方法

中国乡村饮食旅游发展具有跨学科、跨产业、跨地域等综合性特征，涉及旅游学、管理学、文化学、地理学、社会学、生态学、民俗学、民族学、中医学、人类学等相关学科的学术问题，因此适宜采用综合性的研究方法开展研究。具体研究方法如下：

（1）文献分析与逻辑推演相结合的方法。收集和整理关于饮食旅游与乡村振兴的学术研究成果。通过严密的理论辨析和逻辑推演，明确乡村饮食旅游的概念、内涵、构成以及饮食旅游与乡村地区的逻辑关系；通过全面严谨的文献归纳和述评，把握乡村饮食旅游研究的发展动态和前沿，明晰主要支撑理论和基础。最终，在管理学视角下，研究中国乡村饮食旅游需求、旅游吸引供给、社区参与，从而寻求中国乡村饮食旅游可持续发展逻辑。合理选取与乡村饮食旅游相关的信息来源，科学严谨地分析、推理乡村饮食旅游趋势，以便更好地理解乡村饮食旅游在乡村地区中的重要意义和作用，尤其是作为文化遗产的关键元素，作为可持续发展目标的驱动因素。主要信息与数据来源有：世界旅游组织以及中国国家统计局、各级地方政府官方网站提供的有关饮食旅游的文件和官方统计数据；UNWTO 全球美食旅游报告、全球美食旅游论坛讨论内容、联合国教育科学及文化组织、联合国粮食及农业组织等关于饮食旅游的报告。

(2) 专家调查和层次分析法。采用专家调查,评价乡村饮食旅游资源价值。首先,在文献研究的基础上,构建资源价值评价指标体系;其次,进行正式调查,为研究提供样本数据。采用层次分析法,分析专家对乡村饮食旅游资源价值评价总体情况。

(3) 系统分析和案例分析法。通过案例的归纳与整理以及不同案例之间的比较,对中国乡村饮食旅游有一个客观的全面的认识的同时,总结经验与教训,为推进中国乡村饮食旅游可持续发展提供参考。

(4) 逻辑归纳法。从特殊到普遍,立足案例经验总结,依托中国乡村饮食旅游发展的驱动因素,针对发展中的问题及面临的困境,归纳中国饮食旅游发展的总体要求和具体路径。

(5) 应用研究。将中国乡村饮食旅游发展的一般性规律和研究成果应用于盐城乡村饮食旅游发展实践,解决具体的实际问题。

第四节 研究的创新之处

一、理念引领,立论创新

习近平文化思想是新时代党领导文化建设实践经验的重大理论创新成果,展现出强大的真理力量和实践伟力,是新时代中国特色社会主义文化建设的科学指南和根本遵循(罗文东等,2023;苗遂奇等,2023),明确了新时代文化建设的路线图和任务书(冯刚等,2024)。以习近平文化思想为指引的,以振兴乡村、推动健康中国建设为目标的乡村饮食旅游发展研究,是在创造性转化和创新性发展中对习近平文化思想的切实践行。

二、尊重规律,内容创新

找准中国乡村饮食旅游为何发展,明确以何发展,做好如何发展,把握和尊重中国乡村饮食文化保护传承和旅游发展的规律,拓展饮食文化研究的理论深度和乡村文旅融合研究的广度。研究内容突出六结合——乡村饮食旅游与健康理念的结合、乡村饮食旅游与扶贫的结合、文化深度挖掘与创新体验的结合、区域品牌与目的地形象塑造的结合、社会参与与社区共建的结合、乡村饮食旅游管理及服务与现代信息技术的结合。

第二章　理论基础和文献回顾

第一节　理论基础

中国乡村饮食旅游的发展涉及旅游学、管理学、文化学、地理学、社会学、生态学、民俗学、民族学、中医学、人类学等多学科，关联习近平文化思想、旅游系统理论、可持续发展理论、产业融合理论、旅游利益相关者理论以及饮食人类学等理论，多学科理论为中国乡村饮食旅游发展研究指明了方向，确保了研究的系统性、深度和广度，增强了研究的应用价值，有助于在促进乡村旅游经济发展的同时，保护和弘扬乡村饮食文化，实现旅游活动的可持续性和社区的参与。

一、习近平文化思想

2023年10月7日至8日，全国宣传思想文化工作会议正式提出习近平文化思想。习近平文化思想是习近平新时代中国特色社会主义思想新的标志性成果，也是新时代党领导文化建设实践经验的重大理论创新成果。中华优秀传统文化是习近平文化思想的深厚底蕴和坚实根基，弘扬中华优秀传统文化是习近平文化思想的重要内容（于文博，2024）。习近平文化思想展现出强大的真理力量和实践伟力，是新时代中国特色社会主义文化建设的科学指南和根本遵循（罗文东等，2023；苗遂奇等，2023），明确了新时代文化建设的路线图和任务书（冯刚等，2024），提出了“七个着力”战略部署：着力加强党对宣传思想文化工作的领导，着力建设具有强大凝聚力和引领力的社会主义意识形态，着力培育和践行社会主义核心价值观，着力提升新闻舆论传播力、引导力、影响力、公信力，着力赓续中华文脉、推动中华优秀传统文化创造性转化和创新性发展，着力推动文化事业和文化产业繁荣发展，着力加强国际传播能力建设、促进文明交流互鉴。其中，创造性转化时，重点是把中华优秀传统文化的要素、资源等通过实践转化，创造时代新的文化形态，而创新性发展既要有文化传承，也要让文化融入时代的新元素，例如文化与科技融合（胡正荣等，2023）；中华优秀传统文化国际传播的实践路径包括强化传播主体、明晰传播对象、创新传播话语、优化传播媒介、用好传播平台（徐国亮等，2024）。

二、旅游系统理论

（一）系统的概念

现代系统科学奠基人贝塔朗菲认为，系统是处于一定的相互关系中并与环境发生联系的各组成部分（要素）的总体（集合）（贝塔朗菲，1987）。我国学者钱学森认为，系统是由相互作用和相互依赖的若干组成部分（要素）结合而成的、具有特定功能的有机整体（钱学森，2011）。系统理论将研究对象视为由相互作用的部分组成的整体，这些部分被称为子系统。系统理论的核心观点是整体的性质由其组成部分及这些部分之间的相互作用和关系决定。

（二）旅游系统的概念及结构

系统理论为旅游发展提供了一个全面分析和理解旅游现象的框架。国外学者 Gunn 于 1972 年提出了旅游系统的概念及旅游功能系统模型，该模型由旅游吸引物、服务与设施、交通、信息与引导、旅游者五部分组成（Gunn，1972）。Leiper 在 1979 年提出旅游地理系统模型，并于 1990 年进行了修正。根据 Leiper 的观点，旅游系统包括旅游者、旅游业、客源地、旅游通道和目的地等五个要素。

我国学者刘峰（1999）指出，旅游系统是指直接参与旅游活动的各个因子相互依托、相互制约形成的一个开放的有机整体，其基本构架包括客源市场（需求）系统、目的地（供给）系统、支持系统和出游系统四个组分。客源市场系统由旅游者构成，目的地系统由旅游吸引物（资源）、旅游设施和旅游服务组成，支持系统包含政策、制度、环境、人才等因素，出游系统与交通、信息服务、目的地营销等因素相关。张述林等（2001）也提出了四大构成，不同的是他们认为旅游系统由旅游主体(旅游者或旅游市场)系统、旅游客体(旅游吸引物)系统、旅游媒体(旅游业)系统及旅游环境系统构成。吴晋峰等(2001)则提出了客源地系统、目的地系统和媒介系统三个组分,其中客源地系统包括游客系统和环境系统,目的地系统包括吸引系统和支持系统,媒介系统包括交通系统和旅行社。不管是哪种类型的构成,旅游系统理论都将旅游视为一个由多个相互依赖的部分(子系统)组成的复杂系统,旅游系统各组成部分之间联系紧密。

(三)旅游系统的特征

旅游系统具有整体性、层次性、复杂性、动态性、开放性和地域性六大特征(吴晋峰等,2001),旅游系统构成要素广泛、要素之间的关联复杂(郭长江等,2007),旅游系统“整体大于部分之和”“牵一发而动全身”,且处在不断的发展变化中。此外,旅游系统是开放的、具有参与性的,参与主体包括政府、私营部门、非政府组织、社区和个人等,它们在旅游系统中扮演不同的角色。

旅游系统理论为乡村饮食旅游发展研究提供了一个理论框架,系统分析乡村饮食旅游的各个方面(包括旅游需求、旅游供给、旅游政策等),综合考量乡村饮食旅游涉及的饮食生产与消费、文化、经济、社会和环境等多个维度,深刻理解乡村饮食旅游的复杂性和动态性。

三、可持续发展理论

(一)可持续发展观的缘起和内涵

可持续发展观的缘起可以追溯到20世纪中后期,当时人们开始意识到传统工业化模式带来的环境问题和资源枯竭的威胁。这一概念在1987年得到了明确的定义,由世界环境与发展委员会在《我们共同的未来》报告中提出。可持续发展是指既满足当代人的需要,又不损害后代人满足其需要能力的发展(世界环境与发展委员会,1997)。如今,可持续发展已经成为全球共识,并指导着国家政策的制定和实施以及国际合作的方向。1994年3月25日,由国务院第十六次常务会议审议通过的《中国21世纪议程——中国21世纪人口、环境与发展白皮书》明确指出,以可持续发展思想为指导,是中国在未来和下一世纪发展的自身需要和必然选择。

可持续发展观作为一种科学的发展观，其内涵是多维度的。Swarbrooke(2002)认为，可持续发展包括环境（自然与人文环境）、经济（社区与商业）、社会（当地居民与游客）的三方面协调发展。坚持可持续发展观，必须始终遵循公平性、共同性、可持续性和需求性四大基本原则。

（二）可持续旅游发展

传统观念认为，旅游本为无烟工业，但实践表明，旅游发展带来的资源环境问题必须得到重视。1995 年，联合国教科文组织、环境规划署和世界旅游组织召开可持续旅游发展会议，明确提出可持续旅游发展的实质就是旅游与自然、文化和人类生存环境成为一个整体。可持续旅游发展的原则包括：所有的自然环境、历史和文化资源，在造福当代人的同时确保后代人同样享有的权利；旅游发展中，外界对环境、社区和游客的消极影响应最小化；保持或改善当地环境质量；保持或提升游客满意度；收益分配确保公平。可持续旅游既能为今天的东道主和游客提供生计，又能保护和增进后代人的利益并为其提供同样的机会（张建萍，2003）。

中国乡村饮食旅游的可持续发展意味着要平衡旅游发展与环境保护、文化传承、经济发展、社会进步之间的关系，保护乡村的自然资源和文化遗产，确保旅游活动的长期可持续性。

四、产业融合理论

（一）产业融合的内涵与发展

产业融合是指不同产业或同一产业内的不同行业之间相互渗透、相互交叉，最终融合为一体，逐步形成新产业的动态发展过程（厉无畏，2002）。产业融合源于产业间的技术关联。20 世纪 70 年代，部分信息技术产业间的边界逐渐模糊或消失，新的产业形态产生，学者们开始关注此类产业融合现象。到了 90 年代，产业融合的研究逐渐扩展到制造业的服务化、硬件产业的软件化、高新技术产业与传统产业各自内部及相互之间的融合（韩小明，2006）。进入 21 世纪，产业融合理论继续发展，涵盖了更多的产业和领域，如文旅融合、现代农业生产服务体系等。

（二）旅游产业融合理论

旅游产业具有较强的关联带动性，它与文化、农业、工业、金融业、交通运输业、商贸业、体育等关联产业间的相互渗透已成为经济发展中的重要现象（邓学龙，2020）。产业融合是中国旅游业转型升级的途径，中国旅游产业融合整体上呈现日益增长的趋势（宋红娟，2023）。国内旅游产业融合研究内容主要包括融合路径、融合模式、融合机制、融合动因、融合评价等。融合路径研究中，麻学锋等（2010）指出，旅游产业融合的路径主要有资源融合、技术融合、市场融合和功能融合四种。庄国栋等（2015）认为，资源融合和技术融合是实现中国旅游产业创新发展的重要路径。融合模式研究中，尹华光等（2015）立足产业价值链，总结了文旅融合的延伸型融合、重组型融合、一体化融合三种模式。

中国乡村饮食旅游发展中，产业融合理论支持将文化、农业、食品加工、餐饮服务和旅游业相结合，有助于丰富旅游业态、创新旅游产品开发、避免同质化竞争、推动乡村经济的多元化发展，实现经济、社会、文化和生态的协调发展。

五、利益相关者理论

（一）利益相关者理论的提出及发展

利益相关者理论源于20世纪中叶。1963年，斯坦福研究所引入利益相关者概念，认为企业利益相关者即和企业有密切联系的人。随后，利益相关者理论逐渐发展并形成了不同的定义和分类。20世纪80年代，弗里曼（Freeman）在其著作《战略管理：一种利益相关者的方法》中提出了一个被广泛认可的利益相关者定义，即利益相关者是能够影响一个组织目标的实现，或者受到一个组织实现其目标过程影响的所有个体和群体。利益相关者的分类是利益相关者理论中的一个重要组成部分，它帮助组织识别和管理与其目标和活动有重要联系的各方。概括而言，利益相关者的分类涉及政府机关、媒体、股东、行业协会、供应商、客户、社区、环保组织、企业员工等多个方面（杨瑞龙等，2000）。在任何组织或项目中，都存在多个利益相关者，他们的利益和目标可能相互交织或冲突，企业管理者在决策时需要考虑更广泛的利益群体并满足他们的需求。

（二）旅游利益相关者研究

作为一个综合性的产业，旅游业所涉及的利益相关者远多于其他行业（Walle，1995）。张志恒等（2016）采用多维方法，总结出政府、旅游地居民、旅游企业、旅游者为敦煌市生态旅游发展的核心层利益相关者，且他们的利益共同多于利益矛盾。但在乡村旅游发展研究中，代则光等（2009）、王克岭等（2023）则指出乡村旅游的主要利益相关者包括政府、旅游企业、旅游者和社区居民，多个利益主体在乡村旅游发展过程中存在争夺资源、权力、利益等问题，利益冲突集中。因此，旅游业的可持续发展，需以利益相关者理论为指导，识别出所有可能影响旅游发展或被旅游发展影响的利益相关者，明确各方利益相关者的利益关联，了解不同利益群体的利益诉求，建立一个多方参与的协调机制，合作互惠、共同发展。

六、饮食人类学

人类学对饮食的研究形成了一套独特的民族志表述，包括人种、生态、族群、区域、政治、伦理、礼仪、习俗等方面的关系和差异，借以对文明形态和文化形貌进行分析（彭兆荣等，2011）。饮食人类学为旅游的发展提供了新的视野，刘琼等（2013）、蒋丽萍（2013）、罗夏梓平等（2022）皆以其为指导，将饮食活动融入民族地区旅游发展，既增强了旅游业的吸引力和竞争力，又对民族地区的文化传承与发展、民族文化符号的强化、饮食文化品牌的形成具有重要的指导意义。鉴于此，饮食人类学为乡村饮食旅游发展提供理论支持和实践指导。一方面，乡村地区的饮食文化是承载着丰富的社会和文化内涵的符号，饮食的社会象征意义、饮食习俗、地标性饮食等是地方特色的旅游资源和重要吸引所在，是情感认同、地方认同、身份认同、文化认同的核心依托，是提供在地体验、主客互动的关键。另一方面，饮食人类学关注饮食生产和消费对环境的影响，强调饮食文化教育的重要性，因而具有促进文化多样性保护和可持续发展的价值。乡村饮食旅游的发展，应注重当地的传统饮食文化、饮食环境的保护，促进社区参与和居民福祉，避免过度商业化、文化同质化和对饮食环境的破坏。

第二节　文献回顾

一、饮食与旅游的关系研究

（一）饮食与旅游系统构成要素的关系研究

何宏（2007）指出，饮食文化对旅游主体、旅游客体、旅游中介有重要影响。食物是一种媒介，它能让人与一种文化或传统产生直接的真实关系（Robinson et al.，2012），它可以满足游客对物质、文化、社会交往和声誉等的多方面需求（Fields，2003），是游客在目的地必不可少的旅游消费活动（管婧婧，2012），它让游客从单纯的观光游客变成了积极的旅游参与者（Cohen et al.，2004），是一些游客开展旅游活动的主要吸引力和主要动力（Tikkanen，2007）。同时，美食还是旅游产品的重要组成部分，食品消费在旅游消费中约占 25%（李想等，2019）。此外，美食还会影响游客的旅游体验质量，进而影响游客的旅游满意度和旅游目的地形象（Kivela et al.，2006）。作为地方文化的一部分，作为地方旅游吸引物，饮食在游客的不同旅行阶段发挥着不同的作用，随着旅行的深入，饮食的重要性有所增强（Chen et al.，2016）。안성식等（2011）则进一步指出，在旅游目的地，以美食体验为目的的游客越来越多，旅游目的地熟悉的饮食对目的地满意度有影响，对口碑和重游意愿有影响。김헌철（2019）以기장군为例，提出乡土饮食形象在游客选择属性和旅游满意度之间具有调节作用。总之，饮食在游客的体验中具有重要意义，会影响游客的旅游体验质量。

饮食是一种重要的旅游资源（Quan et al.，2004），通过与旅游的融合，丰富旅游活动的内容，提高旅游活动的品位（王刘刘，1997）。饮食资源具有重要的旅游开发价值，饮食资源的旅游开发是地方旅游的亮点（张利等，2005）。赵鹏（2019）进一步探讨了美食旅游资源厚重的消费价值、文化价值、品牌价值，并指出美食旅游资源对旅游经济有着显著的推动作用。此外，马晓京（1999）以中国清真饮食为例，强调了中国清真饮食文化旅游资源的实用价值与美学价值。在中国少数民族地区，围绕饮食活动而产生的民俗资源丰富多彩，并且地域性特征显著，增强了少数民族地区旅游业的吸引

力和竞争力(刘琼等,2013)。陈刚等(2020)则进一步以云南绿春县哈尼族民族饮食文化为研究对象,突出强调少数民族饮食文化既是少数民族文化的重要内容,也是旅游开发可利用的少数民族文化资源。박보미等(2009)通过对首尔城市居民的调查,分析了传统食品作为旅游资源的吸引力;지아等(2015)则以종가(宗家)的饮食为例,展开了饮食旅游资源可能性研究,研究表明在宗家吃午餐是旅游中最有特色的部分。

饮食对旅游中介有重要影响,主要表现为对旅游目的地餐饮企业的影响。餐饮企业必须做好主要服务对象——游客的饮食需求分析(李艳萍等,2007)。旅游企业只有对游客的餐饮服务心理需求及由此形成的饮食情结进行合理分析,才能有针对性地满足游客的饮食需要,进而提高其知名度(房士林等,2002)。

(二) 饮食与旅游目的地的关系研究

2000 年,在塞浦路斯召开了第一届本土饮食与旅游的国际会议,会议提出的重要内容就是将地方饮食打造成旅游目的地的独特吸引物。美食旅游目的地的塑造,离不开较高知名度和影响力的饮食品类、较为深厚的饮食文化或独特习俗、链条完整的地方餐饮产业体系以及与旅游地主题或地标景点契合的美食(焦玟等,2020)。

饮食是旅游目的地地域文化的基本元素(Jones et al. ,2003),是目的地非物质文化遗产的核心体现(Okumus et al. ,2007),也是地方身份的标识(Tellstrom et al. ,2010),可以成为旅游目的地的地方标识和形象载体(Hall et al. ,2000),传达独特的地方感(Fox,2007),也能够增加旅游目的地的区分度(Corigliano et al. ,2002),提高旅游目的地知名度(Banerjee et al. ,2015),且具有增强旅游目的地魅力的巨大潜力(민용기 et al. ,2015)。鉴于此,越来越多的学者指出饮食应纳入旅游目的地营销范畴。Rand 等(2003)通过对南非的旅游目的地营销组织的调查发现,32.7%的组织将饮食看作旅游目的地的主要吸引物,另有 39.7%的组织将饮食看作旅游目的地的辅助性吸引物。Kivela 等(2005)以拥有多样化美食的城市旅游目的地香港为例,经调查发现美食是旅游目的地营销的重要手段,部分游客会再次回到同一目的地来品尝其独特的美食。김성곤等(2017)指出,地区自治团体有必要发掘代表地区的著名餐厅及传统饮食,通过行政和财政支援积极开展饮食

旅游营销活动。

当地饮食被公认为对目的地和地方发展具有巨大贡献(Rand et al.,2006),饮食越来越被认为是地方可持续发展的潜在决定性因素,在促进地方的经济、社会和环境的可持续性,增加地方的吸引力和竞争力方面发挥重要作用(Rinaldi,2017)。中国学者通过对丝绸之路饮食文化的研究,指出饮食文化的经济价值,有助于推动新丝绸之路经济带的发展(冯玉珠,2015)。饮食文化在拉动内需、解决就业岗位、配合旅游发展等方面也发挥重要作用(张建生,2003)。罗柏言等(2009)通过实证研究指出,哈萨克族饮食文化的旅游开发可规避伊利旅游的季节性问题,从而加快伊利旅游经济的发展。

二、饮食旅游研究

20 世纪 50 年代,饮食旅游在法国葡萄酒旅游、农庄旅游、乡村旅游的基础上发展而来。随着饮食旅游的兴起,加之饮食旅游对地方的经济、文化等贡献,发展饮食旅游逐渐被各国政府重视。

(一)饮食旅游概念研究

西方国家对于饮食旅游的研究早于中国。饮食旅游通常被翻译为“food tourism”“culinary tourism”“gastronomy tourism”“tasting tourism”。“烹饪旅游”、“美食旅游”和“品尝旅游”儿种术语可互换地用于指代饮食旅游(Ellis et al.,2018;Horng et al.,2012)。不同译法在定义上虽大体相似,但依然存在一些细微的差别。Richards(2003)从饮食的生产与消费全过程视角,认为饮食旅游处于生产端,强调的是产品;烹饪旅游处于中间,强调食品的加工过程和服务;而美食旅游则处于消费端,强调的是游客的体验。依托国内外文献数据库以及各类旅游组织官方网站等,归纳整理饮食旅游的定义,见表 2-1。

不同的学者,或从旅游动机角度,或从旅游活动角度,或从旅游目的地角度,对饮食旅游进行了界定。虽侧重点有差别,但饮食旅游的核心要素一致。综合以上分析,本书认为饮食旅游应涵盖以下内容:第一,饮食旅游涉及饮食生产与消费的全过程,饮食旅游的基础是与饮食相关的旅游资源,其范畴广泛,既包括有形的资源,也包括无形的资源,它是由人们饮食生产和

表 2-1　饮食旅游的定义

作者	名称	年份	定义
Hall 等	food tourism	2003	饮食旅游是在某地的饮食体验之旅，以休闲或娱乐为目的，包含参观饮食加工厂、参加饮食节日和食品博览会、逛农贸市场、参加烹饪节目、品尝高品质的饮食或者参与其他与饮食有关的旅游活动
Presenza 等		2013	饮食旅游是与目的地饮食资源相关的任何体验
Iizuka 等		2016	饮食旅游是一种旅游类型，其中不仅有食物本身，而且与饮食相关的生产、生活景观和文化都是旅游目标
The World Food Travel Association		2019	饮食旅游为游客提供了新的口味、质地、文化、遗产、当地烹饪文化、习俗和正宗的餐饮体验
LONG	culinary tourism	1998	烹饪旅游是指游客跨国界参与异域饮食的品尝、消费、制作和展示等一系列过程
Smith 等		2008	烹饪旅游是为了解、欣赏或消费当地品牌烹饪资源的任何旅游体验
Kivela 等	gastronomy tourism	2006	美食旅游是一种特殊趣味的旅游，也是文化旅游的具体形式，主要是以品尝异地美食佳肴为动机甚至是唯一动机的新型旅游形式
Boniface	tasting tourism	2003	品尝旅游由旅游地的特色饮食、文化遗产和生活方式整合而成，是文化旅游的重要表现形式之一
李江敏等	饮食文化旅游	2000	饮食文化旅游是以品尝美食、了解中国饮食文化为主要内容，以游览所在地的自然景观与人文景观为辅助内容的特色旅游
周书云		2010	饮食文化旅游是人们在对中国饮食文化认识的基础上产生的，以品尝特色美味食品为主的旅游方式

表 2-1(续)

作者	名称	年份	定义
翁毅	美食旅游	2004	美食旅游是到异地寻求审美和愉悦经历,以享受和体验美食为主体的具有社会和休闲等属性的旅游活动
尚雯雯		2015	美食旅游是以品尝美食、感受美食文化为主要旅游动机,利用当地自然和人文景观来充实美食体验过程且具有文化和休闲等属性的旅游活动
李想等		2019	美食旅游是一种体验美食味道、感受美食文化的旅游活动,强调以与美食相关的旅游资源为吸引物,让游客通过饮食获得独特的、难忘的并具有文化内涵的旅游体验

来源:CNKI、RISS、EBSCO、ProQuest、Elsevier、Taylor & Francis 等数据库。

饮食生活的方式、过程、功能等结构组合而成的全部食事的总和,如饮食生产、饮食生活、饮食思想、饮食习俗、饮食自然环境、饮食空间等。第二,从游客角度,饮食旅游强调游客获得旅游体验,旅游作为一种跨文化交流的形式,游客通过饮食旅游获得的体验是独特的、难忘的,且富含厚重的饮食文化内涵。第三,体验特定类型的食物或特定地区的饮食产品,甚至品尝特定厨师的菜肴,必须是游客旅游的主要动机。

(二) 饮食旅游资源的概念与分类

饮食的范畴以饮食为基础延伸至饮食文化的各个方面。赵荣光(2018)指出,饮食文化是在食物原料开发利用、食品制作和饮食消费过程中的技术、科学和艺术,以及以饮食为基础的习俗、传统、思想和哲学。饮食文化涵盖从饮食原料生产、加工到饮食消费的全过程,涉及内容广泛。作为中国文化的重要组成部分,中国饮食文化在食材利用、烹饪技艺、饮食审美、饮食消费中展示了丰富的技能体系和习俗,烹饪技艺、食材选择、饮食习惯等传递着一个地区的文化特色和精神价值。这些文化特色是吸引游客的旅游资源,能够增加旅游体验的深度和丰富性。饮食旅游资源是对游客产生吸引力并具旅游开发潜力的各色食物、饮食程序、饮食方式、饮食规矩以及饮食相关的其他文化事项等因素的总和(黄继元,2005)。

有关饮食旅游资源的分类,不同学者给出了不同的分类方式。韩国文化观光研究院将饮食观光资源大致分为乡土饮食、韩国饭店、饮食庆典、活动(饮食相关活动、饮食相关展示或会议)、教育课程、饮食专门机构、饮食文化书籍或料理书籍、地区特产、餐饮特色市场、餐饮特色地区、餐饮旅游套餐等(박수진 et al., 2018)。根据饮食主体与消费时间,可分为市井饮食、百姓饮食、民族饮食、时令饮食(何丽芳,2007);根据食品种类,可分为食文化、茶文化、酒文化和其他文化资源(张勇,2012);从综合性角度,可分为食材、特色菜品、小吃文化、茶文化、酒文化、筵宴文化、食器文化、饮食民俗、宗教饮食文化、饮食文化地标、节事饮食文化、饮食文化博物馆(展示馆)等资源(冯玉珠,2015)。综合性角度的资源分类相对全面,突出了饮食文化的重要载体——饮食和器具,也创造性地提出了节事、博物馆和地标类资源,但不足的是饮食文化的另一大载体“人”未能有效凸显,饮食文化博物馆(展示馆)与饮食文化地标资源在构成上有重复之处,传统节事饮食文化属饮食民俗的范畴。

(三) 饮食旅游者研究

Fields(2003)提出了饮食旅游动机的四个维度,即生理、文化、人际交往、地位及声望,该框架为理解饮食旅游的动机提供了一个宏观视角。进一步地,Kim 等(2009)对饮食旅游动机进行了更细致的划分,将其细分为令人兴奋的体验、逃离常规、健康问题、学习知识、真实体验、团结、威望、感官吸引力和物理环境九大因素。九大因素覆盖了文化体验、人际关系、寻求刺激、感官享受和健康等多个维度(Kim et al.,2012)。缓解日常生活压力、娱乐和获取新的体验、获取知识、品牌吸引也是解释美食旅游动机的因素(袁文军等,2019)。

也有学者运用推拉理论解释饮食旅游动机。Smith 等(2010)通过饮食节庆研究发现,饮食节庆旅游者的推动动机包括食物、节庆新颖性、社交需求,拉动动机包括食物产品、配套设施和必要服务。张涛(2012)则认为,饮食旅游的推动动机为休闲放松、饮食猎奇和文化探索,拉动动机包括饮食产品和配套服务。美食旅游动机、游客满意度、行为意向之间存在单向显著正向影响，推动动机正向影响游客行为意向（汤云云等，2020）。旅游者愿意花更多的时间和金钱，获得独特的饮食体验（Okumus，2021），其在旅游过程中的活动包括参加当地美食节，参观美食生产商、酒厂或主题博物馆（Tomescu et al.，2014）。

饮食旅游者类型多样。根据旅游者对于饮食的态度和消费喜好差异，可将旅游者分为存在主义型、消遣型、注意力转换型和试验型四种类型（Hjalager，2004）。根据饮食在旅游过程中的重要性程度，可按从高到低的顺序将旅游者分为四大类型（Boyne et al.，2003）。根据美食旅游的"地方性""参与性""健康性""文化性"四个属性维度，乡村旅游者可分为美食体验型、餐饮猎奇型、康体养生型、感知耐受型四种类型（张骏等，2018）。根据旅游动机，旅游者可分为新奇探索者、普通食客、美食狂热者、体验型旅游者四大类型（袁文军等，2019），也可分为社交品味型、社交动机型、微弱尝鲜型三类人群（汪嘉昱等，2021）。根据美食旅游参与程度，旅游者可分为美食旅游者、体验型旅游者、普通游客以及特殊或高端游客四种类型（王辉等，2016）。

三、乡村饮食旅游研究

饮食是旅游六要素之一，对游客体验、旅游目的地营销等具有重要影响。对于乡村地区而言，地方美食更是被视为旅游发展的重要资源（刘军丽，2016）。何景明等（2002）认为，乡村旅游的核心要素包括乡村环境、乡村遗产、乡村生活和乡村活动，其中饮食是乡村生活的重要构成要素。乡村地区的饮食具有"传统""健康""本地""正宗"等特征，越来越受旅游市场的欢迎（Wu，2014）。饮食旅游在西方国家正发展成为一种乡村重组现象（Iizuka et al.，2016），他们探索出了利用饮食旅游促进乡村发展的道路。

（一）饮食旅游与乡村发展研究

地方饮食是刺激乡村发展的一种手段（Saxena et al.，2007）。饮食旅游具有创造新的就业机会、推进饮食和文化身份的全球化、增加享乐主义体验等作用（Yeoman et al.，2016）。越来越多的农民对饮食相关活动的开发和发展持积极态度，尤其是与丰富乡村旅游活动有关的活动（Hjalager et al.，2013）。

作为区域旅游发展的重要工具，饮食旅游通过旅游供应链伙伴关系中的后向联系提高了当地的生产(Renko et al. ,2010),饮食的生产从最初的经济活动角色逐渐成为旅游业中的重要角色(Fusté-Forné et al. ,2021)。鉴于游客所消费的饮食都是当地生产的,因此发展饮食旅游,既有助于农民生产和销售食品,对乡村经济和环境可持续性的发展也起到重要作用(Sims,2009)。饮食旅游既提供了新的机会来推广和分销当地食品,同时又通过表达社区身份和文化独特性来增强游客体验(Rusher,2003)。饮食旅游还能帮助维持乡村地区的活力(Herman,et al. ,2013),并通过增加旅游支出、延长旅游季节和增强当地身份,使小企业在经济和社会上更加自给自足(Everett et al. ,2008)。当然,饮食旅游还有助于建设基础设施、创造多样的文化产品、维护当地环境和文化遗产(Bertella,2011),提升乡村地区的整体旅游形象,发展乡村品牌(Boyne et al. ,2004)。

中国学者也提出了相似的观点。节庆类饮食旅游活动对乡村经济具有显著的推动作用(杨清童,2019),美食旅游有利于乡村地区经济的发展、村民生活水平的提高、地方品牌形象的塑造,美食旅游是乡村振兴的有力举措(王应霞,2020)。乡村特色美食在乡村振兴中具有显著的经济价值、旅游价值和文化价值(莫幼政等,2021),且美食旅游借助产业发展、饮食文化传承、人才支持、乡村治理和生态保护等路径,推动乡村振兴(李悦等,2020;吴桂婷等,2021)。作为一种旅游资源,乡村饮食文化在丰富乡村旅游内容、完善乡村旅游产业链方面发挥重要作用(潘柳榕,2021)。

但也有研究表明,旅游业(包括饮食旅游业)会对乡村及其周边地区的发展产生负面影响。游客涌入乡村,会对当地农业劳动力产生冲击,抬高当地的土地和食品价格,在资源匮乏地区,为了满足游客的饮食需求,不得不进口食物,可能导致乡村地区的外汇漏损(Belisle,1983)。对乡村地区自然和文化遗产、社会结构也会产生负面影响,并给当地居民带来低经济回报或无经济回报(Hall et al. ,2009)。因此,乡村地区饮食旅游的开展,需要开展可持续性研究,以实现旅游活动、人员和机构与同区域的其他要素(如自然资源、历史和社会文化价值观)保持和谐(Rinaldi,2017)。

(二) 乡村饮食旅游的概念及构成研究

在乡村,旅游业与饮食之间的关系通过产品、菜肴、纪念品、市场、集市或参观庄稼地和农场来揭示(Hall et al. ,2003)。饮食生产要素是影响乡村饮食旅游发展的重要因素之一。除区域经济水平、乡村旅游规划外，饮食种类、乡村生态食材、饮食口味特色、乡村人居环境、饮食文化习俗等都会影响乡村美食文化旅游的发展(杨静等，2022)。

Kikuchi(2008)认为，乡村饮食旅游的“空间”是利用乡村旅游和农业旅游的空间建立起来的。乡村饮食旅游包括乡村旅游、农业旅游，乡村地区的自然和文化景观、饮食生产景观和农贸市场都是旅游目标，当然也包括当地生活和饮食文化的旅游体验。Iizuka 等(2016)认为，乡村饮食旅游是传统乡村旅游的扩展版，并以 Watou 村饮食旅游为例，指出 Watou 村饮食旅游分为四个组成部分：乡村旅游、农业旅游、慢食旅游和美食旅游。乡村旅游包括乡村种植景观、地形景观以及保留了典型绿色村庄的村庄景观；农业旅游包括农业生产景观以及该地区种植和加工产品的直接销售；慢食旅游则基于地方的传统饮食文化与餐馆、咖啡馆和杂货店等设施形成；美食旅游则突出享乐主义，强调精致美食。在乡村开展慢食活动，是乡村旅游目的地创造高收益的一种策略(Adeyinka-OJo et al.，2013)。

综上，乡村饮食旅游是指以乡村地区特有的饮食资源为核心吸引物，即依托饮食原料的生产(农业、渔业、林业、畜牧业等生产空间、食材采集渔猎的技艺与传统、食材种养殖等)、饮食原料的加工技艺、饮食生产(如烹饪技艺、茶酒酱醋盐等传统制作技艺)、饮食消费(饮食生活空间、餐饮类设施设备等)、以饮食为基础的饮食习俗与思想(饮食习俗、饮食礼仪、饮食思想、饮食哲学)、地方特色饮食等涵盖饮食原料生产到饮食消费全过程的旅游资源，结合乡村自然景观、传统文化、乡村生活、基础设施等，为游客提供饮食生产体验、地方饮食原料采集与加工深度体验、乡村饮食消费与生活沉浸式体验、乡村美食消费体验、乡村饮食慢生活体验等多维度、多层次内容的旅游活动。

(三) 乡村饮食旅游供应链研究

旅游供应链是围绕满足游客的需求而构建的一种既包括食、宿、行、游、购、娱的供应商，又包括分销商、零售商直至最终用户的网链式结构，链上各节点企业建立战略伙伴关系(伍春等，2007)。从供应链角度，饮食旅游包含了从田间地头到餐桌的所有环节：生产者、加工公司、旅游和酒店业、零售业、商业部门甚至知识部门(世界旅游组织，2019)。行业间合作是影响饮食旅游发展的关键因素之一(Ahlawat et al.,2019)。发展饮食旅游,需要有包括各类组织、私人业者、各类协会和游客在内的多方利益相关者之间的合作(Corigliano et al.,2002)。不同部门、行业间的合作,是乡村饮食旅游可持续发展的重要依托。但农业和旅游业之间的关系复杂(Telfer,2000),二者存在从土地、劳动力和资本竞争的冲突到两个部门相互受益的共生关系(Telfer et al.,1996)。因此,饮食旅游作为跨部门的旅游活动,需要建立合作机制,促进供应链中所有行为者的竞争力提升。①

(四)乡村饮食旅游研究述评

乡村饮食旅游作为一种旅游形式,结合了饮食文化、饮食旅游和乡村地域,为游客提供了体验乡村地区风土人情和品尝地道美食的机会,成为推动优秀传统文化传承、乡村振兴、健康中国建设的重要途径。

根据 CiteSpace 可视化分析及研究内容的梳理,可见国内饮食旅游研究主题主要呈现从饮食文化研究→饮食与旅游关系研究→饮食旅游开发研究→饮食旅游振兴乡村研究的发展脉络,研究内容集中在:① 饮食文化内涵的剖析;② 饮食与旅游目的地的关系解读,主要凸显饮食对旅游目的地经济、社会、文化、环境的影响;③ 区域饮食旅游资源开发研究,主要强调饮食是重要的旅游资源,基于资源的调查、分析与评价开发饮食旅游产品;④ 饮食旅游与乡村研究方面,主要呈现两大研究方向,一是突出饮食旅游是乡村振兴的主要路径,研究二者的互促关系,二是倾向"乡村旅游+饮食"而非"饮食旅游+乡村"研究。现有研究以乡村旅游研究为主线,将饮食或视为乡村旅游资源的构成之一,或视为目的地形象构建的组成部分之一,探讨乡村饮食旅游资源开发的必要性、对策等内容,将饮食视为乡村地区核心旅游吸引、视为乡村旅游目的地形象塑造的支撑的研究相对缺失。国内乡村饮食旅游研究起步较晚,但发展迅速,特别是在乡村振兴和文化旅游政策的推动下,饮食旅游成为推动乡村经济发展和文化传承的新路径。但当前国内乡村饮食旅游研究重"乡村旅游+饮食",轻"饮食旅游+乡村",以"乡村饮食旅游"为整体研究对象的系统性、学理性研究缺乏。如何以习近平文化思想为指

① "Guidelines for the Development of Gastronomy Tourism",UN Tourism,2019 年 5 月 13 日。

引，以旅游系统、产业融合等理论为基础，推动中国乡村饮食旅游开创新局面，构建主客共享的美食空间，是当前需要探讨并解决的问题。

国外饮食旅游研究起步较早，饮食旅游被视为乡村旅游的重要组成部分，是乡村目的地形象的支撑，与地方特色和文化身份紧密相关。国外文献研究中，以"agri-food tourism""food tourism in rural destination""culinary tourism initiatives in rural area""food and gastronomic tourism for developing rural areas"等为主题的研究相对丰富，从理论和实证两个方面对乡村饮食旅游的概念和构成、饮食旅游对乡村发展的影响、农业食品旅游、乡村饮食旅游的可持续性等开展了积极探讨。

无论是国内还是国外的研究，乡村饮食旅游都被看作促进乡村经济发展、饮食文化保护和传承的重要途径。未来国内乡村饮食旅游研究应做到以下几点：

（1）突出"饮食旅游＋乡村"，以饮食旅游推进乡村振兴，全面探讨乡村饮食旅游资源价值、乡村饮食旅游消费者行为、乡村饮食旅游发展模式、乡村饮食旅游产业链构建、乡村饮食旅游品牌创建等理论与实证研究。

（2）以习近平文化思想为理论指引，"明体达用、体用贯通"，把握中国乡村饮食旅游发展的规律特点。

（3）从跨学科融合视角，融合旅游学、文化学、社会学、人类学、管理学、营养学等多个学科的理论和方法，促进中国乡村饮食旅游的全面发展。

（4）关注乡村饮食旅游的可持续性，包括经济、社会、文化和环境的可持续性，持续推进"舌尖美食"的经济、社会、文化效应。

第三章　中国乡村饮食旅游发展的驱动机制

彭华(1999)较早将系统理论引入旅游发展驱动力研究，指出旅游发展动力系统是一个由旅游消费、旅游产品、旅游中介系统和发展条件组成的动力系统，并强调这些要素之间的互动关系。该动力系统为理解旅游业的发展提供了一个全面的框架。段兆雯(2012)将旅游动力系统引入乡村旅游发展研究，提出了需求、供给、中介、支持和决策五大子系统。该系统强化了政府在乡村旅游发展中的作用，但未能突出社区参与。旅游动力系统理论被运用到饮食旅游中，形成了饮食旅游资源、饮食旅游地接待和服务质量、媒体宣传与口碑推荐、游客自身需求、游客感知体验五大饮食旅游驱动力因子(钟竺君，2021)。社区村民是饮食空间的建设者，是饮食文化的创造者，乡村饮食旅游的发展离不开社区的参与意愿、参与程度等。鉴于此，以旅游系统理论为指导，本书提出中国乡村饮食旅游发展由五大子系统驱动：需求、供给、支持、中介和社区参与系统。其中，旅游需求子系统、旅游供给子系统、旅游中介子系统、旅游支持子系统四大子系统共同构成了中国乡村饮食旅游发展的基本条件，促使中国乡村地区具备了发展饮食旅游的可行性；社区参与系统是中国乡村饮食旅游形成的重要推动因素，形成了发展乡村饮食旅游的必要性(图 3-1)。

由图 3-1 可见，旅游需求系统拉动乡村饮食旅游的发展，它是乡村饮食旅游发展的核心条件。没有需求就没有旅游消费市场，没有旅游消费市场就没有旅游的发展。旅游供给系统是乡村饮食旅游发展的吸引所在，主要由旅游资源和旅游产品构成，旅游的发展必须依托旅游资源开发出符合市场需求的旅游产品。旅游中介系统是乡村饮食旅游发展的重要影响因素，它是联系旅游需求和旅游供给的桥梁，一方面刺激旅游消费，另一方面增强目的地旅游吸引力。旅游支持系统由政府政策、基础设施等构成，通过政

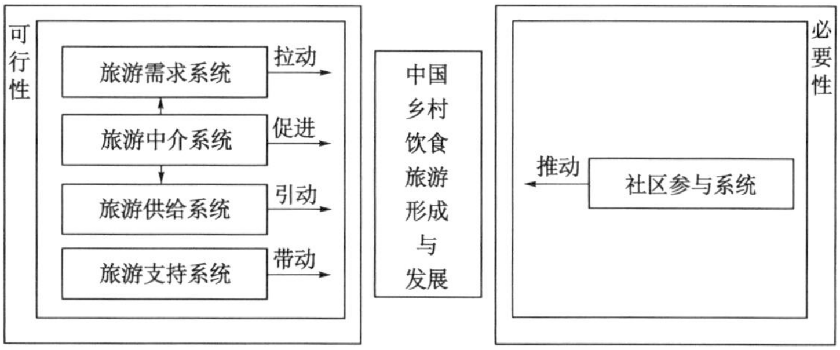

图 3-1　中国乡村饮食旅游发展动力系统

（资料来源：根据先行研究自绘）

策、设施带动，保障乡村饮食旅游的发展。社区参与系统中，社区的主体是当地村民。经济的发展、文化的传承、收入的提高、妇女生活状况的改善等社区诉求，推动着乡村饮食旅游发展。

第一节　中国乡村饮食旅游需求系统

中国乡村饮食旅游需求系统是一个综合性的体系，它涵盖市场规模、旅游消费、饮食消费等多个方面。随着文旅融合、乡村振兴、健康中国等政策的带动和市场需求的增长，乡村饮食旅游正逐渐成为中国旅游业的新增长点。

一、乡村旅游市场规模潜力日益增大

乡村旅游是以城市居民为主要目标市场的专项旅游活动（周玲强等，2004）。中国 2012 年城镇人口为 72 175 万人，发展至 2022 年，中国城镇人口为 92 071 万人。截至 2023 年年末，中国城镇人口增加至 93 267 万人，比 2022 年增加 1 196 万人；而乡村人口为 47 700 万人，比上一年减少了 1 404 万，城镇人口占全国人口的比重（城镇化率）为 66.16%，比上年年末提高了 0.94 个百分点。城乡人口数据变化反映了中国城镇化进程的持续推进，体现了中国在推动城乡发展一体化和提高城镇居民生活质量方面的努力和成果。中国城镇人口的增长与乡村旅游市场的规模有着密切的联系，城镇人口的增长带来了更多的潜在旅游消费者，庞大的城镇人口基数为乡村旅游活动的开展提供了市场保证。2012—2023 年中国城镇人口数量统计详见图 3-2。

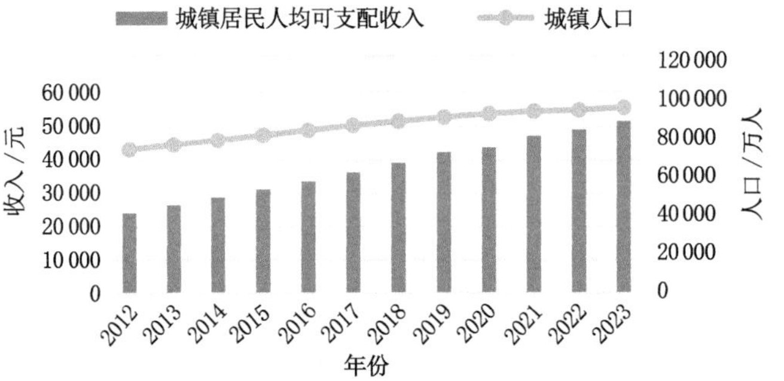

图 3-2　2012—2023 年城镇居民人均可支配收入及城镇人口数量

[数据来源：中国国家统计局(https://data.stats.gov.cn/)]

何琼峰(2011)认为，经济收入、闲暇时间是影响居民出游的关键原因。1995 年 5 月 1 日中国开始实行双休制度，1999 年春节、五一、十一假期调整为 7 天，其后休假制度不断修订和完善。目前，中国的休假制度包括多种不同类型的休假安排，具体的休假安排包括法定节假日、带薪年休假、周末休息日、其他假日等。多种形式的休假制度、休息时间，充分保障劳动者的休息权利，提升其生活质量。带薪休假制度的落实有助于释放消费潜力，促进假日消费，增加旅游收入。研究表明，带薪休假人数每增加 10%，个体的旅游消费有望增加 1.69%①。

经济收入方面，随着经济的发展，中国城镇居民可支配收入持续增长，中国城镇居民人均可支配收入从 2012 年的 24 127 元增加至 2022 年的 49 283 元，人均可支配收入逐年提升。到 2023 年年末，中国城镇居民人均可支配收入为 51 821 元，相比上一年度名义上增长了 5.1%，扣除价格因素后，实际增长了 4.8%。以上数据反映了中国城镇居民在可支配收入方面的稳步提升，它关系到居民的生活质量和消费能力。中国城镇居民人均可支配收入的增长意味着消费能力的提升，消费升级，收入增加后的居民更愿意在乡村休闲和旅游上增加支出，追求美好生活。可支配收入的增长同时也意味着对旅游产品和服务的需求在变化，人们更加追求个性化、体验性和文

① 《解好带薪休假"必答题"　助力旅游市场恢复》,《中国旅游报》2022 年 3 月 30 日。

化性的乡村旅游产品,从而推动乡村旅游产品创新。2012—2023 年城镇居民人均可支配收入统计详见图 3-2。

中国城镇人口数量的逐年增加、休假制度的不断完善、城镇居民人均可支配收入的持续增长,共同促进了乡村旅游市场规模的扩大,并且随着政策的支持和市场的发展,乡村旅游市场将继续保持增长态势。

二、国内旅游消费能力持续增长

(一)国内旅游人次与旅游消费的增长

中国旅游业发展迅猛,产业规模持续扩大,旅游业已经成为国民经济战略性支柱产业。城乡居民旅游消费持续攀升,2012—2019 年国内旅游人数(图 3-3)逐年提高,2019 年达到 60.06 亿人次,比上年同期增长 8.4%。2019 年,城镇居民旅游人数为 44.71 亿人次,增长 8.5%;农村居民旅游人数为 15.35 亿人次,增长 8.1%。2020—2022 年,世界各国旅游发展受新冠疫情影响显著,故 2020—2022 年相关旅游数据不列入图表统计范畴。2023 年,全年国内旅游市场强势复苏,国家统计局统计数据显示,国内旅游人次 48.91 亿,国内旅游收入为 4.91 万亿元,分别恢复到 2019 年的 81.44%和 85.83%,旅游人数和收入相较于疫情期间的大幅度增长,充分说明中国旅游市场正在快速回暖,中国国内旅游消费能力显著增强。此外,2023 年城镇居民旅游消费达到 4.18 万亿元,占国内旅游总收入的 85%,这表明城镇居民是国内旅游消费的主力军。

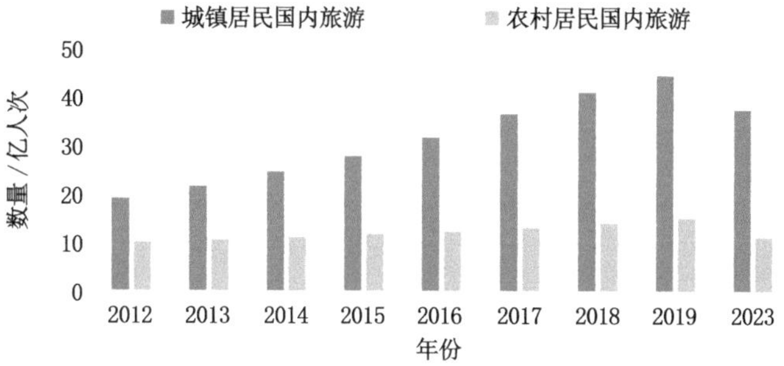

图 3-3 2012—2023 年城镇居民及农村居民国内旅游人数

[数据来源:中国国家统计局(https:// data.stats.gov.cn/)]

（二）乡村旅游消费人次的增长

在中国，乡村旅游作为一种感受田园风光、重温乡愁乡味的生活方式而受到越来越多人的青睐，逐渐成为国内旅游的常态。2019 年，乡村旅游接待人次达到 30.93 亿，占国内旅游市场人次的一半。乡村旅游人数从 2012 年的 8 亿人次，增长到 2019 年的 30.93 亿人次，涨幅明显（图 3-4）。从 2012—2019 年乡村旅游与国内旅游人数对比可见，乡村旅游人数占国内旅游人数的比重逐渐增大，占比从 27.05%提高至 51.50%。乡村旅游正以高于国内旅游的发展速度高速增长，乡村旅游在国内旅游市场中占据了重要的地位，并在增加农民收入、调整农村产业结构、旅游减贫、传播中华优秀传统文化、保护乡村自然环境等方面发挥着积极作用，同时满足了人们对美好生活的向往，成为小康社会人们美好生活的刚性需求。

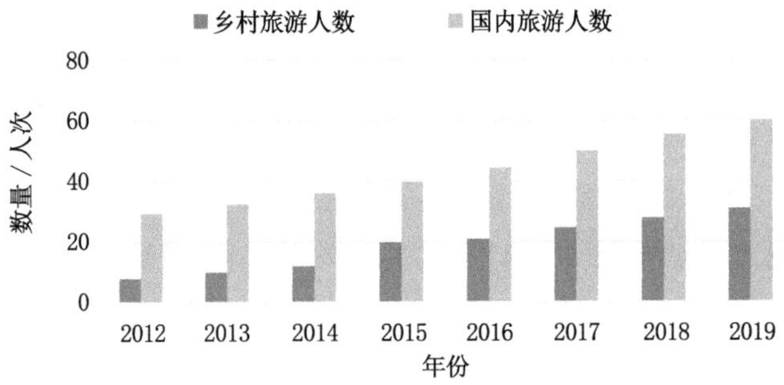

图 3-4　2012—2019 年乡村旅游与国内旅游人数对比

［数据来源：中国国家统计局（https：//data. stats. gov. cn/）；
中国文化和旅游部（https：//www. mct. gov. cn/）］

此外，调查显示，约有 65.4%的居民最近一次乡村旅行是在周末，乡村出游已经成为居民周末休闲的主要选择。① 周末乡村休闲已经成为众多家庭休闲的常态方式，乡村旅游频率稳步增加，城镇居民对乡村的向往和回归呈现出常态化特征（郭玉琼，2018）。

① 唐晓云：《从大数据看中国乡村旅游发展》，搜狐网，2017 年 5 月 19 日。

三、饮食消费持续升温

（一）餐饮业收入波动回升

历年《中国餐饮业年度报告》显示，2015 年全国餐饮收入首次突破 3 万亿元，同比增长 11.7%；2018 年突破 4 万亿元，同比增长 9.5%；2019 年实现 4.67 万亿元收入，同比增长 9.4%，中国餐饮业规模持续扩大（图 3-5），既说明了中国餐饮消费市场稳中向好，也体现了中国人对饮食的偏爱。历年的餐饮业年度报告还显示，山东省、广东省、四川省、江苏省、河北省餐饮业收入位列各省份餐饮业收入前 10 名，它们是中国餐饮大省，汇集了众多的美食资源。

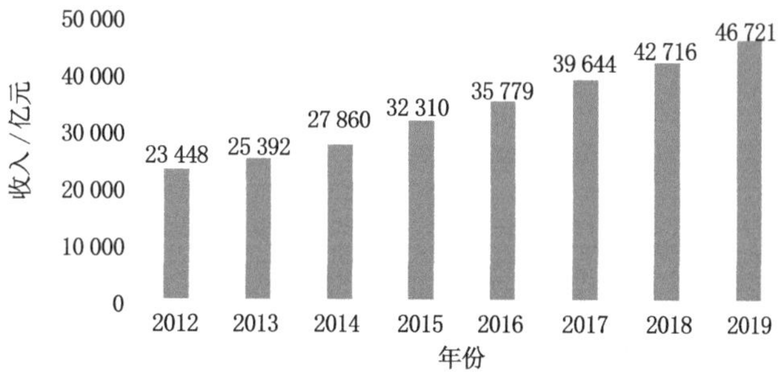

图 3-5　2012—2019 年中国餐饮业收入

（数据来源：根据历年《中国餐饮业年度报告》统计数据整理）

《2023 年中国餐饮业年度报告》显示，受新冠疫情影响，餐饮业波动明显，市场受到较大冲击，2022 年实现全国餐饮业收入合计 4.39 万亿元，同比下降 6.3%，餐饮业形势严峻。我国餐饮业振兴是必然趋势，尽管整个过程存在波动变化，但总体将呈现回升态势。据国家统计局统计数据，2023 年我国餐饮业收入达 5.29 万亿元，首次突破 5 万亿元，创历史新高。2024 年 4 月 16 日，国家统计局最新数据显示，2024 年一季度餐饮业收入 13 445 亿元，增长 10.8%，餐饮消费从开年一直火热，特别是“文旅＋餐饮”业态融合，打破传统边界。进淄（博）赶烤、哈尔滨冻梨、天水麻辣烫等带动旅游大火；以陕西袁家村、长沙文和友为代表的“文旅＋饮食”模式，将饮食文化与旅游结合，提供了饮食文化与旅游互促互进的新思路，以食为核，以旅为形，创造了独特的美食体验。

（二）餐饮消费在旅游消费中的占比稳中增长

餐饮业与旅游业有着良好的互动关系，旅游业对餐饮业起先导性的拉动作用，餐饮消费也有助于带动旅游消费（张涛等，2010；周魏淇等，2019；吴壮益，2021）。美国餐饮业50%的利润来自旅行者，这里的旅行者包括游客和非游览目的而出行的人群（Graziani，2003）。中国旅游研究院统计数据显示，在旅游消费中，餐饮消费占比长期保持在20%以上。以2019年为例，2019年城镇散客旅游者的旅游消费中，餐饮费占到了23.6%。传统意义上旅游消费中最刚性的且消费占比较大的门票、住宿的消费占比在下降，但餐饮消费占比在上升。以饮食为纽带的餐饮业与旅游业的良性互动，既有助于增强地方旅游吸引力、塑造地方鲜明的旅游形象，也有助于打造特色饮食旅游产品、提升游客旅游体验质量。

四、饮食旅游成为旅游消费新趋势

2019年，世界旅游组织指出游客超过三分之一的支出用于食品，饮食已经成为旅游的主要原因之一。餐饮是大众旅游的基本要素，美食是小康旅游的刚性需求。① 跟着饮食去旅游，为了地方饮食奔赴一座城，此类现象逐渐增加，饮食已然成为旅游吸引物体系中越来越重要的构成部分甚至是独立的旅游吸引物。中国旅游研究院发布的《2023中国美食旅游发展报告》显示，92.3%的受访者会在旅游前或旅游中做美食攻略，93.1%的受访者将体验地域美食作为旅游的主要因素之一。中国旅游消费实践表明，饮食旅游逐渐成为当下中国旅游消费新趋势，地方饮食正逐步成为一种吸引，这不仅仅是出于人们对原真饮食的喜爱以及饮食多样性的猎奇，还因为饮食环境变得越来越具乡土性、文化性和休闲性，景观之上是生活。

（一）游客的饮食动机

中国人想要进行食物（美食）探访的动机很高（강경심 et al.，2021）。《2021年度乡村旅游消费报告》指出，游客对乡村旅游的期待已不再停留于自然风光，乡村美食、民俗风情、古村落遗迹、高品质民宿、土特产等都是重

① 《美食新动能，旅游高品质——2023中国美食旅游发展报告》，红网，2023年9月16日。

要的考虑因素。动机被认为是所有行为背后的驱动力量(Iso-Ahola,1982),旅游动机是指促使人们进行某一旅游活动,以实现自身心理或生理需要满足的力量(王纯阳等,2013)。笔者整理饮食旅游先行研究发现,文化体验、社会交往、健康需求、饮食安全、美食猎奇、休闲放松六大因素是驱动人们实施饮食旅游的主要因素,动机构成见表3-1。

表3-1　饮食旅游动机的构成

项目	构成	参考文献
饮食旅游动机	文化体验	Fields(2003);Kim 等(2009);Kim S(2015);Jiménez 等(2016);张宏梅等(2009);徐丹等(2014);李东祎等(2016);周瑜等(2021)
	社会交往	McKercher 等(2008);Smith 等(2010);汪嘉昱等(2021)
	健康需求	강경심等(2021);Kim 等(2012);Kim H(2015);张骏等(2018);袁文军等(2019)
	饮食安全	王辉等(2016);梁慧等(2016)
	美食猎奇	Hall 等(2003);Çela(2007);张涛(2012);杨国廷(2019);钟竺君(2021)
	休闲放松	尚雯雯(2015);唐晓云(2017)①;桑虹丽(2022)

资料来源:根据先行研究自制。

中国是世界三大烹饪王国之一。不同地域、不同民族的饮食,彰显了地方风俗人情,饱含历史典故,还寄托人的怀旧情感(陈思,2017)。多样的饮食具有营养和医疗、社会交往(宋蜀华,2001)、礼仪规范、陶冶心性(金炳镐,1999)、文化认同(秦莹,2008;刘春呈,2021)、提高审美情趣等多重功能。中国饮食的多重功能可满足人们寻求文化体验、进行社会交往、追求健康养生、体验异地美食、休闲放松等多重需求,是驱动游客出游的重要因素。《2018中国旅游美食消费力白皮书》显示,伴随着中国旅游经济的高速增长,旅游餐饮拥有良好的发展前景,而在旅游餐饮中,地方特色美食最受欢迎

① 唐晓云:《从大数据看中国乡村旅游发展》,搜狐网,2017年5月19日。

（郑洁琳，2018）。

（二）游客的饮食情结

情结是指被意识压抑而在无意识中具有持续性，并以本能冲动为核心的愿望、情绪或观念（杨清，1985）。在中国，人们对饮食有着特殊的情结。人们见面打招呼，问的是"吃了吗"，"吃"已经渗透到中国人日常生活的方方面面，中国人以饮食为中心，构建了婚丧嫁娶、传统节日、仪式庆典、社会交往、礼仪教化、睦邻友好等社会生活互动链。此外，在情感上，饮食还具有增进情感认同、身份认同、文化认同和国家认同等作用（张楠，2020），是中国人表达身份认同和地方归属感的重要依托，见证中国历史的发展和文化的传承。

中国游客有品尝异地美食、感受异地奇特的就餐环境与进食方式、了解异地特色烹饪技艺、了解饮食文化背景的愿望（房士林等，2002；刘溪辰，2016），还会表现出求新求异满足感、充饥满足感、文化体验满足感和营养健康满足感（徐丹等，2014）。饮食情结的抒发、味蕾的满足，需要借助饮食与旅游融合来实现。乡村是饮食原料的生产地，很多饮食的加工制作仍保持传统的制作技艺，在食品工业日益发达的当下，乡村饮食还保持着传统、原产地、正宗、健康、怀旧、绿色等特点。许多新兴中产阶级记得（或重新想象）他们以前的乡村生活中的食物，"怀旧美食"促进了传统饮食的流行（Thomé-Ortiz，2018）。游客愿意在乡村尝试农家特色的传统饮食，而菜品是否高档、价格是否低廉不是消费者考虑的主要因素（艾于兰，2015）。在乡村旅游花费中，餐饮消费占比最高，比例为30.82%（刘俐等，2014）。足以见得，游客对乡村饮食具有较强的认同感。

（三）游客的康养需求

健康是指生理、心理、情绪、人际关系等方面都处于良好的状态，具体包括身体、心理、智力、社交的健康，远离疾病是维持机体全面健康的根本（薛付忠，2017）。目前，人口健康是世界各国面临的重要议题和可持续发展的目标。2015年，中国人均预期寿命已达76.34岁，总体上优于中高收入国家平均水平。① 但工业化、人口老龄化、疾病谱变化、生态环境及生活方式变化等，给健康维护带来了挑战。于是，追求健康成为人们普遍的旅游动机，康

① 《中共中央　国务院印发"健康中国2030"规划纲要》，新华社，2016年10月25日。

养休闲、康养饮食逐渐进入大众视野。饮食是生命赖以存在的物质基础，如今，越来越多的城镇中产阶层在食品安全恐慌、身体疾病焦虑以及品质生活追求等因素的驱动下，追求吃得好、吃得健康（林晓珊等，2020）。以康养为目的的乡村饮食旅游是中国人健康生活的一种实践方式。

在乡村旅游市场规模潜力日益增大、国内旅游消费能力持续增长、饮食消费持续升温、饮食旅游成为旅游消费新趋势等多重因素作用下，产生了中国乡村饮食旅游需求。

第二节　中国乡村饮食旅游供给系统

乡村饮食旅游供给系统是指以乡村饮食旅游资源为核心吸引物，为游客提供多维度、多层次旅游活动和服务的系统。乡村饮食旅游资源贯穿饮食生产、生活、消费的全过程，包括饮食生产生活空间、农业生产（林业、渔业、畜牧业）、地方饮食、饮食器具、饮食传统等。在乡村饮食旅游需求的拉动下，一些乡村地区或主动或被动开发乡村饮食旅游资源，提供乡村饮食旅游产品。乡村饮食旅游产品的构成包括与饮食生产生活及消费相关的多层次多维度旅游体验活动、餐饮服务等。

一、饮食旅游资源是旅游供给系统的基础

乡村饮食旅游资源在乡村饮食旅游供给中扮演着至关重要的角色，它是乡村饮食旅游供给的基础和依托，为游客提供独特的体验和享受。

（一）乡村食材的广泛性、季节性、在地性

靠山吃山靠水吃水，幅员的辽阔、地形地貌的多样和复杂为乡村地区带来了分布广泛、种类多样、四季有别、地方特色突出的食材。一般而言，乡村地区的食材，绿色天然无污染是其基本色，新鲜美味正宗是其基本味，四季有别、地域特征强、营养价值高是其身份标识。在乡村，很多地方性特色食材都有地理标志产品、有机食品的认证，具有广泛的知名度。因此，跟着季节差去不同的乡村地区品尝时令食材成为越来越多人追求健康生活、美好生活的现实选择。统筹开发、合理利用乡村食材旅游资源，以期在中国乡村版图上画出美食线路，支持可持续农业和保护生物多样性，并依托主客共享

让食材成为推动乡村产业发展的新动力。

（二）饮食技艺的灵活性、多样性、哲理性

这里的技艺，既包括饮食原料生产、采集、渔猎的技艺，也包括调味品的酿造技艺，还包括饮食器具制作与使用技术、茶的制作技艺、酒的酿造技艺以及肴馔的烹饪技艺。丰富多样的地方饮食的呈现离不开饮食技艺的灵活性和多样性，饮食技艺的灵活性和多样性意味着其趣味性、参与性程度相对较高。以旅游为途径开展饮食教育和传承，有助于提升人们的文化素养和生活技能。

此外，乡村地区的饮食技艺，还蕴含深厚的文化意蕴和哲学思想。其一是顺应自然、敬畏自然，不涸泽而渔，因时而食，不时不食。二是和谐平衡、中和为美，五味调和、天人合一，在烹饪上追求食材之间的味道、性质和颜色的和谐搭配，在茶酒调味品的制作上追求阴阳平衡和五行学说，在饮食生活中追求人与自然、人与人的和谐共生。三是开拓创新的进取意识和勤劳勇敢的民族精神，上天入地下海的食材采集、不断探索的烹饪方法和食材搭配，讲述了一个地区的历史、文化和地域精神。四是食以体政，饮食、民生、政治紧密相关，反映饮食中对秩序与和谐社会的追求。饮食技艺承载厚重的中华优秀传统文化，深深影响了中国人的生活方式和价值观。所以，根植传统文化和哲学思想，开发具有教育意义、深度体验的饮食文化旅游产品体系，有利于有效传承和传播口传心授的技艺、中华优秀传统文化，并弘扬民族精神和塑造正确的价值观。

（三）美味佳肴的丰富性、养生性、地方性

食材的广泛、技法的多样从根本上决定了乡村饮食总量丰富、类别多样、组合度高。此外，乡村饮食既是科学，也是视觉的艺术、味觉的艺术、嗅觉的艺术、触觉的艺术，饱含审美追求。五感营销，能有效地将乡村饮食的丰富性、艺术性等特征转变为旅游吸引力。

药食同源，很多乡村饮食强调食物的药用价值、滋补和养生作用，倡导合理膳食、均衡营养。在公众的健康意识和健康水平逐渐提高、健康理念逐步渗透的当下，养生美食、药膳等特色餐饮的创新和提供，有利于提升餐饮体验质量，满足游客对健康的追求。

一方水土一方饮食，每一个地方特色饮食都代表着一种熟悉的乡愁味道，反过来，地方特色饮食也成为情感认同、地方认同、身份认同的符号。正如谚语所言，“人如其食”（You are what you eat）和“告诉我你吃什么，我就知道你是谁”（Tell me what you eat, and I will tell you who you are），这些表述强调了饮食与个体身份的密切联系。具有地域特色的饮食文化对游客和旅游目的地都具有重要的意义。对于游客而言，地方饮食文化的体验与学习，能够增强其对乡村地区文化的自豪感和归属感。而对于旅游目的地来说，一旦地方饮食成为该地区的核心旅游资源，它便可作为差异化旅游目的地形象的依托，从而在美食旅游日益成为旅游消费新趋势的背景下，提升旅游目的地的吸引力和竞争力。这种以饮食文化为核心的旅游发展策略，不仅能够促进地方经济的发展，还能够加深游客对地方文化的理解和认同，形成一种文化与经济互利共赢的局面。

（四）饮食传统及饮食空间的乡土性、文化性和审美性

饮食传统和饮食空间是乡村饮食文化的重要组成部分，它们反映地方文化特色，体现当地村民生活习惯和审美情趣，具有鲜明的乡土性特征，乡土性是乡村旅游的根本属性。饮食传统及饮食空间的乡土性、文化性和审美性，体现了饮食旅游资源的独特魅力和核心价值，是乡村饮食旅游发展中不可或缺的体验内容，能够为游客提供一种与城市截然不同的生活方式。

四季生产调等民间文学，生产号子等传统音乐，伏羊节等传统习俗，跳菜等传统舞蹈，面塑等传统美术，酒令等传统游艺，采茶戏等传统戏剧，绿茶制作等传统技艺，因时而食、不时不食等传统思想，尊长敬老等传统礼仪，都充分说明饮食传统的文化性和多样性，也能折射其鲜明的感染力与吸引力、高的旅游参与性，适宜开发多维度的沉浸式文化体验类旅游产品，有助于游客全面了解当地的饮食文化。饮食传统是传统文化的重要组成部分，它不仅反映了一个地区的历史、地理和社会特征，还体现了当地人民的生活方式和价值观。

饮食空间作为饮食文化的空间载体，它与当地的自然环境、气候条件和资源分布紧密相关，具有鲜明的乡土性，承载着丰富的历史故事和文化记忆，反映了一个民族或地区的审美趣味和生活哲学。2023 年淄博八大局火了，没有一个游客空着手离开；作为中国最神秘的徒步线路之一，茶马古道徒步受到了目标群体的追捧；“给你的不只是好风景，更是看风景的好心情”的全球重要农业文化遗产兴化垛田，成为全国十大乡村旅游目的地之一，且

打造出了“一站式”生态菜园、农业观光、采摘体验、食品加工等农业旅游产品活动。以上，充分说明乡村自然环境、饮食贸易空间、茶园酒庄等种植基地乃至公共餐饮空间等饮食空间，是乡村饮食旅游吸引的重要组成，是建设乡村饮食旅游产业链和生态体系的基础性依托。乡村饮食空间的旅游开发，需要与其他饮食类资源要素紧密结合，组合开发，形成体系，打造出主客共享的饮食新空间。

二、饮食旅游产品是满足市场需求的关键

旅游者购买行为的发生建立在有满足市场需求的旅游产品和服务的基础上，因此，依托乡村饮食旅游资源开发满足市场需求的饮食旅游产品和服务是乡村饮食旅游可持续发展的关键。中国乡村饮食旅游资源丰富多样、文化内涵厚重等特征，决定了乡村饮食旅游产品和服务的多样性、在地性、体验性、文化性等。参照旅游产品的常见分类，将现有乡村饮食旅游供给产品的主要类型总结如下(表 3-2)。

表 3-2　乡村饮食旅游供给产品的主要类型

产品主类	产品亚类	乡村饮食旅游产品构成
观光类	产业观光	农业观光，林业观光，渔业观光，畜牧业观光
	饮食空间观光	农贸市场观光，乡村酒庄、茶园观光，家庭作坊、文化展示中心、体验工坊、非遗传习所等观光，乡村杂食店观光
体验类	劳动体验	天然食材采集体验，农耕体验，养殖体验，采摘体验，农家乐
	技艺体验	烹饪课程，茶酒调味品制作或酿造体验，饮食器具制作体验，饮食器具的正确使用体验
	美食体验	宴席体验，传统美食品鉴，特色饮食猎奇，新菜品创意体验，茶楼品茶，酒庄品酒，饮食社交
	康养体验	食疗药膳，食养体验，绿色餐饮
	非遗文化体验	与饮食相关的传统音乐、舞蹈、戏剧、美术、习俗等体验
	文化教育	饮食文化讲座，饮食文化论坛
	生活体验	做一天新农人
	虚拟体验	VR 技术体验乡村风光和食品制作过程

表 3-2(续)

产品主类	产品亚类	乡村饮食旅游产品构成
购物类	在地消费	食材直销,加工食品直销,传统风味直销
	异地消费	工业化量产供应:地方茶酒,保健茶酒,乡村风味食品,与饮食相关的创意纪念品、生活用品、工艺品
节庆类	主题节庆	美食节庆,饮食类非遗节日庆典,农产品、渔业产品等食材主题节庆,饮食名人或饮食故事主题节庆
	赛事	烹饪大赛,食神大赛

乡村饮食旅游资源的丰富度、组合度、知名度以及资源的地方性和多重价值等,直接影响着乡村饮食旅游产品的吸引力和竞争力,影响乡村饮食旅游的发展。因此,为保障乡村饮食旅游的可持续发展,必须树立饮食旅游资源的保护性开发意识。在保护性开发的基础上,不断丰富旅游产品供给体系,引领乡村饮食旅游发展。

第三节　中国乡村饮食旅游中介系统

乡村饮食旅游中介系统作为连接乡村饮食旅游供给系统和乡村饮食旅游需求之间的桥梁,通过旅游企业服务及目的地营销,提供资金支持、产品开发、信息服务、产业链整合、目的地推广等多方面的服务和便利,激发旅游市场活力和创新,协调旅游市场的各种资源和需求,促进乡村饮食旅游的发展,加速乡村饮食旅游发展的进程。

一、旅游企业服务

(一)旅游企业投资

在探讨旅游业发展的过程中,Kantarci(2007)的观点提供了一个重要的视角,即旅游业的繁荣不仅依赖于政府的单方面努力,还需要外来投资者的积极参与。在中国,该理念得到了广泛的实践,特别是在乡村旅游领域。政府在政策层面上鼓励投资主体多元化,并通过一系列措施促进了社会资本的参与,这在 2017 年中央一号文件中得到了明确的体现。该文件强调了乡村集体经济组织在乡村旅游合作社的创办或与社会资本联合经营乡村旅游企业中的作用，这标志着政府对于乡村旅游发展模式的创新和探索。

社会资本的参与，特别是通过 PPP(Public-Private-Partnerships，政府和社会资本合作)模式或公建民营的方式，为乡村旅游的发展注入了新的活力。PPP 模式作为一种创新的合作机制，将政府、私营部门以及公众的利益结合起来，共同推动乡村旅游项目的建设和运营。这种模式的优点在于能够充分发挥各方的优势，政府提供政策支持和监管，私营部门则利用其资金实力和市场运作经验，提升项目的经济效益和市场竞争力。

旅游企业通过资本输入的方式参与到项目的运营中，获取乡村旅游的经营权，成为乡村旅游经营利益的主体之一。这些企业通常具备较强的经济实力和市场运作能力，能够将丰富的乡村饮食旅游资源与广阔的旅游消费市场相连接，实现资源的优化配置和价值最大化。资本的输入为乡村饮食文化的产业化发展提供了必要的经济支持、技术支撑和运营保障，对推动乡村饮食文化的传承、创新和多元化发展具有重要意义。旅游企业通过市场调研和消费者需求分析，能够更准确地把握市场脉搏，开发出符合市场需求的旅游产品和服务。同时，企业还能够利用其广泛的市场网络和营销渠道，将乡村饮食文化推广到更广阔的市场，提高其知名度和影响力。

然而，社会资本的参与也易带来风险和挑战。资本的逐利性可能导致乡村饮食旅游项目过度商业化，损害乡村饮食文化的原真性和独特性。乡村饮食旅游项目的成功运营需要政府、企业和社会的共同努力，任何一方的缺失都可能影响项目的可持续发展。因此，在推动乡村饮食旅游发展的过程中，需要建立有效的合作机制和监管体系，确保各方的利益得到平衡，实现乡村饮食旅游的可持续发展。

（二）旅游企业服务

旅游企业为乡村饮食旅游发展提供的支持与服务主要体现在产品开发、人才培养、产业链整合、智慧旅游服务等方面。旅游产品是游客奔赴目的地的根本吸引，旅游企业承担着旅游产品开发的责任。旅游企业根据乡村饮食旅游资源禀赋和市场需求，开发特色化、差异化、多样化的蕴藏文化内涵的乡村饮食旅游产品。旅游企业承担人才培养的重任，提供或参与乡村饮食旅游相关的培训服务，提升当地从业人员的专业技能和服务水平。

产业链整合是指乡村饮食旅游与农业、加工业、文化产业等其他产业相结合，形成产业链，推动三产融合发展。智慧旅游服务是指利用信息技术，加快信息传播平台建设，包括官方网站、社交媒体账号、旅游论坛和博客等，用于发布乡村饮食旅游的相关信息和动态；开发在线预订系统和智能导览，如通过网站或移动应用程序，使游客能够预订乡村饮食旅游相关的服务，并能获得电子地图和导航服务；维护客户服务平台，提供咨询、投诉处理和售后服务，确保游客的问题和需求能够得到及时响应；展开大数据分析，通过收集和分析游客行为数据、市场趋势和旅游偏好，为游客画像，以优化旅游产品和提升服务质量。

二、旅游目的地营销

地方政府是乡村饮食旅游发展的主体之一，在旅游目的地营销中起到主导作用。旅游目的地营销，在引导市场的饮食旅游消费的同时，强化着目的地饮食旅游的吸引力，因而是促进饮食旅游发展的基本条件之一。有效的营销，有助于拓宽旅游市场、提升旅游市场竞争力。目前，各地各级政府积极开展"美食之乡""厨师之乡""特产之乡"等的申报和打造，例如原国家文化部命名武夷山"中国茶文化艺术之乡"，中国烹饪协会认定江苏盱眙"中国淡水龙虾之乡"、安徽淮南"中国豆腐之乡"、宁夏吴忠"中国清真美食之乡"、云南巍山"中国名小吃之乡"、广东顺德"中国厨师之乡"，中国特产协会认定浙江绍兴"黄酒之乡"、广东增城"荔枝之乡"、吉林抚松"人参之乡"。同时，各地各级政府还积极推进农业文化遗产、饮食类非物质文化遗产及传承人、国家级文化生态保护区、非物质文化遗产生产性保护示范基地保护与申报。以上，为目的地营销提供了地标性饮食旅游资源，为差异化营销指明了方向。

传统旅行社、旅游代理商、在线旅游平台、营销咨询公司、饮食类综艺节目、影视作品等也发挥了应有的宣传推广作用，影响着更多的游客将饮食列入乡村旅游目的地攻略。特别是旅游代理商、在线旅游平台和营销咨询公司，它们通过专业的服务和广泛的网络，将乡村饮食旅游的信息传递给潜在的游客，从而提升旅游目的地的知名度和吸引力。中介系统通过精准的市场定位和目标客户分析，帮助乡村旅游目的地制定有效的营销策略。它们了解不同游客的需求和偏好，能够提供个性化的旅游产品和服务，满足游客的多样化需求。例如，针对年轻游客，推出以体验乡村生活和品尝地方特色美食为主题的旅游产品；针对中老年游客，则推出以休闲养生和品尝健康食品为主题的旅游产品。中介系统还能利用其专业的营销技巧和丰富的营销渠道，将乡村饮食旅游的信息传播到更广阔的市场。它们通过社交媒体、搜索引擎优化（SEO）、内容营销等方式，提高旅游目的地的在线可见度和影响力。此外，中介系统也能通过与航空公司、酒店、旅行社等其他旅游相关企业的合作，提供一站式的旅游服务，增加旅游目的地的吸引力。

第四节　中国乡村饮食旅游支持系统

除目的地营销外，政府支持与财政援助、基础设施、地方和公众意识也是饮食旅游发展的关键因素（Ahlawat et al. ，2019）。乡村饮食旅游支持系统为整个乡村旅游提供必要的政策、基础设施和服务支持，带动乡村饮食旅游的发展。

一、政府政策支持

（一）农村发展政策

中国是农业大国，农业、农村、农民问题历来关系到中国的经济发展和社会稳定。自 1978 年改革开放以来，中国切实加大了对农业、农村、农民的投入，中国农村面貌发生巨大变化。从家庭联产承包责任制到小城镇战略，从扎实推进社会主义新农村建设到明确实施乡村振兴战略，经过 40 多年的发展，乡村产业结构得以优化，乡村环境得以改善，乡村基础设施得以完善，乡村文化得以复兴，乡村人才得以培育，乡村正逐渐发展成为“农业强、农村美、农民富”的中国特色社会主义农村。2023 年 1 月 2 日，《中共中央　国务院关于做好 2023 年全面推进乡村振兴重点工作的意见》明确指出，加快发展现代乡村服务业，发展乡村餐饮购物、旅游休闲。振兴乡村的国家政策，为乡村饮食的产业化发展、乡村旅游的特色化发展指明了方向，为乡村饮食旅游的发展提供了产业、环境、规划、土地、资金以及人才等政策机遇。

（二）农业发展政策

农业是国民经济的基础部门。中国围绕“夯实农业生产基础”“推进创新驱动”“一产二产三产融合”“农业全产业链融合”“循环农业”等理念，不断巩固和加强农业基础地位，推进农业的质量发展、绿色发展、品牌发展、结构优化和传统传承。2008 年，《中共中央关于推进农村改革发展若干重大问题的决定》发布，提出了推进农业结构战略性调整的要求，同时进一步指出加强农产品质量安全工作，因地制宜发展特色产业和乡村旅游业，支持发展绿色食品和有机食品，加大农产品注册商标和地理标志保护力度。2011 年，《中共中央关于深化文化体制改革推动社会主义文化大发展大繁荣若干重要问题的决定》发布，明确“建设优秀传统文化传承体系”，作为中国传统文化的重要组成的农业文化得到传承和弘扬。自 2012 年起，每两年发掘和认定一批中国重要农业文化遗产。农业既能提供粮食、农副产品等食品保障，也具有提供观光休闲、传承农耕文化等功能。绿色、优质、特色、品牌的农业发展，为乡村饮食旅游的发展提供了“健康”“本地”“正宗”的保证。具有重要历史人文价值、对现代生态循环农业有重要借鉴意义的农业文化遗产，为“一村一品”饮食旅游的品牌化建设和差异化发展提供了支持。

（三）乡村旅游发展政策

从 1986 年四川省郫县农科村诞生的中国第一家农家乐开始，中国乡村旅游逐渐起步，到 2000 年以后迅速发展。《中共中央　国务院关于做好 2000 年农业和农村工作的意见》中明确提出，积极发展商业、饮食、服务和旅游等第三产业。2006 年，国家旅游局发布《关于促进农村旅游发展的指导意见》；2017 年，国家发展和改革委员会等 14 个部门联合印发《促进乡村旅游发展提质升级行动方案（2017）》；2018 年，文化和旅游部等 17 个部门发布《关于促进乡村旅游可持续发展的指导意见》。多项促进乡村旅游、乡村餐饮、特色文化产业发展的政策文件的出台，提高了乡村旅游的实际投资（图 3-6），推进了利用农耕文化、乡村饮食文化发展乡村旅游的步伐。当前，中国乡村旅游发展呈现出精品化、特色化、多样化发展趋势，乡村旅游产品日趋真实性、创意性、生态性、文化性，乡村旅游的客源市场从区域性向跨区域、国际化方向转变。乡村饮食是代表地方形象甚至国家形象的重要符号，充分利用乡村饮食资源发展饮食旅游，是迎合乡村旅游发展趋势、打造乡村旅

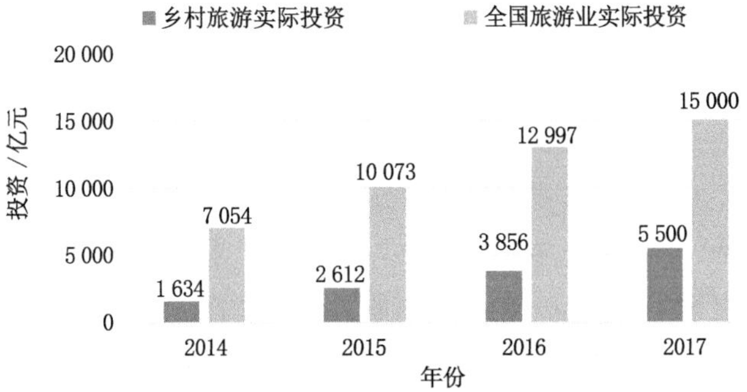

图 3-6　2014—2017 年中国乡村旅游实际完成投资情况

［数据来源：《2016 中国旅游投资报告》（国家旅游局，2017）；《中国乡村旅游发展报告》（郭玉琼，2018）］

游品牌、推动乡村旅游客源市场国际化发展的必然选择。

2000 年以来，中国政府对农村发展、农业现代化、乡村旅游的持续关注和战略部署，旨在通过一系列具体措施实现乡村的全面振兴和农民的持续增收（见表 3-3）。

表 3-3　乡村旅游发展相关政策

年份	政策	发布部门
2000	《中共中央　国务院关于做好 2000 年农业和农村工作的意见》	中共中央，国务院
2001	《农业旅游发展指导规范》	国家旅游局
2002	《全国农业旅游示范点检查标准》	国家旅游局
2002	《全国农业旅游示范点、工业旅游示范点检查标准（试行）》	国家旅游局
2006	“中国乡村旅游年”	国家旅游局
2006	《关于促进农村旅游发展的指导意见》	国家旅游局
2007	《关于大力推进全国乡村旅游发展的通知》	国家旅游局，农业部
2007	《中共中央　国务院关于积极发展现代农业扎实推进社会主义新农村建设的若干意见》	中共中央，国务院

表 3-3(续)

年份	政策	发布部门
2008	《中共中央　国务院关于切实加强农业基础建设进一步促进农业发展农民增收的若干意见》	中共中央,国务院
2008	《中共中央关于推进农村改革发展若干重大问题的决定》	中国共产党第十七届中央委员会第三次全体会议
2009	《关于加快发展旅游业的意见》	国务院
2010	《全国休闲农业与乡村旅游示范县示范点创建》	农业部,国家旅游局
2011	《中国农村扶贫开发纲要(2011—2020 年)》	中共中央,国务院
2013	《国民旅游休闲纲要(2013—2020 年)》	国务院办公厅
2014	《关于创新机制扎实推进农村扶贫开发工作的意见》	中共中央办公厅,国务院办公厅
2014	《关于实施乡村旅游富民工程推进旅游扶贫工作的通知》	国家发改委等 7 部门
2015	《关于加快转变农业发展方式的意见》	国务院办公厅
2015	《关于进一步促进旅游投资和消费的若干意见》	国务院办公厅
2015	《关于积极开发农业多种功能大力促进休闲农业发展的通知》	农业部等 11 部门
2016	《中共中央　国务院关于深入推进农业供给侧结构性改革加快培育农业农村发展新动能的若干意见》	中共中央,国务院
2016	《关于旅游休闲重大工程的通知》	国家发改委,国家旅游局
2016	《“十三五”旅游业发展规划》	国务院
2016	《乡村旅游扶贫工程行动方案》	国家旅游局等 12 部门
2016	《关于金融助脱贫攻坚的实施意见》	中国人民银行等 7 部门
2017	《促进乡村旅游发展提质升级行动方案(2017)》	国家发改委等 14 部门
2017	《关于推动落实休闲农业和乡村旅游发展政策的通知》	农业部
2017	《关于深入推进农业领域政府和社会资本合作的实施意见》	财政部,农业部
2018	《中共中央　国务院关于实施乡村振兴战略的意见》	中共中央,国务院

表 3-3(续)

年份	政策	发布部门
2018	《乡村振兴战略规划(2018—2022 年)》	中共中央,国务院
2018	《关于支持深度贫困地区旅游扶贫行动方案》	国家旅游局,国务院扶贫办
2018	《关于促进乡村旅游可持续发展的指导意见》	文化和旅游部等 17 部门
2018	《促进乡村旅游发展提质升级行动方案(2018 年—2020 年)》	国家发改委等 13 部门
2018	《关于开展休闲农业和乡村旅游升级行动的通知》	农业农村部
2019	《关于促进乡村产业振兴的指导意见》	国务院
2019	《关于开展全国乡村旅游重点村名录建设工作的通知》	文化和旅游部,国家发改委
2019	《关于公布第一批全国乡村旅游重点村名单的通知》	文化和旅游部,国家发改委
2020	《关于发挥国家农村产业融合发展示范园带动作用进一步做好促生产稳就业工作的通知》	国家发改委等 5 部门
2021	《中共中央　国务院关于全面推进乡村振兴加快农业农村现代化的意见》	中共中央,国务院
2021	《全国乡村产业发展规划(2020—2025 年)》	农业农村部
2021	《“十四五”推进农业农村现代化规划》	国务院
2021	《关于拓展农业多种功能 促进乡村产业高质量发展的指导意见》	农业农村部
2022	《中共中央　国务院关于做好 2022 年全面推进乡村振兴重点工作的意见》	中共中央,国务院
2022	《关于推动文化产业赋能乡村振兴的意见》	文化和旅游部等 6 部门
2022	《“十四五”旅游业发展规划》	国务院
2023	《中共中央　国务院关于做好 2023 年全面推进乡村振兴重点工作的意见》	中共中央,国务院
2023	《关于金融支持乡村旅游高质量发展的通知》	文化和旅游部,中国银行
2023	《关于释放旅游消费潜力推动旅游业高质量发展的若干措施》	国务院办公厅
2023	启动 2023 年“乡村四时好风光”全国乡村旅游精品线路征集遴选工作	文化和旅游部

二、基础设施建设

农村基础设施指涉及农村居民生存和发展以及社会所需的公共服务的各要素总和，具体包括流通性、生态性、生活性和社会性四类基础设施（陈言美，2022）。参考中国国家统计局统计指标，笔者构建了中国乡村基础设施建设统计表（表 3-4）。

表 3-4　2017—2022 年中国乡村基础设施建设统计

基础设施	二级指标	2017 年	2018 年	2019 年	2020 年	2021 年	2022 年
流通性基础设施	乡村公路/万公里	400.93	403.97	420.05	438.23	446.6	453.14
	村庄内道路长度/万公里	285.30	304.80	320.58	335.80	348.67	357.39
生态性基础设施	乡村卫生厕所普及率/%	81.7	—	—	—	—	—
	乡镇公共厕所/万座	15.28	15.35	16.86	17.38	16.3	16.21
	乡镇环境卫生专用车辆设备/万台	14.26	14.26	15.03	14.85	14.35	14.21
生活性基础设施	村庄供水普及率/%	—	—	80.98	83.37	85.33	86.02
	乡村水电站发电装机容量/万千瓦	7 927.00	8 043.53	8 144.16	8 133.83	8 133.80	8 133.80
	村庄燃气普及率/%	—	—	31.36	35.08	38.19	39.93
	乡村宽带接入用户数/万户	9 377	11 742	13 477	14 190	15 770	17 632
社会性基础设施	乡镇医院医生数/万人	136.02	139.10	144.50	148.10	149.20	153.10
	乡镇卫生院床位数/万张	129.20	133.39	136.99	139.03	141.74	145.58

（数据来源：中国国家统计局、中国交通运输部、中国农业农村部、中国住房与城乡建设部、中国工业和信息化部、国家卫生健康委员会）

由表 3-4 可见，中国乡村基础设施建设稳步推进。基础设施的改善和发展，共同作用于乡村饮食旅游的各个方面，包括提升旅游体验、增强旅游吸引力、提高服务质量和保障游客安全等，为乡村饮食旅游活动的开展提供了基础条件支持。

流通性基础设施建设逐步增强，乡村公路和村庄内道路数量持续增加，乡村公路网络布局逐渐完善。不断加大直通乡村的交通公路建设，提升了乡村旅游的可进入性，有利于游客“进得来”；持续推进村庄内道路建设，有利于游客在村庄内“散得开”。为方便游客到乡村地区旅游，各地争相开通乡村旅游公交专线、旅游直通车；为方便游客在目的地慢享乡村生活，各地还因地制宜建设了旅游步道、登山步道、自行车道等；为方便自驾车露营、自行车骑行，各地也在不断推进露营营地和交通驿站建设。优良的交通网络也有助于物流运输，对于乡村旅游中农产品的销售和物资供应具有积极作用。

生态性基础设施逐步改善，乡村环境稳步提升。2017 年年末，全国乡村卫生厕所普及率已达 81.7%。在 2017 年国家旅游局发布的《全国旅游厕所建设管理新三年行动计划（2018—2020）》指引下，乡村地区厕所外观设计、内部功能发生了重大变化，体现出了地方文化特色。尽管乡村卫生厕所普及率的数据不完整，但其改善对提升游客的旅游体验至关重要，有助于提高乡村饮食旅游的吸引力。乡镇公共厕所数量的增加和环境卫生专用车辆设备的使用，表明乡村地区越来越重视环境卫生，这对提升乡村饮食旅游的吸引力和游客满意度有正面影响。

生活性基础设施逐步提升，乡村生活日趋便捷。供水普及率和燃气普及率的提高，改善了乡村居民的生活质量，为乡村饮食旅游提供了更舒适的住宿条件，为乡村饮食旅游活动开展提供了基本保障。宽带接入用户数的显著增加、通信设施设备的完善，则为乡村饮食旅游信息化、智慧化发展奠定了基础。

社会性基础设施逐步发展，乡村医疗条件逐步改善。乡镇医院医生数和乡镇卫生院床位数的增加，提高了乡村地区的医疗服务水平，为游客提供了更好的健康保障，增加了乡村饮食旅游的安全性。

第五节　中国乡村饮食旅游社区参与系统

社区参与系统在乡村饮食旅游中扮演着至关重要的角色，它涉及当地村民的直接参与，对提升旅游体验、保护当地文化、促进经济发展等方面都有重要影响。当地村民是乡村饮食旅游供应链的基础性环节，是旅游利益相关者的重要构成，是饮食文化的创造者和享有者，是饮食空间的建设者，也是乡村饮食旅游决策的重要参与者。村民在经济、社会、文化等方面的利益诉求，推动着村民参与旅游发展的意愿的产生。村民的参与意愿与参与程度，影响乡村饮食旅游的发展。

一、乡村经济发展和乡村居民增收

长期以来，城市与乡村发展不均衡，乡村发展滞后于城市。20 世纪 80 年代中后期，乡村经济发展出现农民收入来源单一、隐性失业人口多、农产品附加值较低等问题(潘顺安，2007)。2000 年，农村居民人均可支配收入为 2 282 元，不及城镇居民人均可支配收入 6 256 元的一半，低于全国居民人均可支配收入 3 721 元的平均水平，农民缺乏增收途径。与此同时，乡村就业人员从 2000 年的 48 934 万人下降到 2022 年的 27 420 万人，大量的乡村青壮年劳动力涌入城市。如何拓宽就业渠道、如何守住家门口的钱袋子、如何提高农产品的附加值，成了乡村居民亟须解决的问题。

乡村旅游是农民就业的主要渠道、乡村贫困人口脱贫的重要力量、农民增收的重要增长点。同时，饮食旅游能够在任何地区提供就业机会，而且这是可持续的(Shah et al. ，2017)。因此，乡村地区饮食旅游资源的开发利用，有利于改善食品生产系统，并为当地人创造就业机会。农民是地方美食、饮食空间、饮食习俗、饮食思想等的创造者、享有者，手握农产品生产技能、掌握地方饮食加工制作技艺的农民，有需求、有条件也有能力向饮食旅游谋发展、求增收。

二、乡村女性生活质量改善和地位的提高

2022 年 12 月 15 日，在日本奈良举办的第七届 UNWTO(世界旅游组

织)世界饮食旅游论坛上，肯定了饮食旅游是促进妇女赋权的杠杆(women's empowerment)。妇女赋权的目的是保障妇女的基本能力、法律权利，实现妇女在社会、政治、经济和文化领域内的参与(Roudi-Fahimi et al.,2006)。赋予妇女权利和机会、实现性别平等是世界可持续发展的重要基础。

在中国广大乡村地区，留守妇女是乡村人口的主力(张欢欢等，2020)，她们承担着农业生产、照顾家庭、生养子女、家务劳动等各项任务。在农业生产上，中国"农业女性化"特征越来越明显(姬顺玉等，2015)，妇女成为中国农业生产的重要力量。在饮食文化上，妇女是传统地方风味制作、茶的制作、酒的酿造，以及与饮食文化相关的音乐、舞蹈和戏剧等表演的主要力量，是饮食类非物质文化遗产的重要传承人，如在福建等茶产区，成立了专门的女茶师非物质文化遗产传习所，她们致力于传承和发展茶文化。在饮食环境上，妇女是乡村生活环境与生产环境治理的基石。虽然妇女已经成为乡村生产生活的重要力量，但现实生活中，乡村妇女面临生存与发展的困境，她们的生活质量和地位有待提高。在乡村，男性受教育机会大于女性(刘筱红，2006)，乡村妇女文化程度相对较低，限制了妇女的就业选择；在传统性别观念中，妇女没有独立的经济地位(曹荔函等，2013)，收入来源有限、收入渠道单一的妇女容易陷入贫困；部分地区的妇女在社会生活、家庭生活中处于配角地位。因此，乡村妇女有着强烈的增强自身经济、社会、文化权利的意愿，有着实现性别平等与发展的意愿，这为乡村饮食旅游的发展带来了契机。

实践证明，乡村女性参与旅游发展的意愿强烈，她们认可在乡村旅游发展中获得经济收益、权利地位(李爽，2021)。妇女是乡村饮食旅游资源的主要承载者，乡村饮食旅游的发展，有助于乡村妇女充分发挥自身优势，转变其传统的劳动方式，并在农产品生产与销售，旅游餐饮服务，饮食类音乐、舞蹈、戏剧、民俗的表演甚至与饮食有关的创业项目中发挥突出作用。

三、乡村饮食文化的传承和发展

乡村社会的发展变化对乡村文化产生了影响。一方面，城镇化进程推动着新农村建设，农村文化与城市文化、现代文化融合互动(胡丰顺等，2012)；另一方面，乡村文化生存环境的改变，农民文化自觉意识的逐渐缺失、文化认同危机的产生，导致乡村文化出现生存和发展困境（吕宾，2021）。乡村文化是中国乡村振兴战略中的重要环节，乡村文化振兴意义重大。目前，产业化发展是乡村文化振兴的重要路径之一（夏小华等，2021），“以文促旅、以旅彰文”，乡村文化与乡村旅游的融合在各地开始实践。

作为乡村文化不可分割的一部分，饮食文化同样面临着现实的挑战与选择。乡村饮食旅游在促进乡村饮食文化传承与发展方面，具有内在与外在两个层面的积极作用。从内在动力角度来看，村民和青年群体是推动乡村饮食文化发展的关键力量。在乡村饮食旅游的推动下，饮食资源的多元价值得以显现，这能够唤醒村民对本土饮食文化的保护意识，激发他们的文化自觉。随着文化自觉的持续增强，村民将逐渐建立起文化自信，进而形成广泛的文化认同感。这种文化自信与认同感，将为乡村饮食文化的再发现、保护与传承提供坚实的基础。同时，乡村饮食旅游的发展为青年群体提供了丰富的就业与创业机会。青年作为乡村社会未来发展的中坚力量，他们具有开阔的视野、强大的学习能力和创新精神，这些特质有助于推动乡村饮食文化的创新性发展和活化利用。从外在力量角度来看，游客在乡村饮食旅游中扮演着重要角色。游客通过参与具有地方特色的饮食活动，深入体验并认识到乡村饮食文化的独特价值，并从地方视角凝视城市文化，反向地为乡村饮食文化的创新找准了切入点。因此，乡村饮食文化传承和发展的现实需求，推动了乡村饮食旅游的发展。

第四章 中国乡村饮食旅游资源的分类、调查与评价

旅游资源的分类、调查与评价是旅游规划和管理工作的重要组成部分，是地方旅游发展的基础。按一定的标准对中国乡村饮食旅游资源进行系统化整理与分类，区分不同类型和特色的旅游资源，有助于为旅游资源的开发和利用提供科学依据。中国乡村饮食旅游资源调查，旨在全面调查旅游资源状况，为旅游发展规划提供支持。而中国乡村饮食旅游资源的评价，意在评估资源的经济、社会、文化等多重价值，优化旅游开发顺序，提高旅游投资效率。

第一节 中国乡村饮食旅游资源分类

一、中国乡村饮食旅游资源类型

综合饮食旅游先行研究、中国乡村的实际以及《旅游资源分类、调查与评价》(GB/T 18972—2017)分类标准，本书将中国乡村饮食旅游资源分为七大主类，即食材文化、地方特色美食文化、茶文化、酒文化、饮食器具文化、饮食民俗和饮食思想。该分类突出了饮食文化的三大载体——饮食、器具和人，既强调饮食文化的物质构成——饮、食、器具，也突出了非物质构成，因为从食材开发到加工制作再到饮食消费，都离不开人的经验、技艺、思想，也因此形成了众多非物质层面与饮食生产生活相关的音乐、戏剧、美术、技艺、医药和民俗等事项。中国乡村饮食旅游资源分类见表 4-1。

表 4-1　中国乡村饮食旅游资源分类

主类	亚类	基本类型	资源构成
食材文化	物质类	食材生产空间与贸易空间	农业文化遗产，乡村自然风景，农贸市场，集市
		食材	按生产方式：天然食材，人工种植养殖等食材
			按功能性：保健食材，药用食材，其他一般性食材
	非物质类	传统	农林牧渔业食材的种养殖的传统技艺和传统习俗，天然食材的采集、渔猎传统技艺和传统习俗，劳动号子等传统音乐，生产调等民间文学
地方特色美食文化	物质类	饮食加工空间与消费公共空间	磨坊，传统手工艺作坊，晒谷场，祠堂，乡村餐馆，乡村杂食店，农舍/农家乐，古街巷，文化广场
		主食	面食，米食（米饭、粥食、粽子、米粉、米线等）
		副食	地方菜系，特色菜品
		宴席	民族宴席，民间宴席，特色主题宴席
		风味小吃	面食类，米食类，豆类，蔬菜类，水产类，肉类，水果类
		奇食怪食	虫食，酸腐饮食，其他
		调味品及其生产空间	油、盐、酱、醋、豆豉；传统作坊，盐场，酱料厂
	非物质类	技艺、故事	食材加工制作技艺，烹饪技艺，饮食故事，调味品制作技艺
		饮食消费传统	口味的区域差异；与饮食有关的传统舞蹈、传统美术、传统游艺
茶文化	物质类	茶树及其生长空间	茶园，茶场，野生茶林，古茶树
		茶的制作、饮用、交易空间	茶园，茶场，初制所，加工厂，传统家庭作坊，茶馆茶楼，寺院，品鉴室，茶马古道
		基本茶类	绿茶，红茶，白茶，黄茶，青茶，黑茶
		加工茶类	花茶，紧压茶，速溶茶，萃取茶，果味茶，药用保健茶，含茶饮料
		特色茶饮	民族地区特色茶饮，待客特色茶饮，茶宴美食
	非物质类	技术、礼仪、思想、习俗	茶园管理，茶树栽培，茶叶采摘，茶的手工制作，茶艺，茶道，茶礼，茶俗，与茶有关的戏剧，茶与保健

表 4-1(续)

主类	亚类	基本类型	资源构成
酒文化	物质类	酿酒原料及种植基地	葡萄,与酒酿造有关的特色农作物;葡萄园,葡萄基地,高粱地,特色农作物种植基地
		酒文化遗址	窖池,藏酒洞,作坊
		基本类型	黄酒,白酒,葡萄酒,啤酒
		特色酒	药酒,保健酒,谷物酒,果酒,马奶酒
	非物质类	传统、文学、故事	葡萄园管理,酒酿制技艺,饮酒习俗,酒与祭祀,酒与保健,饮酒礼仪,酒戏,酒歌,酒文学作品,历史故事
饮食器具文化	物质类	食器	炊食器,盛食器,进食器,饮食加工器具
		饮器与水器	茶具,酒器,盛水器皿
	非物质类	饮食器具制作技艺	陶器烧制技艺,瓷器烧制技艺,其他材质食器制作技艺
		传统、礼仪	饮食器具与祭祀、礼仪,筷子的正确使用与民间应用
饮食民俗	非物质类	—	节日食俗,日常食俗,人生礼仪食俗,祭祀食俗
饮食思想	非物质类	审美思想	十美风格,饮食名人审美思想及故事
		食治养生	食疗,药膳
		哲学与价值观	环境伦理,人生哲理,哲学思想,道德标准,社会规范

二、中国乡村饮食旅游资源分类概述

中国乡村饮食旅游资源分类的多样性,根植于中国饮食文化的历史厚重与内涵丰富。这一文化传统涵盖了广泛的地理分布,融合了多元的民族特色与地方习俗,形成了各具特色的饮食文化景观。

食材文化旅游资源包括食材,食材生产空间与贸易空间,以食材为基础的生产、开发利用的技艺、传统和习俗,它为乡村饮食旅游发展提供了自然背景、环境背景、食材来源以及与当地文化紧密相连的传统和习俗。开发食材文化旅游资源,是推进乡村饮食旅游产业链构建的基本路径之一,它既能带动农产品供销一体化链条的发展,也可打造乡村特色食材原产地品牌形象，如山东大葱、新疆哈密瓜、云贵菌菇，还具有厚重的教育价值，是创新意识、开拓精神、社会责任感、地方认同、农林渔牧业知识等思想素质教育和传统农耕文化传承的重要抓手。

地方特色美食文化旅游资源涵盖物质类的饮食加工空间与消费公共空间、主食、副食、宴席、风味小吃、奇食怪食、调味品及其生产空间，非物质类的饮食传统技艺、饮食故事和饮食消费传统等。地方特色美食文化资源内容丰富，是乡村饮食旅游发展的核心资源，在乡村饮食旅游品牌形象塑造、饮食旅游产品体系构建和差异化开发、旅游体验质量提升、饮食旅游产业链推动（农业、加工、餐饮、住宿等相关产业链的发展）中发挥关键作用。同时，乡村地方特色美食文化旅游资源的开发利用，是赓续中华文脉、推动中华优秀传统文化创造性转化和创新性发展的具体落实，也是乡村振兴战略中的重要一环。

茶文化旅游资源涉及茶树及其生长空间，茶的制作、饮用、交易空间，基本茶类，加工茶类，特色茶饮，以及与茶有关的技术、礼仪、思想、习俗。中国是世界茶的故乡，是世界上最早发现茶树、种植茶树、利用茶树的国家，茶文化是中国的标志性文化符号之一。乡村地区茶文化旅游资源丰沛，具有较高的知名度和影响力。发展乡村茶文化旅游，是落实习近平文化思想“七个着力”之加强国际传播能力建设、促进文明交流互鉴的重要路径，有助于在全球范围内提升中国的文化影响力和国际话语权，让中国声音在国际上更加响亮。此外，乡村茶文化旅游窗口有助于提升文化自信，推动文化多样性的保护和发展，推动全球文化的发展与繁荣。

酒文化旅游资源囊括酿酒原料及种植基地、酒文化遗址、基本类型、特色酒、传统、文学与故事等主要内容。中国是世界上酿酒最早的国家之一，酒文化历史悠久、内涵丰富，是中华文化的重要组成部分。乡村酒文化旅游资源的开发利用，为乡村振兴和旅游发展提供了新的动力和方向。其一，产业链延伸，带动上下游产业链的发展，形成完整的产业链条；其二，实现农业现代化，酒企、旅企的合作为农民提供了现代化农业生产的平台，提高了农产品的附加值；其三，品牌效应和带动效应；其四，文化传承；第五，生态保护，乡村酒文化旅游强调原料的绿色种植和生态酿造，有助于推动农业的可持续发展和生态环境保护。

饮食器具文化旅游资源包含食器、饮器与水器、饮食器具制作技艺以及与饮食器具相关的传统与礼仪。饮食器具文化作为饮食文化旅游资源的一部分，其实用性强、审美价值高；反映了一个地区或国家的饮食文化以及当地的历史、艺术和生活方式；直接影响旅游体验，增强饮食旅游的艺术性和收藏性。饮食器具与地方美食的结合，可以成为吸引游客的一大亮点，如常德钵子菜。

饮食民俗和饮食思想是以饮食为基础的非物质文化的延伸。饮食民俗主要包括节日食俗、日常食俗、人生礼仪食俗和祭祀食俗，饮食思想主要涉及审美思想、食治养生、哲学与价值观。饮食民俗旅游资源，作为一种与特定地区或民族饮食文化紧密相关的旅游资源，显著地体现了地域性和民族性特征，具备人无我有的竞争优势。此类资源因其独特性，往往成为饮食旅游发展中的核心吸引物。对于游客而言，饮食民俗能满足其对异域风味的探索和享受的需要，也有助于其增广见闻、深入了解相关民族和地区文化。通过参与和体验当地的饮食民俗活动，游客得以亲身感受地方文化的多样性和深度，从而丰富其旅游体验，增强对旅游地文化的认知与理解。饮食思想旅游资源通常与地方的历史、哲学、社会习俗、道德标准、社会规范紧密相连，反映了当地人民的生活方式和价值观，具备应有的文化深度、教育意义，追求健康与营养，关乎尊重与感恩，蕴含共享、团结、“和”思想，体现可持续性与环保、审美与艺术、经济与效率、安全与卫生。

第二节　中国乡村饮食旅游资源调查

一、食材文化旅游资源调查

中国是农业大国。乡村作为种植养殖类食材的生产地，保留有特色鲜明的传统农业生产和农耕技术知识体系，分布着大量的农业文化遗产。截止到 2023 年年底，农业农村部已分 7 批认定了 188 项中国重要农业文化遗产。不仅如此，中国拥有全球重要农业文化遗产项目 22 项，居世界首位，代表性项目如浙江青田稻鱼共生系统、云南红河哈尼稻作梯田系统、内蒙古阿鲁科尔沁草原游牧系统、浙江仙居古杨梅群复合种养系统等。农业文化遗产是中国悠久的农耕文明和传统农业智慧的结晶，在促进现代农业可持续发展、维护生物多样性、治理环境问题以及提升当地居民生活水平等方面发挥着重要作用。

乡村自然风景是乡村饮食旅游的重要组成部分，其构成主要有：① 山脉景观，包括乡村周围的山脉、丘陵等自然地形，以及山上的植被、野生动植物等；② 水体景观，如河流、溪流、湖泊、水库、池塘等，以及周围的湿地和水生生态系统；③ 森林景观，包括各种类型的森林，如原始森林、次生林、竹林等，以及森林中的野生动植物；④ 田园景观，如稻浪、麦田、花海（油菜花海、向日葵花海等）、梯田、草原风光；⑤ 其他，如乡村小路、田间小道、登山步道、古巷古道以及四季更迭带来的不同自然景观。乡村自然风景是开展农业观光、农耕体验、慢食旅游等旅游活动的基础，保护好乡村的自然生态环境、自然风景，可以为乡村饮食旅游提供持久的吸引力和竞争力。

农贸市场与集市在乡村饮食旅游中扮演着关键角色，它们既是乡村居民日常生活的物质供应中心，又是游客深入体验地方风土人情、社交互动的重要场所。这些主客共享的公共饮食空间通过其独有的社会文化功能，为游客提供了一个与当地居民交流互动的平台，使其得以直观感受和参与到乡村的日常生活之中。一些乡村农贸市场已经变身为具有旅游吸引力的目的地，如浙江乡村市集。2023 年，浙江省商务厅评选出首批精品乡村市集，其中包括矾山镇明矾节共富市集、平湖经开旅游商品市集、大陈小集农夫市集等，这些市集融合了美食、文创、旅游等多维元素，成为推动乡村产业兴旺的重要载体。

乡村既是很多天然食材的来源地，也是种植、养殖类食材的生产地。中国乡村地区自然地理环境多样，江、河、湖、海、平原、高原、山地、盆地等地形地貌孕育了很多地方独有的天然的食材，如西藏松茸、云南建水燕窝，这些天然食材营养丰富、数量有限，其开发利用非常考验当地村民的勇气和智慧，饱含中国天人合一的优秀传统思想。很多在食物原料的生产、开发利用中逐渐形成的民间文学、传统音乐、传统技艺、传统舞蹈、传统戏剧、民俗等传习至今，成为非物质文化遗产，如四季生产调、嘉善田歌、海洋号子（舟山渔民号子）、广西京族高跷捕鱼技艺、吉林查干淖尔冬捕习俗等。

乡村食材多样，其中不乏各类具地方标志意义的农副产品。截至 2022

年10月，中国累计批准的地理标志产品达到2 495个[①]，受地理标志保护的农副产品，种类多样，如谷物类、肉食类、水产类、水果类、蔬菜类、禽蛋类、坚果类、菌类、茶叶、酒、调味品、干果类、饮料、油料等。地理标志产品因其特定的生产地域和严格的质量控制而保证了其独特品质，对追求高品质旅游体验的游客来说具有很大吸引力。地理标志产品本身是一种品牌，地理标志产品与旅游的融合，可进一步增强其品牌影响力。加之，中国地理标志产品与国际地理标志互认互保，能提升其在国际市场上的认可度和美誉度，促进国际旅游合作。

二、地方特色美食文化旅游资源调查

饮食加工空间、消费公共空间，如磨坊、传统手工艺作坊、晒谷场、祠堂、乡村餐馆、乡村杂食店、农舍/农家乐、古街巷、文化广场，它们承载着乡村的饮食文化、传统和记忆，是游客体验乡村生活和社交互动的重要场所。磨坊、传统手工艺作坊，作为传统饮食加工的场所，可转变为展示传统粮食加工技艺的体验空间；晒谷场是农业生产的重要环节，可被设计成体验式空间，游客可以在这里参与农作物的晾晒过程，体验农事活动；祠堂是乡村文化的重要载体，它是族人祭祀祖先的场所，是展示乡村历史和文化的公共空间，是举办节庆活动或作为乡村饮食文化展览的地点；乡村餐馆、杂食店、农舍/农家乐通常利用当地食材，提供地道的乡村美食。以上饮食空间既是游客就餐的场所，也是推广乡村饮食文化和农业产品的平台。古街巷是乡村历史和文化的见证，两旁往往有各种小商店和作坊，可改造成特色小吃街或手工艺品市场，为游客提供购物和美食体验；文化广场，则是举办各种文化活动和节庆的重要空间载体，如美食节、民俗表演等。

（一）主食

主食方面，“秦岭淮河一条线，南吃稻谷北吃面”。秦岭淮河一线是中国南方和北方的地理分界线，南方以稻谷为主要食材，北方则以小麦为主。粒食是对稻米的直接利用，主要是制作成米饭和粥类，西南地区部分少数民族会在节日制作特别的米饭“五色糯米饭”。当然，粒食还可以是粽子、饭团

① 《听，知识产权十年铿锵足音》，《知产产权报》2022年10月14日。

等。各类稻米都可加工成粉，而后再加工，制作成米线、米粉，如云南过桥米线、广西螺蛳粉、南昌米粉。北方地区以小麦粉食为主，制作出各式面食，如山西乡村妇女便有“一年 365 天，天天面饭不重样”的本领。小米、玉米等也是北方重要的主食食材，山东一带便以杂粮煎饼、玉米饼子为主食。

（二）副食

副食特色菜品方面，不同地域特色有别。清朝时期，中国饮食已形成八大菜系，即鲁菜、川菜、粤菜、苏菜、徽菜、浙菜、闽菜、湘菜。如今，中国烹饪协会在广泛征集专家意见的基础上，提出了“中国菜”的国家饮食文化整体概念，引入了全国 34 个地域菜系的表述。围绕中国 34 个省级行政区划分出的 34 个菜系，充分说明中国饮食菜品的丰富性。每个菜系的菜品烹饪技法有别，各有千秋，且代表名菜数不胜数，如以豆腐为食材，有鲁菜一品豆腐、川菜麻婆豆腐、粤菜客家酿豆腐、苏菜文思豆腐、徽菜毛豆腐、浙菜八宝豆腐、闽菜莆田焖豆腐、湘菜组庵豆腐。每一道豆腐菜的背后都有一个故事。

（三）宴席

宴席是以食物的集合为基础，承载着各民族历史、文化和社会习俗的重要形式。民族宴席通常指的是某个特定民族在重要节日、庆典或社交活动中所开设的宴席。这些宴席往往具有鲜明的民族特色，包括传统的食物、烹饪方式和饮食习惯。例如，蒙古族的诈马宴，回族的九碗三行，满族的八大碗，云南省德宏傣族景颇族自治州的孔雀宴（由傣族、景颇族、德昂族、傈僳族、阿昌族的菜品组成），苗族、瑶族的长桌宴，哈尼族的长街宴等，都是富有民族特色的宴席。民间宴席则更多地体现了地方的传统习俗和乡土风味，它常常出现在农村或社区的庆典、节日、婚礼、丧葬等重要场合。民间宴席的菜品往往就地取材，烹饪方式和食材选择都带有浓郁的地方特色，如西北的手抓羊肉宴席、东北的猪肉大席、香港和广东部分地区的盆菜宴、川渝地区的坝坝宴、湘潭“八大碗”等。特色主题宴席，以乡村地域特色食材为主要原料，较具代表性的有山西面食宴，云南鲜花宴、绿叶宴、菌宴等。

（四）风味小吃

中国风味小吃具有地域特色鲜明、种类繁多、四季有别等特点。分类上，按地域，可依 34 个省级行政区划分出 34 个类型，且一地一品，每个区域都有自己的代表性小吃名片，如北京爆肚、西藏酥油茶、重庆酸辣粉等；按食材，可分为面食类、米食类、豆类、蔬菜类、水产类、肉类、水果类等；按烹饪方法，常见的有煎、炸、蒸、煮、卤、爆等。还有按烹饪工具、颜色、形状、口感、典故等分类（张艳荣，2020）。中国风味小吃色、香、味、形俱佳，而且有厚重的文化典故、养生功能（韩诚，2022），是乡村地区实施富民行动、发展“特色产业”的重要基础性资源。

（五）奇食怪食

中国人在食材的利用上，有着就地取材、物尽其用、化腐朽为神奇的智慧和能力，在饮食上的表现之一就是以虫为食。中国南北多地都有食虫的现象，特别是西南地区，蜂蛹、蚁蛹、蜓蛹、蝗虫、树虫、竹虫、蜈蚣、蝎子、蝉或蝉蛹等，是西南乡村人们非常喜爱的美食（何顺斌，2013）。仡佬族、傣族、基诺族、布瑶族、独龙族、苗族、彝族等少数民族都有食虫的饮食习惯，且部分少数民族还有过吃虫节的习俗。昆虫天然野生、营养丰富、味道鲜美。除了直接食虫，人们还间接食虫，在湖南、贵州、广西的部分乡村，人们饮用虫茶。表现之二就是对酸腐类饮食、动物内脏等食材的利用，因此成就了很多地方美食，如山东九转大肠、浙江臭苋菜梗。

（六）饮食口味

饮食口味方面，东淡西浓南甜北咸。四川、重庆、湖南、贵州嗜辛辣，广东、福建嗜甜，北方人喜食葱蒜，西北地区对孜然等香料的气味偏爱（季鸿昆，2005）。南宋诗人陆游写道：“菜羹醯酱薄，村巷棘茨多。”醯就是醋，诗句描述的是村里乡间民家自酿自食的酱醋。东北、山东、山西、浙江绍兴等地，至今仍有制酱的传统。东北农家必备酱缸，在新酱做好的时候，邻里亲戚间还会互送新酱（贾蕙萱，2008），浙江绍兴建有中国酱文化博物馆（赵荣光，2008），卷葱抹酱则是山东百姓餐桌上常见的进食习惯。酸味分布上，东北地区、山西、江苏、福建、四川、贵州等地是中国典型的食酸区域（蓝勇等，2020）。在江苏、四川、福建、山西等地则出现了中国四大名醋的镇江香醋、四川保宁醋、福建老醋、山西陈醋，各类名醋的制作技艺多为国家级非物质文化遗产。

食材加工制作技艺（如各地的腊肉、火腿制作技艺）、烹饪技艺（如川菜烹饪技艺)、饮食故事(如《舌尖上的乡村》《小酸村》等呈现的乡村情愫和人文故事)、调味品制作技艺(如郫县豆瓣传统制作技艺、自贡井盐深钻汲制技艺),加之与饮食有关的传统舞蹈(如彝族跳菜)、传统美术(如天门糖塑、闻喜花馍)、传统游艺(九江酒令)等,它们让食物本身更加生动,也让游客能够通过食物了解和感受到中国乡村的多样性和丰富性。

三、茶文化旅游资源调查

茶园、茶场、野生茶林、古茶树等茶树及其生长空间是重要的茶文化旅游资源。在云南、贵州等地乡村,还有很多珍稀的野生茶树、古茶树,极具科研价值和观赏价值。2023 年 9 月 17 日,普洱景迈山古茶林文化景观在联合国教科文组织第 45 届世界遗产大会上被列入世界遗产名录,成为全球首个茶主题的世界遗产。普洱景迈山古茶林文化景观充分展示了茶文化的历史和价值、茶与生活的联系,为世界提供了茶文化保护与活化的宝贵经验。

茶的制作、饮用、交易空间,如茶园、茶场、初制所、加工厂、传统家庭作坊、茶馆茶楼、寺院、品鉴室等,常常与休闲、养生、修身、文化、社交等概念相结合,提供品茶、茶艺表演、禅茶体验等活动,为游客提供放松身心、文化体验的机会。如今,西南茶区、江北茶区、江南茶区、华南茶区四大茶区都充分利用空间优势,开展了各式各样的体验类、观光类、购物类、节庆类旅游活动,打造出了茶旅小镇、茶文化园、茶主题民宿等载体。代表性茶文化空间如木栅观光茶园(台北)、云南柏联普洱茶庄园(世界第一个普洱茶庄园)、杭州梅家坞茶文化村、中国高山茶城(福建)。

2022 年 11 月 29 日,中国传统制茶技艺及其相关习俗入选联合国教科文组织非物质文化遗产名录。开门七件事,柴米油盐酱醋茶,茶文化已经融入中国人的生活中。茶中含有茶多酚、茶氨酸、咖啡因、维生素等成分,具有解渴、解毒、提神、消食、保健等功能(王欢,2018)。

茶类齐备。中国有绿茶、黄茶、白茶、乌龙茶、红茶、黑茶六大基本茶类,还有花茶、紧压茶、果味茶、药用保健茶等再加工茶,共 2 000 多种茶品。

制茶有技。成就好茶,离不开种茶、采茶、制茶三大基本环节。茶农种植茶树,采茶工采摘茶青,制茶师制作茶叶,都饱含着世代口口相传的经验和技艺。制茶师会因地制宜,采用不同的核心技艺,制作出不同种类的茶叶。少数民族地区还有具有民族特色的制茶技艺，如德昂族酸茶制作技艺。种茶、采茶、制茶的技艺，如今也在口口相传中融入教育教学体系中。

喝茶有艺。有好茶喝，还需要掌握选茶、择水、备器、烹制与品饮的礼仪、规范等。中国乡村地区分布有大量的天然泉水、井水，还有取自天然的露水，都是泡茶的极好选择。茶器中，不同的茶类、不同的地区，往往茶器的选择不同。茶叶的烹制，中国历史上大致有煮茶法、点茶法和泡茶法三种。茶汤的饮用，各地多有不同。江苏、浙江地区的人们喜绿茶，福建、台湾、广东一带则喜乌龙茶。西藏、青海、新疆等地，人们习惯将黑茶煎煮之后，与奶、酥油等混合饮用。中国国家级非物质文化遗产潮州工夫茶艺，是中国茶艺的代表。

品茶有道。人们通过饮茶的艺术活动，将自己与饮茶活动视为一个整体，在沏茶、赏茶、品茶中融入哲理、伦理、道德，通过品茶来品人生，陶冶性情，也有利于增进人际和谐和文化认同。

茶与礼仪、习俗。茶，贯穿于中国人的日常生活。在各地茶山、茶场，茶农们传承着很多传统的习俗和活动，如浙江、云南等地的祭祀茶神，广东的“茶园游会”，江西、广西、广东、湖北等地的采茶戏，这些习俗和活动对古茶树的保护、古茶场的维护起到了积极的推动作用。此外，茶是婚礼中必不可少的饮食。茶也是中国人礼仪交往的重要媒介，“客来不敬茶，不是好人家”。白族的三道茶、蒙古族的奶茶、藏族的酥油茶、土家族的油茶、客家擂茶等，都是中国传统的待客茶饮。在成都、重庆、广州、扬州、杭州等地，也出现了具有社会联谊、信息交流、休闲放松等功能的茶馆。茶马古道，既是贸易通道，也是文化传播的古道，古道沿线至今仍保留着形式多样的与茶有关的习俗。

四、酒文化旅游资源调查

（一）酿酒原料及种植基地

酒的酿造的基础条件之一是酿酒原料。乡村地区酿酒原料的种植基地以及周边的乡村社区是酒文化旅游开展的重要场所。贵州茅台镇的高粱产地、山东张裕葡萄酒的葡萄庄园、宁夏玉泉营大型葡萄基地等，是举行酒乡游、酒庄之旅的重要依托，也是举办农家乐、农产品采摘、自酿酒、美酒品鉴、酒庄婚礼等活动的基础。

（二）酒文化古遗址

中国重点文物保护单位中，酒文化遗址占据一席之地，比如四川泸州老窖的酿酒窖池、酿酒古作坊和三大天然藏酒洞，以及四川水井街酒坊遗址、四川剑南春酒坊遗址、四川五粮液老窖池遗址、山西杏花村汾酒作坊、安徽古井贡酒酿造遗址、贵州茅台酒酿酒工业遗产群、江苏洋河地下酒窖、山东张裕酒窖、山东陈庄-唐口遗址、河北刘伶醉烧锅遗址、江西李渡烧酒作坊遗址等。部分遗址同时也是国家工业遗产。古遗址的发掘，对研究中国酒的酿造工艺、酒文化的发展史具有重要的科学研究价值和历史文化价值。

（三）基本酒类及酒的酿制技艺

基本酒类主要包括黄酒、白酒、葡萄酒和啤酒。黄酒是世界三大古酒之一，是中国特有的酿造酒，也是中国最古老的酒。黄酒产地主要有浙江、江苏、福建、山东地区。中国白酒产地辽阔，其中四川是中国白酒最大的产地，有五粮液、泸州老窖等众多知名品牌。白酒知名品牌茅台酒、洋河酒、古井贡酒、杏花村汾酒则分别来自贵州、江苏、安徽和山西。目前，已有 23 大品牌白酒的酿制技艺入选中国国家级非物质文化遗产名录。葡萄酒产区主要集中在北方，如山东、宁夏、新疆、河北、内蒙古。啤酒生产则以青岛、北京、哈尔滨、重庆、广州为代表。

（四）特色酒

在乡村地区，人们顺应自然规律，或用糯米、玉米、大麦、青稞、高粱、紫米、荞麦等谷物，或用猕猴桃、荔枝、枸杞、桑椹、青梅、杏子、葡萄等水果，或用新鲜马奶，酿制出具有地方特色的各类酒，部分酒甚至是民族的重要标识，如藏族的青稞酒、维吾尔族的葡萄酒、哈尼族的紫米酒、蒙古族的马奶酒等。各类果酒，则具有口感佳、滋补、绿色、时尚、社交等价值（张潇坤等，2022），同时具有怀旧功能，是人们记忆中的味道。

（五）酒的保健功能

医学典籍《本草备要》记载：酒，少饮则活血运气，壮神御寒，遣兴消愁。适量饮酒可消除旅途中的疲劳感，还可增加餐饮过程的情趣，让人愉快。此外，中国还有很多地方特色的以中药材为辅料的配制酒，治病养生的功能显著，例如浙江五加皮药酒、内蒙古鸿茅药酒。

（六）酒礼酒俗

中国的传统佳节，都有饮酒活动，也有相应的节日用酒，如春节屠苏酒、端午雄黄酒、中秋桂花酒、重阳菊花酒。在不同地区，还会有地方特色的节日饮酒习俗，如贵州彝族、苗族、仡佬族、土家族等民族，盛行饮用咂酒（万辉，2006）。人生礼仪的出生礼、成年礼、婚礼、寿礼、葬礼五大场合，皆用酒，特别是婚礼。待客习俗上，饮酒习俗非常具有民族特色，彝族有杆杆酒、转转酒，苗族有拦门酒，蒙古族有下马酒，藏族有青稞酒，布依族有迎客酒、迎客歌。其他民族的待客饮酒习俗同样丰富多彩，尽显待客礼仪。

（七）酒戏、酒歌、酒文学及酒故事

为了增加饮酒情趣，在饮酒过程中，还会有游戏、戏剧等艺术形式。在江西九江乡村，喝酒必划拳。划拳，便是中国众多酒令游戏中的一种，而中国历史悠久且文化底蕴厚重的酒令游戏是曲水流觞。在云南、四川、贵州、广西等少数民族地区，还保留有承载民族社会生活、历史传说、民俗风情、伦理道德的酒歌酒曲，如彝族酒歌（国家级非物质文化遗产）。酒在中国，还是中国文学的酵母，有大量与酒有关的文学作品。此外，乡间也流传着杜康酿酒（陕西）、武夷山酒坛峰等与酒有关的传说故事。

五、饮食器具文化旅游资源调查

饮食器具是饮食活动的重要载体，作为一种符号，饮食器具通过其造型、用途、材质等表征了饮食器具背后的哲学观、社会生活、民俗文化、生产技术、礼仪规范等。饮食器具在中国传统文化中既是日常餐饮的工具，也与祭祀、礼仪紧密相关（藏礼于器），体现了深厚的文化意义。游客可借饮食器具之形了解其背后的故事，增长见闻。此外，很多饮食器具还极具观赏与收藏价值。

根据用途，饮食器具可分为食器、饮器和水器，其中食器包括炊食器、盛食器、进食器（陶璐璐，2022），以及饮食加工器具。饮食加工器具，民间常见的有风车、石磨、擂钵、舂碓等。炊食器是用于烹饪的器具，如釜、鼎、甑、灶、火钳等。盛食器是用于盛放食物的器具，有钵、提篮、罐、豆、碗、盘等。进食器有筷子、餐刀、餐勺。饮器主要包括茶具和酒器。各地饮茶方式有别，茶具也有差别。江苏宜兴紫砂壶、江西景德镇瓷器、福建德化白瓷、湖南醴陵釉下彩瓷、浙江龙泉青瓷、河南钧瓷、河北邢窑白瓷、福建建窑黑瓷、河南唐三彩等茶具，各有千秋，在材质、工艺、美学、技艺上各具特色，在历史上承载着各地的茶文化和饮茶习俗。我国已有众多瓷器、陶器等制作技艺被列入国家级非物质文化遗产名录。酒器种类繁多，按其功能，可分为盛酒器（如樽、坛）、饮酒器（如杯、觚）和温酒器（如爵、温壶）。水器指盛水的器皿，如罐、瓮等。

根据材质，饮食器具也可以分为自然材料、陶制、青铜、漆制、瓷器、玻璃和其他材料。在民间，有就地取材直接利用自然材料的传统，如新疆、西藏、内蒙古部分地区的木料、皮革制品，华南、西南、华东地区的竹、木、藤制品，中国北方狩猎民族鄂伦春、赫哲等民族有利用桦树皮的传统。

六、饮食民俗旅游资源调查

饮食民俗旅游资源主要包括节日食俗、日常食俗、人生礼仪食俗、祭祀食俗旅游资源。在民俗活动中，饮食具有显著的社会性和其他功能性。

节日饮食民俗资源呈现多元性特征。春节、清明节、端午节、中秋节、重阳节、腊八节等传统节日，节日主题不同，相应的应节食品及饮食活动也有差异。在中国，各少数民族都有自己的传统节日，如藏族的雪顿节、苗族的苗年、傣族的泼水节、彝族的火把节、壮族的三月三等，这时的饮食以食物、以味道为基础，表征了饮食背后的文化内涵和民族特色。以仡佬族为例，每逢节日宴请、寿庆、嫁娶便会动用“三幺台”，它是指一轮宴席要经历茶、酒、饭三道程序。

婚俗中，饮食作为婚俗的重要组成部分，寄托了人们对婚姻、对生命传承的美好期盼。以蒙古族为例，青海的蒙古族会在接待贵宾、节日、婚庆等场合，摆设“德都蒙古全席”，它是蒙古族最古老、最丰盛的宫廷宴。它对研究蒙古族的历史、文化、宗教、艺术等有着重要价值。

七、饮食思想旅游资源调查

（一）饮食审美思想

乡村饮食具有质、色、香、形、味、器、境和趣等美学特征。质美，品质上有保证，乡村食材具有绿色、天然、无污染的特征，饮食制作也多用传统方法，注重原汁原味。色美、香美、形美、味美、器美是中国饮食的基本特征，能够满足游客视觉、味觉、触觉、嗅觉的需要。饮食环境，则是指自然生态环境、地域人文环境给人以美的休闲和享受。趣味性，是指通过饮食的多样性、饮食活动的参与性、饮食器具的艺术鉴赏性、饮食文化的厚重性等方面，综合提升游客视觉、味觉、触觉、嗅觉以及听觉五种感官的审美需要。

（二）食治养生思想

中国饮食讲求食治养生功能，医食同源、以食养生。《黄帝内经》《神农本草经》《千金要方》《饮膳正要》《本草纲目》等典籍，全面系统地介绍了饮食的养生作用和食疗效果，甚至详细注明饮食的制作和烹调方法。医食同源的食材基本来自乡村，很多乡村地区还保持着饮食疗疾、时令饮食养生的传统。中国饮食有味道、性质的差别，味道有酸甜苦辛咸五味，性质有寒凉温热之分，时令饮食养生讲究不同时令下饮食五味的摄取要有差别，要根据时令选择不同性质的饮食，这其中饱含五行哲学。药膳是中国传统医学和饮食文化相结合的产物，它将中药材与食材相结合，通过烹饪制作成具有一定保健和治疗作用的食品。中国政府在“十四五”期间全面支持“田园＋康养＋旅游”模式，为乡村地区食疗、药膳资源的利用提供了政策机遇和资金支持，有助于人们追求健康的生活方式。

（三）饮食里的思政元素

环境伦理、人生哲理、哲学思想、道德标准和社会规范是构建社会文明和个人行为准则的关键要素，共同影响着人类社会的价值观和行为模式。中国饮食文化对个人价值观的塑造和行为模式的形成影响深远，例如，共食传统强调了集体的和谐与团结，长幼有序、尊卑有别的餐桌礼仪有助于形成尊重他人的价值观，粒粒皆辛苦的节约观念倡导中华民族勤俭的传统美德。乡村饮食思想旅游资源具有极高的教育价值、社会价值和文化价值，是开展旅游教育、文化传承等活动的基础性依托。

第三节　中国乡村饮食旅游资源评价

习近平总书记指出，中华优秀传统文化是中华文明的智慧结晶和精华所在，是中华民族的根和魂，是我们在世界文化激荡中站稳脚跟的根基。习近平文化思想注重阐扬中华优秀传统文化的重要价值，将其视为中华民族的精神标识、文化自信的深沉积淀、中国式现代化的血脉源泉（于文博，2024）。饮食文化是中华优秀传统文化的重要组成部分，对中国乡村饮食旅游资源价值展开评价，是深入学习贯彻习近平文化思想的生动实践，是将乡村饮食旅游建设成为习近平文化思想最佳实践地的积极行动。

一、评价指标体系的构建及权重的确定

对中国乡村饮食旅游资源价值进行科学评价，能够为旅游发展提供依据。本书在先行研究的基础上构建乡村饮食旅游资源价值评价指标体系，利用层次分析法和专家调查法，梳理资源价值的相对重要性，确定指标权重。饮食旅游资源价值的先行研究表明，饮食旅游资源具有实用价值、美学价值、文化价值、社会价值、经济价值等（表 4-2）。

表 4-2　饮食旅游资源价值

	维度	参考文献
饮食旅游资源价值	实用价值	Kim 等（2012）；Wu（2014）；洪柳华（2015）；余丽等（2021）
	美学价值	马晓京（1999）；余丽等（2021）
	文化价值	郑亚章（2009）；Jiménez 等（2016）；Pavlidis 等（2020）
	社会价值	Richards（2003）；Guan 等（2019）
	经济价值	Tellstrom 等（2010）；Renko 等（2010）

来源：根据饮食旅游先行研究整理。

值得注意的是，非物质文化是饮食旅游资源的重要构成。非物质文化具有显著的历史文化价值、科学研究价值、教育价值（李俊霞等，2010），艺术审美价值、社会精神价值（郑乐丹，2010），游憩价值和经济价值（刘桂兰，2010）。刘滨谊（2003）认为吸引力、生命力和承载力是旅游区发展的决定性因素。借鉴先行研究并结合中国乡村饮食旅游资源的实际情况，遵循系统性、科学性、可操作性、典型性等原则，本书构建中国乡村饮食旅游资源价值评价指标体系（表 4-3）。评价指标体系中，资源吸引力是指旅游资源对旅游市场的吸引能力，资源生命力代表旅游目的地饮食旅游保护与发展的能力，

资源承载力代表旅游资源可持续发展的能力。

表 4-3　中国乡村饮食旅游资源价值评价指标体系

目标层	一级指标	权重	二级指标	权重	三级指标	权重
中国乡村饮食旅游资源价值	资源吸引力	0.494 7	文化价值	0.164 5	文化多样性	0.068 7
					文化独特性	0.056 8
					文化教育性	0.039 0
			实用价值	0.110 1	以食疗疾	0.066 9
					饮食营养	0.043 2
			休闲价值	0.131 1	休闲养生	0.069 3
					美食体验	0.061 8
			情感价值	0.089 0	难忘体验	0.057 5
					满足感	0.031 5
	资源生命力	0.307 1	经济价值	0.144 4	增加旅游消费	0.062 8
					创造就业机会	0.047 1
					延长旅游季节	0.034 5
			社会价值	0.083 0	文化认同	0.049 4
					社会和谐	0.033 6
			精神价值	0.079 7	农民的道德自律	0.048 1
					乡规民约	0.031 6
	资源承载力	0.198 2	生态价值	0.103 0	乡村治理	0.061 5
					环境保护	0.041 5
			原真价值	0.095 2	饮食及环境原真性	0.052 8
					传承人培养	0.042 4

来源：自制。

在评价指标体系建立的基础上，采用层次分析法确定评价指标因子的权重。第一步制定问卷的内容，然后采用专家调查法进行权重值的调查。邀请 32 位专家进行乡村饮食旅游资源价值意见征询，并进行了两轮问卷测试。专家组成员包括 4 名有饮食类课程教育教学经历的普通高校教师、4 名烹饪专业职业技术学院教师、6名地方文旅部门工作人员、5名地方烹饪协会会员、7名农家乐经营者、5名美食爱好者、1名饮食类非遗传承人。邀请专家判断各项指标在同层级的相对重要性，以1～9分赋值表示。9表示极其重要，7表示非常重要，5表示明显重要，3表示相对重要，1表示同等重要。采用yaahp层次分析法软件计算各指标权重（表4-3），最终经一致性检验，CR≤0.1，判断矩阵具有满意的一致性。

二、资源价值评价

根据权重大小，中国乡村饮食旅游资源价值各指标的相对重要性依次为：文化价值＞经济价值＞休闲价值＞实用价值＞生态价值＞原真价值＞情感价值＞社会价值＞精神价值。

（一）突出的文化价值、经济价值、休闲价值和实用价值

调查显示，中国乡村饮食旅游资源有突出的文化价值、经济价值、休闲价值和实用价值。

1. 文化价值

第一，乡村饮食文化底蕴深厚。饮食文化是中国传统文化的重要组成部分，蕴含哲学、伦理、礼仪、美学等多样内容。天人合一是打开中国饮食文化的钥匙，中国饮食文化体现了人与自然、人与人的和谐关系。阴阳五行哲学，在乡间美食、茶的制作与饮用、酒的酿造、食疗养生思想等方面多有体现。中国是礼仪之邦，礼仪发端于饮食，饮食是彰显礼仪修养的重要载体。

第二，乡村饮食背后的多样故事。饮食的意义在饮食之外，饮食背后有故事，乡村饮食讲述的是乡村社会变迁、社会生活、礼仪规范、价值观念、民族信仰等。

第三，乡村饮食文化表现出构成多样、特色多样特征。构成多样，涵盖食材文化、地方美食文化、茶文化、酒文化、饮食器具文化、饮食民俗、饮食思想等多方面；特色多样，表现在地域特色多样性、民族特色多样性方面。内容多样、故事多样、构成多样、特色多样的饮食文化在乡村地区融合，形成了乡村特色的、独有的对外饮食形象。

第四，乡村饮食具有鲜明的独特性特征。一方水土一方人，一方人一方饮食，乡村拥有人无我有的饮食。

第五，中国乡村饮食旅游资源具有重要的教育价值，是开发文化旅游、乡村研学、民族旅游、民俗旅游等产品的重要依托，有助于帮助游客树立文化自信、建立正确的价值观、提升礼仪素养等。

综上，多样的、独特的乡村饮食及其背后的文化内涵，彰显着中国的文化自信，足以满足游客对文化体验需求的所有想象。

2. 经济价值

第一，乡村饮食旅游有助于增加旅游消费。法国旅游发展署主席菲利普·福尔曾说过，40%到法国的游客是为了品尝法国美味的食物、好喝的酒。中国是烹饪大国，在国家大力实施乡村振兴战略的背景下，在乡村旅游蓬勃发展的现实下，旅游餐饮消费作为旅游消费的重要构成部分，势必成为乡村旅游产业收入的主要来源之一。

第二，创造就业机会。世界旅游及旅行理事会（WTTC）（2022）发布的《旅游业经济影响报告》指出，在新冠大流行之前，2019 年旅游业提供就业岗位 3.33 亿个，占全球新增就业岗位的 1/4，占所有就业岗位的 10.3%。乡村饮食旅游的发展，一方面推动村民直接就业，因为从食材开发、种植到饮食的加工制作，都需要村民的参与；另一方面，作为劳动密集型的餐饮业，是吸纳富余劳动力的重点行业。乡村饮食旅游的发展对安置乡村富余劳动力、促进乡村经济发展具有重要作用。

3. 休闲价值与实用价值

第一，中国乡村旅游经历了从“吃农家饭、住农家屋、干农家活”的农家乐到乡村旅居的转变。乡村旅居是一种生活方式，强调城市居民的乡村旅游应当扎根于当地居民的生活，即旅游生活化（程豪等，2021）。乡村有自然生态的农业、绿色有机的特产、地方传统风味、乡村饮食民俗，还有各类农产品交易场所、农产品种植基地，这些资源给游客带来绿色的乡村生活体验、休闲的慢食生活体验，让城市居民从城市的喧嚣中逃离出来，重归自然与宁静。

第二，游客有着强烈的康养需求，人们关注如何吃得好、吃得健康，健康饮食是乡村旅游的动力，为乡村旅游的发展提供了先决条件。乡村日常的农家饭、时令药膳、四季茶饮，乡村绿色、新鲜、天然、健康的美食和饮用水，代表了安全、食疗和养生，能够满足游客对美食美味的需求，更能实现人们对健康的追求、心灵的满足。

第三，饮食是旅游活动的重要构成部分，是旅游目的地不可或缺的要素。从农业观光到农耕体验，从烹饪实践到慢食生活，从食疗养生到美食体验，从旅游购物到旅游口碑，饮食在乡村旅游中占据关键性地位，是保障乡村旅游活动品质的重点所在。

（二）一定的生态价值、原真价值、情感价值、社会价值和精神价值

1. 生态价值与原真价值

优良的生态环境是旅游可持续发展的根本保证。中国饮食文化秉承人与自然和谐共存的观念，人们怀着对自然的敬畏之心从大自然中获取食物，人们在遵循自然规律的前提下从事农业生产，这种生态意识是饮食旅游可持续发展的保证。反过来，乡村饮食旅游的可持续发展，有助于进一步维系这种和谐关系，推进乡村环境保护和各项治理。原真价值，突出强调饮食及其活动的原真性。游客会同时找寻饮食的真实性、周围社会环境的真实性。乡村地区的原真的饮食及社会环境，加之传承人秉承的传统的制作工艺，有助于实现游客的期望，使游客获得真实、重要、独特的体验。生态价值与原真价值，是开展生态旅游活动、乡村旅居生活的基本保证。

2. 情感价值

乡村饮食通过五种感官让游客获得体验，这是一种非凡的旅游体验，能唤起游客的情感。地方饮食是获取非凡旅游体验的重要方式，唤醒了游客对传统文化的怀旧之情（Kim et al.，2016），同时这种体验是非常宝贵且难忘的记忆，对游客忠诚度有显著的正向影响（刘彬，2021）。情感价值是乡村饮食旅游情感营销的重要抓手，是推广地方品牌形象、增强地方认同的重要保证。

3. 社会价值和精神价值

社会价值方面，饮食是展示社会变迁、社会生活、民族历史的窗口，了解特定地区的饮食是了解其文化和生活方式的重要途径。饮食是人类共同的需要，通过旅游活动的跨文化交流，可以增进游客的文化认同、地方认同和归属感。再者，乡村饮食文化主张“和”思想，不论是食材的开发利用还是各类美食的烹饪，不论是茶的制作还是酒的酿造，不论是饮食民俗还是饮食思想，都饱含人与自然、人与人、人与社会的和谐观念，饮食旅游的发展有利于

“和”思想的传播，增进人与人之间的和谐，维护人与自然的和谐。反过来，这种和谐也是乡村旅游发展的基本保证。精神价值方面，社会和经济的发展变化使人们更加重视社会公德、伦理道德、社会团结等问题。乡村饮食文化中，有着“多个人多双筷子”的睦邻友好传统，有着“客来不敬茶，不是好人家”的敬客礼仪。乡村饮食旅游资源的利用，对农民道德原则的坚守、道德规范的认识有着积极影响，进而有助于农民道德自律意识的提升、乡规民约的制定，以进一步维系乡村社区的和谐发展。社会价值和精神价值是维系乡村饮食旅游可持续发展的根基，是协调乡村饮食旅游利益相关者的利益、保障饮食卫生与安全的基础。

第五章　中国乡村饮食旅游发展现状及困境

1986年，中国第一家农家乐——四川省农科村“徐家大院”诞生。农家乐是早期中国乡村旅游的主要形式，它以“吃农家饭、干农家活、住农家屋”为特色。此时，饮食只是作为乡村旅游的体验对象之一，并没有发展出真正意义上以饮食为主要吸引力和主要动力的饮食旅游。20世纪90年代到2005年，在中国出现了一批以饮食节庆为代表的旅游活动，如中国丝绸之路吐鲁番葡萄节（1990年第一届）、中国豆腐文化节（1992年第一届）、盱眙龙虾节（2000年第一届），也出现了一批具有地标性特征的饮食文化主题景观，如1991年对外开放的杭州双峰村中国茶叶博物馆。2006年，国家旅游局将中国旅游主题定位为“2006中国乡村游”，2007年，国家旅游局和农业部联合发布了《关于大力推进全国乡村旅游发展的通知》，明确充分利用“三农”资源发展旅游业，在此背景下，开启了饮食旅游带动乡村发展的新阶段。2006—2016年，乡村地区出现了以饮食旅游为吸引力的美丽乡村、美食古镇、饮食节庆、主题饮食博物馆、茶文化庄园、酒文化庄园等，也出现了以茶文化、酒文化为主题的国家精品旅游线路。2017年，国家发展和改革委员会等14个部门联合印发《促进乡村旅游发展提质升级行动方案（2017）》，乡村饮食旅游开始走上提质增效的新阶段。

第一节　中国乡村饮食旅游发展的特征

一、在地性和文化性

（一）在地性

李勤等（2021）从建筑学角度指出，“在地性”指建筑要关注于当前的地方，通过对场地及周边环境的适应，扎根于场地之中，成为场地环境的一部分，自然地融入当地居民的生活之中。乡村饮食旅游的在地性，根植地方、立足地方，突出强调饮食加工制作与消费的全过程与地方的融合，这便意味着本地食材、本地调味品、本地烹饪技艺、本地饮食器具、本地饮食民俗、本地饮食生产生活空间等与旅游活动的全过程融合。离开在地性消费，会大大影响饮食旅游体验的真实性。例如常州天目湖的砂锅鱼头，必须以天目湖鲢鱼头为主要食材，以天目湖水为汤基，以宜兴紫砂为炊具，煨煮数小时，趁热食用。再如阳澄湖的蟹酿橙、淮安的蒲菜、宝应的全藕宴、长兴的顾渚茶宴，一旦离开地方土壤、离开当地的地理标志产品以及与之相关的食材、食器、饮食空间等，都无法成就地道的、原真的乡村美食。

饮食旅游者是希望通过饮食来寻找目的地真实性的旅游者，他们追求的不是千篇一律的饮食，而是有个性的、能彰显地方身份的饮食，他们关注饮食的原产地，他们关心原真的饮食空间。去地方化的饮食旅游是脆弱的，真实的当地产品和饮食空间是可持续饮食旅游的基本保障，是将本地与竞争对手区分开来的重要依据，是影响游客满意度的关键因素。

（二）文化性

文化性是乡村饮食旅游的本质属性。饮食是地方文化不可分割的一部分，饮食反映了当地人的社会生产生活、历史变迁、民俗宗教，等等。饮食旅游产品的设计，体现了对地方文化和传统的尊重。对于游客来说，饮食是其了解一个地方的文化、社会生活、历史遗产、价值观念的不可或缺的要素；对于地方而言，旅游是促进乡村饮食文化保护、传承、发展的重要抓手，也是促进地域间文化交流、文化共享的重要媒介。

以“中国少数民族特色村寨”“全国乡村旅游重点村”阿者科村为例，它位于世界文化遗产云南省红河哈尼梯田元阳核心区内，是全球重要农业文化遗产项目云南元阳红河哈尼稻作梯田系统的重要组成单位。这里的饮食旅游，涵盖了从农业生产到饮食生活再到饮食消费的全过程。壮美的梯田风光和传统的农耕技艺，彰显了中国人顺应天时、讲求地利、重视人和的农业生产智慧；梯田捉鱼、识草药、踩石碓、采野菜等，充满了乡村野趣和民族风情，也融入了“医食同源”的饮食思想；红米酒、哈尼族长街宴、节日饮食等，则展示了“夫礼之初，始诸饮食”的饮食礼仪、哈尼族地方特色饮食以及饮食民俗等。游客进入阿者科，饮食体验是丰富的，学习了哈尼族传统村寨多样的、独特的饮食文化，亲身体验了哈尼族的传统文化，获得了以“和”处事、以“礼”待人等方面的文化教育。

二、体验性和情感性

（一）体验性

乡村饮食旅游体验从游客出游前的准备开始，到通过社交网络评价、分享自己的饮食体验结束。整个过程中，在地饮食旅游体验扮演重要角色，它直接影响社交网络评价的内容。一般来说，游客愿意为饮食体验带来的附加值和难忘经历支付溢价。

乡村饮食旅游的体验性在多方面得以呈现。第一，以传统为特色的农业渔业牧业林业生产生活景观、乡村自然风景以及美丽村庄已经成为饮食旅游活动开展的重要依托，游客得以在乡村环境中逃离城市的喧嚣、获得身心的放松以及审美情趣的提升。第二，基于农业资源、手工业资源，游客参与食材的生产过程，参观、学习饮食的制作过程，参与饮食的在地性销售，获得真实的农耕体验、认知体验，也获得特有的与当地村民交流的经历。第三，基于农贸市场、传统作坊、乡村餐馆、食杂店、公共文化空间、基础设施等，游客学习当地传统饮食文化，品尝当地传统饮食，融入当地饮食民俗，享受慢食旅游，并从慢食旅游中体验乡村旅居生活，将旅游变成一种生活，从生活化的饮食旅游中获得难忘的、独特的体验。第四，美食猎奇。此类美食具有非常鲜明的排他性和原创性，是对乡村传统饮食的创新发展，对烹饪有一定要求，对美食养生、营养、安全等有追求，体现享乐主义。游客品味美食，唤醒内心的满足感和幸福感，获得真实的难忘的体验。

（二）情感性

汪曾祺先生曾经说过：谈吃也是一种对生活的态度，会吃的人才是最会生活的人。对于游客来说，乡村饮食在满足生理需要基础上，成为一种健康、精致的生活方式。游客通过五种感官体验，在品味生活中获得情感的寄托与满足。对于旅游目的地来说，乡村饮食是守护地方味蕾记忆的重要载体，与乡愁有着天然的联系。

在广东潮州，家家户户都泡工夫茶，苦尽甘来的一盏茶，那是历史的味道、人生的味道。在云南彝族村寨，一碗米酒、一首酒歌、一个拦门酒仪式，那是人情的味道、待客的情谊。羊肉泡馍、煎饼果子、螺蛳粉、过桥米线……不同的饮食成为不同地方的身份符号，成为地方认同、身份认同的依据。饮食唤醒了人们记忆中的味道、家乡的味道。历史的味道、人生的味道、人情的味道、家乡的味道，这些不只是味道，更是怀旧，是乡愁，是人生启迪，也是一种幸福。纪录片《舌尖上的中国》在世界范围内引起广泛反响，很多游客跟随这部纪录片走进了“中国最美渔村”查干湖村、“中国火腿之乡”诺邓村、“中国煎饼名镇”椿树沟等。“舌尖上的中国”催生的“舌尖上的旅行”现象，体现出人们对中国文化的认同，对中国乡村的乡土依恋和回归。

第二节　中国乡村饮食旅游的区域性发展

中国饮食文化具有区域性特征，形成了东北、京津、中北、西北、黄河中游、黄河下游、长江中游、长江下游、东南、西南、青藏高原和素食等12个饮食文化圈（赵荣光，2018）。马当英（1992）将饮食文化的区域性应用到旅游食品领域，将旅游食品划分为东北、北方、长江下游、长江中游、西南、南方、四川、西北、青藏等九大风味食品区，但该分类中东北与北方、西南与南方的关系界定模糊。结合中国饮食文化的区域性及乡村饮食旅游发展的现实情况，本书从东北部、中北部、西北部、黄河中下游、长江中下游、东南部、西南部等七大区域阐述中国乡村饮食旅游的区域性发展。

一、东北部雪乡饮食旅游

东北部饮食旅游区域主要指由辽宁、吉林、黑龙江三省及内蒙古东部五盟构成的区域。该区域冬季严寒多雪、土地肥沃，是满族、朝鲜族、鄂伦春族、蒙古族等少数民族的聚居地。这里还是中国天然药库所在地，盛产人参以及特色野生食用植物、海产品、农业产品、牧业产品等食材。

东北利用冬季严寒多雪的特征，打造雪乡形象，开启了冬赏雪、夏度假、四季皆可游的特色乡村旅游。通过东北炖菜、火锅、冷冻食品、东北大酱等有滋有味的特色东北美食（冷食热食兼备），传递浓浓的东北风情。靠山吃山、靠水吃水，东北地区立足山野食材、地理标志产品，在培育乡村本土农产品深加工企业、发展绿色有机食品的同时，将农林产业与旅游、文化相结合，开展果蔬采摘、饮食购物等多样旅游活动；引入药食同源目录，推出康养饮食、食疗药膳，建设乡村康养旅游基地；整合渔业资源，弘扬古老的渔猎文化、生态文明，不断扩大查干湖冬捕旅游节的品牌影响力，不断提升渔家饮食生活的市场号召力和渔家特色美食的感染力；利用农产优势，挖掘农耕文化，开启稻田艺术；深挖地方厨艺、多民族民间传统小吃、饮食习俗，依托满族、朝鲜族等少数民族民俗村、风情园，让游客沉浸式体验少数特色传统饮食文化；融合饮食文化与历史遗迹，全方位打造高句丽文化旅游影响力。同时，不忘提升旅游食品质量和服务水平，加强旅游餐饮安全监管，以质量保证吸引各地游客。各类举措并举，让游客乐享东北乡村饮食的有机的味道、康养的味道、民族的味道、历史的味道和大海的味道。

二、中北部草原＋农耕饮食旅游

中北部饮食旅游区域主要指由北京、天津、河北和内蒙古(除内蒙古东部五盟外)构成的区域。北京、天津地区很早以来就是农耕文化和草原文化的交融地区(赵荣光，2018)；内蒙古主要分布有蒙古族和汉族，当前蒙古族饮食主要有农业地区、半农半牧地区和牧区三大种类的饮食(秀丽，2020)。

内蒙古以烤全羊、蒙古血肠、马奶酒等传统饮食及文化为窗口，打造以“内蒙古味道”为主题的多条草原精品旅游线路；饮食疗疾在蒙医药学中有着重要地位，实施“饮食＋健康”，提升传统医药价值、饮食实用价值；实施“饮食＋购物”，构建乡村旅游纪念品生产和销售体系；实施“农牧业＋旅游”，打造特色旅游名村名镇、乡村旅游示范点，发展生态农牧业和休闲农牧业，让饮食生产生活承载乡愁；实施中国、俄罗斯、蒙古国跨国联动，开通“万里茶道”6 条国际旅游精品线路等。

北京、天津、河北地区乡村旅游市场活跃，各地积极挖掘民间传统名菜、名宴、名小吃及与饮食相关的非物质文化遗产、重要农业文化遗产，开展乡村美食宣传与推广，发展以生态渔家、葡萄酒庄、山水人家为特色的旅游名村；率先发展社区支持农业(community supported agriculture)，为消费者提供安全食品；率先发展共享农庄，为城市居民提供生态、休闲的农庄生活；创建果蔬产销专业合作社，努力提高合作社的农产品质量；推出以采摘为特色的多条全国乡村旅游精品线路；落实餐饮安全与服务水平，明确农户是餐饮服务食品安全的第一责任人制度；推进餐饮光盘行动，杜绝餐饮浪费。

三、西北部丝绸之路饮食旅游

西北部饮食旅游区域主要指由陕西、甘肃、宁夏、青海、新疆构成的区域。西北五省（区）联合成立了西北旅游协作区，这是中国成立最早、面积最大的区域旅游协作组织。西北五省（区）以西北旅游协作组织为纽带，联合推广“丝绸之路·神奇西北”旅游品牌。

丝绸之路饮食旅游资源丰富、风格多样且具中外融合特征（冯玉珠，2015）。新疆哈密瓜、宁夏中宁枸杞等地理标志产品，陕西羊肉泡馍、甘肃兰州牛肉面、新疆馕、新疆塔塔尔族糕点等美食及其制作技艺，新疆大盘鸡、宁夏羊杂碎、青海葱花土鸡等农家菜品，盖碗茶、茯砖茶等乡间茶饮，西凤酒、葡萄酒、青稞酒、枸杞酒等地域美酒及其酿造环境、习俗，成为西北乡村饮食旅游节庆、乡村生活体验的重要资源。丝绸之路沿线地区举办了多种节庆活动，如中国丝绸之路吐鲁番葡萄节、中国·陕西（洛川）国际苹果博览会（杨尚英等，2022），旅游节庆经济、社会效益显著。以吐鲁番葡萄节为例，经济方面，2019 年葡萄节签约总额 159.84 亿元，带动了葡萄酒生产与旅游体验的融合；社会方面，葡萄节已成为吐鲁番的国际知名名片，吐鲁番是中国著名的葡萄之乡。该区域还建设有以特色美食为主要吸引力的美丽乡村（如袁家村、木兰沟村、西北村）、特色小镇及国家级美丽乡村精品旅游线路，开启中国传统年味探索、农耕研学、康养旅游、酒庄休闲等旅游线路；建设有以饮食文化为主题的博物馆，如甘肃青城镇兰州牛肉拉面博物馆；通过纪录片、节庆等多途径开展丝绸之路美食宣传。如今，乡村饮食旅游已成为丝绸之路国家精品旅游带建设的重要组成内容，成为西部旅游减贫的重要举措。

四、黄河中下游流域传统饮食旅游

黄河中下游饮食旅游区域主要指山西、河南、山东构成的区域（隶属黄河中下游流域的内蒙古、陕西已阐述，故不再赘述）。黄河中下游流域是中华文明的摇篮，历史的厚重带来了众多饮食背后的故事。

黄河中下游流域传统面食具有显著的代表性，特别是山西面食。山西是“中国面食之乡”，乡村地区“一年365天，天天不同样”的多样面食、传统的面食制作技艺已成为传统村落重要的旅游吸引，“面食＋山西陈醋”的传统吃法也成为山西地标性饮食文化旅游元素，诉说着人与自然的和谐之道。在山西、河南、山东等地乡村皆可见的花馍，又是乡村旅游的一大亮点。花馍是地方传统节日、人生礼仪等场合的必需品，表征着人们长生长寿的生命观、多子多福的生育观、趋吉避凶的生活观、敬天法祖的信仰观，是流域特色的非物质文化遗产。目前依托花馍文化，已开发闻喜花馍文化节等旅游节庆活动，早在2012年的闻喜花馍文化节上，就创造了四项世界纪录①，带来了一定的影响力；也形成了非物质文化遗产传习所、艺术体验工坊等多样的旅游体验空间，花馍文化成为乡村研学的重要依托。

该区域的山东菜是中国北方饮食的代表，洛阳水席是河南传统名宴。各类传统饮食饱含厚重的历史文化、儒家思想、饮食养生思想，在乡村研学、饮食文化体验、饮食养生中发挥重要作用，也因此打造了一批具有品牌效应的传统村落、旅游特色小镇。此外，乡村地区地理标志产品众多，盛产茶叶、苹果、樱桃、红枣等。2021年，中国地理标志产品直接产值7 033.76亿元。②该地区充分利用资源优势，将茶文化与旅游、农业与旅游融合，开展了茶文化旅游、花果节、瓜果采摘等旅游活动、推出了多种地方有机旅游特产。

五、长江中下游流域风味饮食旅游

长江中下游饮食旅游区域主要指由湖北、湖南、江西、江苏、浙江、安徽、上海构成的区域。该区域是中国的鱼米之乡、稻作文化的发源地，是中国知名的茶叶产区、白酒产区、黄酒产区；同时，有两处“世界美食之都”，在中国八大菜系中占有4个席位，菜肴、风味小吃、茶、酒种类丰富，饮食文化底蕴厚重。

利用饮食旅游资源、经济、区位、交通、地方政策支持等优势与机遇，乡村地区开启了“饮食＋旅游”的模式，也在较大程度上发挥了饮食旅游的产

① 《山西“闻喜花馍文化节”：创四项“世界纪录”》，搜狐网，2012年2月6日。

② 《新华全媒＋|2021年我国地理标志产品直接产值突破7000亿元》，新华社，2022年11月30日。

业联动效应。该区域打造了众多以美食品鉴、饮食文化、饮食器具文化为吸引力的传统村落、美丽渔村、特色小镇，如江苏黄龙岘村、浙江黄酒小镇、江西瑶里镇、湖南泉水镇。游客可以在依山傍水的美丽乡村、特色小镇中尽情体验乡村慢游、慢食生活。该区域还开发了以饮食为主题的旅游节庆，如中国盱眙国际龙虾节；建设了以茶、酒、菜肴、陶器、瓷器、酱等文化为主题的各类博物馆、非物质文化遗产传习所，推动了乡村研学旅游的发展；推进乡村饮食旅游品牌建设，塑造了以饮食文化为主题的旅游品牌形象及目的地，如浙江的“百县千碗”“醉美绍兴”、安徽“皖美好味道，百县名小吃”、湖南“味道湖南・去湘当有味的地方”；也培育了乡村饮食旅游的新型载体，如乡村咖啡屋、乡村民俗创意体验馆、养生馆。此外，利用农业文化遗产、地理标志产品以及 74 个国家级特色农产品优势区的优势，发展特色种植养殖业，加强农业、林业与旅游的融合，保证旅游饮食类产品的原产地。考虑到交通对乡村旅游的带动作用，加大了旅游交通建设，乡村步行、骑行线路得到推广，乡村旅游区的外部交通建设及引导标牌得到完善。

六、东南部美食养生旅游

东南部饮食旅游区域主要指由广东、福建、海南、台湾、香港、澳门构成的区域。热带亚热带气候以及江、河、湖、海、山等多样的生态环境，让东南地区拥有了丰富的食材。民间有饮食养生的传统，也有“食在广州”“食在香港”“美食宝岛(台湾)”之说。

依托茶叶、海鲜、水果、米酒、美食、咖啡等资源优势及饮食习俗、药食同源的传统饮食思想等，广东、福建、海南等地打造了多个乡村地方菜美食旅游点、旅游特色村和特色小镇，开发了农业渔业生产生活体验、客家饮食文化体验、特色美食品鉴、美食康养、特色农产品消费、热带田园观光、茶乡旅居、瓜果采摘、农业博览会、山水实景旅游演艺等旅游产品，也打造了广东梅岭、海南疍家渔排、福建武夷山“印象大红袍”等旅游品牌。同时，各地还推出了四季美食系列，开展了跟着美食游乡村的主题活动，发布了多条乡村美食旅游精品线路，如“沙溪圣狮村→网红文创餐厅→中山特色非遗风味小吃→安堂社区粤菜老字号→卓旗山庄”粤菜美食乡村旅游精品线路，再如海南的“开往乡野的列车”沉浸式美丽乡村环岛之旅，让游客尽情感受饮食之美、渔村之特、雨林之奇。此外，还充分挖掘乡村美食，制作了乡村美食地图和乡村美食图书。人才方面，注重厨师培养，创新“厨师＋乡村旅游”模式，大力挖掘、推广乡村本土特色美食，如广东实施了“粤菜师傅工程”。

七、西南部民族饮食旅游

西南部饮食旅游区域主要指由四川、重庆、云南、贵州、广西、西藏构成的区域。该区域是中国少数民族分布最多的地区，也是中国茶文化的重要发祥地。由于地理气候原因，嗜酒是西南地区各少数民族共同的习俗，食材上的禁忌少。在公布的四批共 308 个国家级特色农产品优势区中，该区域四川省广元市朝天核桃中国特色农产品优势区、云南省勐海县勐海普洱茶中国特色农产品优势区、广西壮族自治区苍梧县六堡茶中国特色农产品优势区等 74 个区域入选。

该区域乡村饮食旅游的发展充分发挥了少数民族地区茶文化、酒文化、饮食民俗、盐文化、风味小吃、地方菜系、农业文化遗产等的优势，打造了中国酒镇酒庄群、乡村旅游精品民族村寨、茶文化庄园、乡村俱乐部、国际驿站等乡村旅游精品，推出了多条以酒文化、茶文化、民族特色美食、中国长寿之乡康养美食等为主题的精品乡村旅游线路，也涌现出如四川泸州、重庆酉阳、云南澜沧、贵州占里、广西巴马、西藏林芝等一批饮食文化内涵厚重、民族特色鲜明的知名乡村旅游目的地。依托众多的中国特色农产品优势区、大量的地理标志产品优势，推进农业产品、林业产品、土特产品的深加工，并构建了农林土特旅游商品体系。旅游交通方面，推进旅游基础设施向乡村延伸的举措，完善村庄道路、乡镇道路、停车场等设施的建设。旅游合作方面，加强了区域合作，打通了区域间的旅游通道。旅游营销上也有亮点。例如，贵州丹寨 2018 年便利用直播平台推出了茶园公益认领活动，沉浸式直播助推公益认领，截至 2023 年已累计认领茶园 6 435.6 亩，公益认领款总额达 3 154.912 万元。①

① 《现场直播！美女镇长云上丹寨亲采明前茶围炉品茗》，中国网财经，2023 年 3 月 31 日。

第三节　中国乡村饮食旅游发展模式

一、模式的提出

从中国乡村发展与改革实践来看，传统村落保护、美丽乡村建设、特色小镇建设成果显著。自2012年起，中国启动了传统村落保护名录制度，实施传统村落保护工程，这些措施提升了传统村落的自我保护与发展潜力，促进了乡村整体的复兴。2013年，农业部启动了“美丽乡村”创建活动，2014年2月公布的产业发展型、生态保护型、城郊集约型、社会综治型、文化传承型、渔业开发型、草原牧场型、环境整治型、休闲旅游型、高效农业型等十大模式，为中国美丽乡村建设提供了范本和借鉴。传统村落、美丽乡村是饮食旅游开展的重要地域依托。特色小镇发源于浙江，2014年在杭州云栖小镇首次被提及，2016年国家住房和城乡建设部、国家发展和改革委员会、财政部三部委力推这种在块状经济和县域经济基础上发展而来的创新经济模式。休闲旅游、传统文化、商贸物流等是特色小镇的重要主题。

中国乡村发展与改革为饮食旅游的发展提供了良好的环境和土壤。饮食旅游在中国乡村地区从无到有，在其发展过程中，形成了一些较为成熟的经验模式。刘沧(2021)指出，美食旅游发展模式有地方美食旅游、节庆美食旅游和主题美食旅游三种类型；张雅玮(2012)以上海为例，提出美食街模式、美食节模式和美食频道模式。美食节是中国美食旅游的主要形式，每年在全国各地举办多样的旅游节、美食节和博览会，吸引大量的客商和游客(李想等，2019)。王莎等(2019)以“美食之都”成都为例，分析了历史文化街区(美食街模式)，并补充了饮食博物馆和历史老店(饮食类老字号)；周丽芳(2019)结合地方发展实践，在美食街模式的基础上，补充了美食小镇模式，同时她还指出美食小镇的构建应依托本地食材及土特产品；张聪等(2022)则基于乡村饮食独特的地域特色，从特色小镇、非遗博物馆等硬件载体角度，提出“非遗＋文化”“非遗＋产业开发”“非遗＋乡村旅游”“非遗＋科技创新”“非遗＋生态乡村”等多条发展路径。

从乡村发展实践出发，结合饮食旅游发展的条件及饮食旅游发展的实际，对中国乡村饮食旅游发展模式进行总结，提出旅游村、特色小镇、旅游节三种发展模式。按照乡村饮食旅游的概念及内涵，乡村饮食旅游发展模式至少涵盖四个方面：① 空间上，确保在乡村地区；② 产品上，强调以饮食为中心；③ 旅游主体上，注重游客与饮食活动之间的关系；④ 旅游客体上，注重饮食的原真性。其中，“空间”是指乡村地域空间、自然环境以及乡村社会、经济、文化环境，乡村饮食旅游的发展必须体现“乡村性”；以“饮食为中心的旅游产品”是指充分利用具有文化、实用、休闲、情感等价值的各类饮食旅游资源及乡村环境，开发以饮食旅游为龙头、以“饮食旅游＋”为目标的旅游产品体系；“游客与饮食活动之间的关系”，表现为饮食旅游更多地注重游客对地方饮食的体验、饮食文化的感知；饮食的原真性，突出强调饮食的地方性和在地消费，强调原产地、真实性。三种乡村饮食旅游发展模式，除了涵盖以上共性内容外，还有各自不同的特征和适用范围。

二、旅游村模式

旅游村模式是以传统村落为饮食空间，以村民的饮食生产生活为核心吸引力，以地方特色美食体验为延伸，开展旅游活动的发展模式。这种发展模式的特征是：与饮食相关的乡村环境、生产生活资源具有原真性；饮食旅游活动具有原创性，且文化内涵厚重；具有良好的休闲功能。这种发展模式需注意：村民是饮食旅游的重要主体，强调村民参与，注重对村民的职业技能培训与道德素养培训；饮食文化是饮食旅游的灵魂，必须挖掘文化内涵，保障公共文化空间，提升饮食旅游产品的原真性和特色；旅游市场是饮食旅游可持续发展的动力源泉，必须做好发展规划，做好大众消费市场定位，找准市场竞争优势；良好的乡村原有风貌、生态系统是饮食旅游可持续发展的保证，必须坚持环境保护、坚持绿色发展。

2019 年，文化和旅游部公布第一批“全国乡村旅游重点村”320 个。截止到 2022 年 12 月底，文化和旅游部共公布四批“全国乡村旅游重点村”1 399 个。以文化和旅游部公布的第一批“全国乡村旅游重点村”为研究对象，选取部分以饮食旅游为主要吸引力之一的旅游重点村（表 5-1），分析如下。

表 5-1　中国乡村旅游重点村(部分)

省(区、市)	重点村	饮食旅游的特色
北京	柳沟村	以“火盆锅—豆腐宴”为吸引力,成为京郊知名的饮食文化体验地
北京	柳庄户村	“闻香识酒”,集葡萄酒酿造、葡萄酒文化及旅游度假于一体
河北	十里海养殖场	“中国河豚鱼之乡”,依托河豚鱼美食文化开展多样性旅游活动
内蒙古	西湾村	盛产瓜果,以“一滩”“一街”“一品牌”“一园”为特色
辽宁	赫图阿拉村	海岛风光,海鲜美食,海上味道
吉林	查干湖屯	渔业传统,查干湖,国家级非物质文化遗产查干湖冬捕习俗
吉林	韩屯村	品关东特色美食,体验独具特色的满族风情
上海	渔业村	“活着”的渔村,海渔文化、海鲜美食、自然景观、海鲜文化节
江苏	黄龙岘茶文化村	金陵茶文化旅游第一村,品茶休憩,茶道茶艺
浙江	顾渚村	以唐朝贡茶顾渚紫笋茶为特色,融茶艺、茶俗、茶宴等于一体
福建	北港村	海边的童话村落,原生态海岛渔村文化旅游目的地
山东	压油沟村	集湖光山色、特色美食、农事体验、手工作坊、休闲养生等于一体
广东	罗洞村	“中国青梅之乡”,梦里梅园
广西	布央村	千亩茶园,茶文化与侗族文化融合
四川	战旗村	以非物质文化遗产为核心,郫县豆瓣博物馆,乡村十八坊
四川	幸福村	“茶马古道”,“盐铁古道”,李子产业
四川	民强村	清溪河,醉人心扉的花海,酒庄,酒历史
云南	那柯里村	茶马古道重要驿站,马帮文化,民族风情文化

表 5-1(续)

省(区、市)	重点村	饮食旅游的特色
云南	大营衔社区	“滇中粮仓”“云烟之乡”
云南	高家寨村民小组	普洱茶文化,“一茶一院一农家,一树一花一市井”
西藏	卡如村	万株瑞蟠桃,千年核桃树,老阿妈青稞酒坊
陕西	袁家村	以地方饮食生产生活为主要吸引,突出饮食旅游的产业联动发展
陕西	和家卓村	酒圣“杜康”故里
甘肃	折桥村	“河州美食第一村”,“美食+旅游”深度融合
甘肃	红沟村	葡萄山村,峡谷奇观,葡萄产业
青海	拦一村	集古法手工酿酒、民俗体验、乡村餐饮、影视文化及度假休闲等于一体
宁夏	原隆村	以葡萄、红树莓规模种植、肉牛集中养殖为特色
新疆	上湖村	“杏花第一村”,瓜果飘香,《吐鲁番的葡萄熟了》

来源:根据全国乡村旅游重点村名单自行整理。

由表 5-1 可见,旅游村发展模式突出强调人无我有的地域性饮食文化特征,强化了地理标志产品与旅游的融合。部分旅游村已经显现饮食旅游的产业联动效应,并走出了“农业+食品加工业+文化旅游产业”融合发展的路径。从涉及的饮食旅游资源看,既有地方小吃,也有传统名宴;既有瓜果飘香,也有茶酒文化;既有饮食生产,也有饮食生活;既关乎农业、林业,也离不开渔业、牧业。从区域分布看,旅游村在各地皆有分布,其中以四川颇具代表性。四川的川菜是中国四大菜系之一;这里是中国知名白酒产地,十大知名白酒中的五粮液、剑南春、泸州老窖、郎酒均来自四川;这里还是茶马古道的重要沿线区域,是中国知名茶乡。所以,四川乡村地区的饮食旅游资源丰富,乡村饮食旅游发展起步较早,且有一定的地方影响力。据统计,2020 年,战旗村接待游客 79.63 万人次,旅游收入 5 803 万元;民强村接待游客 152 万人次,旅游收入 2.2 亿元。[①] 2023 年战旗村接待游客的数量超过了

① 《首批天府旅游名牌亮相 文旅融合轰响新引擎》,《四川日报》2021 年 9 月 29 日。

110 万①，该村通过整合生态、文化和民俗资源，发展了集生态观光、红色旅游、研学培训、休闲度假等为一体的旅游模式，还通过增加耕地面积、打造高标准农田，以及建设相关的文旅设施，如郫县豆瓣博物馆、天府农耕文化博物馆、酱油坊等，加快推进以地方饮食文化为特色的旅游形象塑造。

三、特色小镇模式

特色小镇模式是指在饮食旅游资源丰富的乡镇，把饮食旅游与乡镇发展有机结合的发展模式。这种发展模式的特征是：位于城市近郊区，具有城市短途旅游和日常休闲功能；交通便利，基础设施相对完善；文化是旅游特色小镇发展的精神力量，旅游特色小镇的差异化发展离不开优质的 IP（Intellectual Property，知识产权）。该模式下，特色上，小镇饮食文化个性特色鲜明，旅游吸引力大；产业上，每个特色小镇都有自己的产业优势，主导产业带动相关产业发展，坚持特色产业、旅游产业两大发展架构；功能上，实现“生产＋生活＋生态”三合一，形成城乡一体化的功能集聚区。这种发展模式需注意：小镇应有科学的旅游发展规划，并以规划为龙头，保护小镇的原有空间格局；打造小镇特色的休闲旅游点，提炼并展示小镇饮食文化主题标识；注重饮食文化的挖掘、传承和活性化利用；采用以政府为主导、以企业为主体、社会共同参与的发展机制，注意企业、村民、政府等利益相关者的利益协调，保障村民的利益；需要多渠道增加投入，不断完善旅游服务设施建设，充分发挥小镇乡村旅居功能。

2016 年 7 月 1 日，住房和城乡建设部、国家发展和改革委员会、财政部联合下发《关于开展特色小镇培育工作的通知》，明确到 2020 年，培育 1 000 个左右各具特色、富有活力的休闲旅游、商贸物流、现代制造、教育科技、传统文化、美丽宜居等特色小镇。2016 年，住房和城乡建设部公布第一批特色小镇 127 个，2017 年公布第二批特色小镇 276 个，其中以旅游为核心的小镇至少占到了一半以上（张辉，2018）。此外，各省份也积极推进与地方美食旅游关联的特色小镇建设，主要建设情况见表 5-2。

---

① 《卢星宇：让游客沉浸式体验战旗村的发展和变化》，锦观新闻，2024 年 2 月 6 日。

表 5-2　特色小镇饮食旅游

主题	省份	小镇名称	主题	省份	小镇名称
白酒	贵州	茅台镇	江苏菜	江苏	盱眙龙虾小镇
白酒	山西	杏花村镇	茶文化	江苏	湖汊茶旅风情小镇
白酒	内蒙古	八里罕镇	川菜	四川	郫都川菜小镇
白酒	湖北	龙泉镇	白酒	四川	古蔺郎酒小镇
白酒	四川	大渡口镇	地方美食	四川	苏稽跷脚牛肉小镇
白酒	山西	贾家庄镇	葡萄酒	山东	大泽山葡萄旅游古镇
白酒	陕西	柳林镇	白酒	山东	兰陵美酒小镇
葡萄酒	山东	刘家沟镇	粤菜	广东	大良寻味顺德小镇
葡萄酒	甘肃	清源镇	红茶	广东	英德东华红茶小镇
葡萄酒	宁夏	韦州镇	乌龙茶	广东	潮安凤凰茶旅小镇
黄酒	浙江	东浦镇	果蔬	福建	蜜柚特色小镇
啤酒	福建	三江口镇	闽菜	福建	河田鸡美食小镇
药酒	江西	阁山镇	药膳	福建	屏南药膳特色小镇
绿茶	山东	巨峰镇	绿茶	浙江	龙坞茶镇
绿茶	湖北	汇湾镇	浙江菜	浙江	塘栖美食特色小镇
绿茶	江西	小布镇	豆腐文化	安徽	八公山豆腐小镇
黑茶	广西	六堡镇	果蔬	安徽	砀山县酥梨小镇
藏茶	四川	多营镇	黑茶	湖南	安化黑茶小镇
白茶	福建	点头镇	果蔬	湖北	柑甜小镇
瓷、茶	江西	瑶里镇	果蔬	江西	赣南脐橙小镇
茶、调料	贵州	永兴镇	白酒	江西	进贤县李渡镇
拉面	青海	群科镇	人参	吉林	万良人参小镇
富硒食品	新疆	乌苏镇	稻谷	黑龙江	五常稻香特色小镇
野山参	辽宁	二棚甸子镇	地方美食	广西	螺蛳粉特色小镇
人参	吉林	松江河镇	果蔬	广西	壮乡芒果风情小镇
银杏	江苏	铁富镇	果蔬	海南	荔枝风情小镇
水蜜桃	江苏	阳山镇	地方美食	海南	东奥燕窝小镇
紫砂食器	江苏	丁蜀镇	地方美食	海南	文昌鸡美食小镇
茯茶	陕西	茯茶小镇	青稞酒	青海	青稞酒特色小镇

来源：根据住房和城乡建设部公布的特色小镇名单及各省份特色小镇建设名单自行整理。

从地区分布看，特色小镇在全国总体呈均衡分布；从地形特点看，山区镇占比较大；从饮食主题看，以茶酒居多，地方风味未能凸显；从文化传承看，入选的小镇有一定程度的国家级饮食类非物质文化遗产传承，如茅台镇茅台酒酿制技艺、杏花村镇杏花村汾酒酿制技艺、大渡口镇泸州老窖酒酿制技艺、点头镇白茶制作技艺。从旅游收益看，小镇旅游收益显著，以四川省大渡口镇为例，2021 年大渡口镇接待游客 264 万人次，实现旅游综合收入 14 亿元。[①] 2023 年，大渡口镇旅游发展持续向好，且在 2022 年四川省文化和旅游发展大会上正式获得“四川省第二批天府旅游名镇”的授牌。茶酒旅深度融合，成就了大渡口镇乡村旅游新场景。其酒文化旅游的构成可分为四大组成部分：农耕体验（酿酒原料高粱）、酒庄体验（酿酒过程）、慢食体验（地方饮食生活，包括民俗、技艺等）、美食体验（美酒佳肴）。游客既能完整地体验酒文化生产消费全过程，也能以酒为媒介，了解四川人的性格特征、四川人的日常生活、民间习俗、戏曲等，还能慢享乡村生活。茶文化旅游部分，则紧扣 6 万余亩特早茶基地展开，集茶园采茶、观光、休闲等为一体。

四、旅游节庆模式

吴必虎（2001）认为旅游节庆有广义和狭义之分。广义的旅游节庆通常是指一些含有多种旅游项目的事件，包括节日、地方特色产品展览、轻体育比赛等具有旅游特色的活动或非日常发生的特殊事件；狭义的旅游节庆是指周期性举办的节日等活动，但不包括各种交易会、展览会、文化、体育等一次性结束的事件。本书所写旅游节庆模式是指以地方饮食文化为中心发起周期性的节庆活动，并以此为依托，带动乡村振兴的发展模式。这种发展模式的特征是：临近城镇，交通便利，可进入性佳，客源市场潜力大；饮食生产的知识性、旅游活动的娱乐性和参与性特征显著，具有标志性的经典活动项目；具有一定的品牌效应，经济效益显著；节庆活动以展示、推广本地农副产品、土特产、特色美食、饮食类非物质文化遗产等为主题，以搭建一个文化交流、商务交易、产业联动发展平台为宗旨，聚集人气、促进销售、提高地方知名度。这种发展模式需注意：要制定可行性研究报告，要有良好的项目创意

---

① 《天府旅游名牌上新为文旅融合发展注入活水》，《四川日报》2022 年 11 月 11 日。

和规划，避免饮食类旅游节庆同质化问题的出现；避免活动的运作过于行政化；避免对环境、对当地居民生活造成负面影响；为扩大影响力，应推进全民参与，参加节庆活动的游客应覆盖各年龄段群体；应善于运用科技手段，科技是创新的源泉；应不断完善旅游服务设施建设。

1988年，深圳举办了首届荔枝节。20世纪90年代以后，依托饮食类非物质文化开展的饮食类旅游节庆活动在乡村地区逐渐展开，并形成地方影响力，如中国豆腐文化节、中国·盱眙国际龙虾节、藏族雪顿节、“中国菜”艺术节、蒙顶山国际茶文化旅游节、武夷山（大红袍）国际禅茶文化节、宁夏国际葡萄酒文化旅游节、查干湖冰雪渔猎文化旅游节、山西闻喜花馍文化节等。此外，依托农林渔资源开展的饮食文化旅游节也在各地开展，代表性的旅游节庆如广东省平远县脐橙文化旅游节、广西容县沙田柚文化旅游节、山西省柳林县红枣文化旅游节、中国·陕西（洛川）国际苹果博览会、陕西省彬县柿子节、甘肃省武威市葡萄美酒节、新疆哈密哈密瓜节、新疆沙棘采摘节、新疆中国丝绸之路吐鲁番葡萄节、新疆无花果旅游节、新疆和静县蟠桃旅游文化节、黑龙江寒地粥米文化旅游节、江鲜美食旅游节。

节庆活动有助于提升地方知名度、推动地方经济发展并获得良好的社会效益和品牌效应。2000年，江苏盱眙首次举办“中国龙年盱眙龙虾节”，此后每年定期举办并不断升级，截止到2022年，盱眙龙虾品牌价值已达到306.5亿元。2004年以来，每年春季，在四川雅安都会举行蒙顶山茶文化旅游节，2019年旅游节上的文旅类项目累计总投资21.1亿元。①

第四节　中国乡村饮食旅游发展面临的多重困境

饮食旅游在各区域乡村地区有序推进，在旅游名村名镇建设、精品线路推进、旅游人才建设、旅游基础设施建设等方面都取得了突破，也在文化遗产保护、非物质文化遗产传承方面取得了一定成绩，同时也在一定程度上形成了区域特色。但乡村饮食旅游区域性发展中仍面临以下多重困境。

① 《蒙顶山茶文化旅游节开幕 签订14个项目，总投资逾63亿元》，开江县人民政府网，2019年3月28日。

一、区域间的发展呈现差异

区域间的乡村旅游发展在产业类型、开发模式、吸引力特色、空间规模等方面呈现差异，北京、天津、河北，长江下游地区的江苏、浙江、上海、安徽，东南区域的广东和福建东南部，四川和重庆交界区域，是乡村旅游发展较成熟和发达地区（许贤棠等，2015），从旅游收入、旅游人次、带动就业人数、投资回报看，中国乡村旅游整体呈现东部地区领先中西部地区、南方地区领先北方地区、经济发达地区领先欠发达地区的空间差异特征（李涛，2019；李涛等，2021；李涛等，2022）。同样地，受资金、区位、基础设施等因素的影响，乡村饮食旅游发展也呈现出以上空间差异特征，区域发展不均衡。

资金缺乏是乡村饮食旅游发展尤其是贫困地区发展的主要制约因素之一，甘肃、云南等西部地区普遍面临融资渠道狭窄、旅游投资不足问题。但在东部地区，如浙江省，2021 年文化和旅游在建项目 2 857 个，实际完成投资 2 769.7 亿元，同时全省累计引进固定资产投资 100 亿以上项目 19 个，旅游投资稳步推进。① 区位问题，也是影响区域发展不均衡的重要因素。中国旅游研究院与智研咨询联合发布的《2021 年中国乡村旅游游客数量、旅游花费及发展趋势分析》显示，2020 年中国乡村旅游中本市周边游客占比为 48%，省内非本市乡村游人次占比为 40%，跨省乡村游人次占比为 12%。乡村旅游客源市场以近程为主，西部偏远乡村地区亟待进一步开拓跨省域、跨区域的东部多省市客源市场，其他地区则有待进一步拓展跨区域、跨国家的远程旅游市场。基础设施建设的区域差异也是影响乡村饮食旅游发展区域不均衡的原因之一。中国逐年加大基础设施建设力度，但中西部地区发展仍面临能源交通基础设施制约。

目前，中国围绕乡村旅游、食品安全与生产经营分别出台了相关政策和管理办法，但并没有乡村饮食旅游发展的专项规划、发展管理办法以及管理部门。乡村饮食旅游资源涉及农业、林业、渔业、文化和旅游、国土、交通、商

---

① 《浙江文化和旅游项目 2021 年实际完成投资 2 769.7 亿元》，浙江新闻客户端，2022 年 2 月 14 日。

贸等多方面，多部门的交叉管理容易造成资源配置方面的盲目性，目前尚未建立起与乡村饮食旅游发展相适应的多部门融合管理机制。所以，为了缩小区域差距、协调区域发展、优化发展布局、统筹资源配置，需要从国家层面科学规划，建立全域旅游思维，充分发挥各地各区域饮食文化旅游资源的优势。

二、区域内的发展趋同

乡村旅游同质化是指当代乡村旅游面临的开发、营销管理和体验趋同的现象（许业辉等，2021）。饮食旅游在中国乡村各地开展。从食材的生产、开发和利用到饮食的加工制作，从饮食的消费习俗到饮食思想，从饮食空间到饮食器具，都是旅游资源，乡村饮食生产生活的全部、饮食空间、饮食主体村民都应是饮食旅游的开发对象。但在实际开发中，存在没有根植乡土饮食，没有充分注意到村民的参与，没有充分利用非物质形态饮食文化优势，没有充分发挥区域饮食文化的文化、情感等多重价值等问题，导致饮食旅游产品创新不足、旅游产品雷同，影响游客的体验质量。有文化、有情感、重村民、重游客的饮食旅游是打造差异化、追求可持续的必然路径。

全国乡村旅游重点村陕西袁家村成功之后，很多地方都争相模仿，但不少项目最终以失败收场。模仿项目之一的白鹿原民俗文化村，投资 3.5 亿元，主营各种小吃，该项目历时 4 年左右，于 2020 年 3 月 12 日被拆除（吴旭，2020）。该项目虽然复制了美食街，但忽视了村民的参与，忽视了本土饮食文化的融入，忽视了非物质形态饮食文化的开发，导致个性化不足，没有自身的专属特色。再如，很多游客对农家采摘的印象就是尝尝果、吃吃饭，千篇一律，容易产生审美疲劳。采摘园数不胜数，能细看可回味的不多，产品特色不明显，无法满足居民的多样化需求。因此，需要拓展农业与旅游融合的路径，深挖农业文化遗产、农耕文化等文化内涵，树立农产、林产等饮食类特产的原产地意识，打造乡土特色、树立地方品牌、强化地方认同。

中国与法国、土耳其并称为世界三大烹饪王国，中国乡村地区流传有大量的民间美食和文化能人，美食及其制作是彰显区域特色的重要载体。李想等(2019)对比中国与国外美食旅游的发展,指出国外常见的美食旅游类型有三种:一是在假期赴某地参加烹饪学校;二是在旅游目的地的著名餐厅用餐,参观当地的食品市场;三是参观某一食品的制作工厂或作坊。而中国美食旅游的发展中,美食节成为美食旅游的主要形式。乡村饮食旅游新业态产品体系尚不健全,乡村地区对饮食制作类非物质文化的旅游利用不充分,对具有生活气息的农贸市场关注不多。因此,有必要从可持续层面加大对饮食类非物质文化、对最能体现地方饮食生活真实性的农贸市场和村庄杂食店等的利用,并借此走出美食节的同质化模式,开启多元化、差异化发展的道路。

三、其他挑战

乡村饮食旅游发展还面临利益相关者存在利益冲突、品牌意识不强、保障机制不健全、智慧化尚未实现等挑战。

(一)利益相关者存在利益冲突

利益相关者存在利益冲突,利益相关者利益有待协调。随着饮食旅游在乡村地区的开展,旅游引发的各类利益冲突问题逐渐显现。陕西省龙头村在政府主导下建立秦楚农耕文化园、观光茶园,为满足旅游发展所需的9平方公里核心景区的土地建设需要,90%的村民将土地以每亩750元费用流转。失去土地的当地村民未从旅游发展中获益,青壮劳动力纷纷外出打工,龙头村逐渐成为空心村(赵静,2019)。在山东青岛,也曾出现过“天价大虾”事件,游客利益受损。发展饮食旅游,需要有包括各类组织、私人业者、各类协会和游客在内的多方利益相关者之间的合作(Corigliano et al.,2002)。中国乡村饮食旅游的核心利益主体主要包括地方政府、社区居民、旅游企业和游客,这些利益主体在旅游发展中的参与程度及利益诉求各不相同(图5-1),存在利益冲突(表5-3)。因此,需要建立良好的合作机制,协调旅游利益主体的利益。旅游利益主体的协调就是对旅游利益主体的利益观念、行为和相互关系进行调整以达到一种和谐的状态,实现旅游的可持续发展(严宽荣等,2009)。

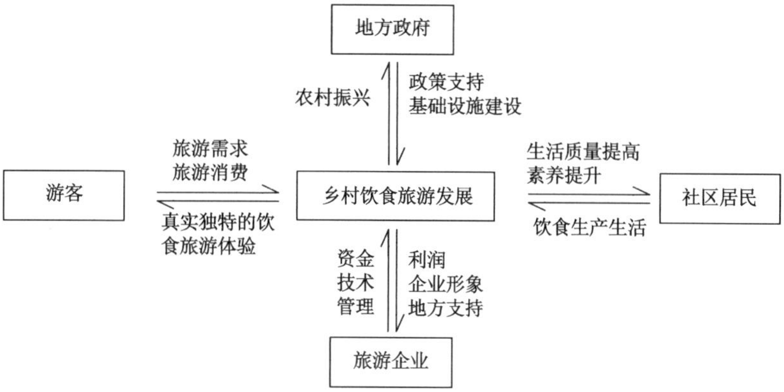

图 5-1　中国乡村饮食旅游核心利益相关者的旅游参与及利益诉求

表 5-3　中国乡村饮食旅游核心利益相关者的利益冲突

利益主体	利益冲突对象	主要问题	负面影响
游客	旅游企业	企业从业人员素质低;不诚信经营;产品同质化	不满意,不良口碑
	社区居民	民风不淳朴,态度不友好	
社区居民	地方政府	政府缺少规范的利益分配机制;让居民被动参与	不积极参与旅游
	游客	居民的日常生产生活被打扰;居民与游客的文化冲突	
	旅游企业	在企业就业层次低,收入有限;旅游发展后的生活成本提高;自营店受影响;村民价值观受影响	
旅游企业	地方政府	目的地营销不力;旅游市场监管不力	撤资
	社区居民	居民破坏企业的正常经营,对企业提不合理要求	
地方政府	旅游企业	企业不正当经营;企业破坏旅游生态环境;旅游经营引发地方传统饮食文化失真	旅游可持续发展受限
	游客	游客不文明行为影响目的地旅游形象	
	社区居民	受教育水平等影响,居民未能有效解读旅游政策	

来源:自制。

乡村饮食旅游利益相关者中,地方政府主要通过政策支持、基础设施建设推动乡村饮食旅游发展,希望通过旅游发展实现乡村振兴的目标,即产业振兴、文化振兴、人才振兴、生态振兴、组织振兴的全面振兴。游客有着多样的饮食需求，其饮食需求影响乡村饮食旅游的开发，他们希望从旅游中得到真实独特的饮食旅游体验。社区居民是乡村饮食旅游发展的主体，居民的饮食生产生活是重要的旅游资源，他们希望通过旅游发展提高生活质量，希望通过旅游参与提升自身素养。旅游企业通过资金、技术和管理参与乡村饮食旅游发展，并希望从饮食旅游发展中获得经济利润、提升企业的对外形象，也希望企业的经营管理能获得地方政府和社区居民的支持。

（二）品牌意识不强

中国乡村饮食旅游缺乏具有较大影响力的乡村饮食旅游品牌，品牌意识有待提升。中国乡村地区有条件也有资源积极拓展国际市场，但乡村地区饮食旅游品牌意识不强，缺乏具有较大影响力的乡村饮食旅游品牌。品牌的树立离不开原创性和地方特色，并通过提供一系列独一无二的饮食旅游产品和营销，最终实现游客只有前往该地区才能体验原汁原味的、原产地饮食及文化。通过情感认同、提升重游率，逐步打造世界知名的饮食旅游目的地。

（三）保障机制不健全

保障机制问题主要体现在人才、基础设施、金融和环境保护四大方面，中国乡村饮食旅游保障机制亟待健全。人才方面，中国社会科学院舆情实验室、中国旅游报联合阿里巴巴发布的《2021 非物质文化遗产电商发展报告》显示，中国国家级非物质文化遗产传承人平均年龄达 63.29 岁，亟须培养后继人才。饮食类非物质文化遗产是乡村饮食旅游的吸引力所在，在农民老龄化、乡村空心化的社会背景下，人才培养机制有待进一步完善，以便持续吸引青年人返乡创业，守住乡村文化精神内核，增强乡村的内生动力。基础设施方面和金融政策方面，保障体系尚不完善，有待进一步健全。环境保护方面，饮食带来的餐饮浪费、餐饮环保等问题存在，为保持乡村美食持续的吸引力，需要建立健全法律法规意识，增强村民的环保自律意识。

（四）智慧化尚未实现

乡村饮食旅游的发展尚未实现智慧化、数字化，科技力量有待抓牢。中国乡村旅游正进入高质量发展阶段，科技赋能是实现旅游业高质量发展、助推乡村振兴的重要路径（吴彦辉，2021），数字赋能乡村旅游资源的创造性发展与创新性传承已经势不可挡（孙九霞等，2023）。鉴于乡村饮食旅游的发展尚未实现智慧化、数字化，饮食旅游需要与现代科技融合，拓展发展空间。不论是食材的生产还是饮食文化的创新性传承，不论是饮食旅游产品的创新性开发还是游客旅游体验质量的提升，不论是营销渠道的创造性拓展还是经营管理模式的创新，都需要科技力量的支持。

第六章 中国乡村饮食旅游发展典型案例

乡村饮食旅游作为一种以饮食为核心旅游吸引的、结合了地方特色饮食文化与旅游产业的新型业态，近年来在中国乡村地区得到了广泛的推广与实践。各地根据不同的资源条件、自然环境和文化背景，探索出了旅游村、特色小镇、旅游节庆等发展模式。以下为三种发展模式的典型案例分析，通过分析典型案例的发展历程、发展举措与成效、面临的问题等，对中国乡村饮食旅游发展的成功经验有一个相对全面的认识的同时，也为中国乡村饮食旅游的发展路径提供参考。

第一节 袁家村饮食旅游

一、中国乡村旅游重点村

陕西省咸阳市礼泉县烟霞镇北部的袁家村，坐落在皇家陵园唐太宗昭陵的九嵕山下，距离陕西省省会西安市约 70 公里，距咸阳市区约 30 公里，处于西安、咸阳半小时经济圈内。袁家村有 1 300 多年的历史，2014 年入选第三批中国传统村落名录。该村原始村民共 62 户，户籍人口 286 人。

2007 年，在国家推动乡村旅游发展的时代背景下，党支部书记郭占武带领村民，以村落为空间载体，以村民为发展主体，以“关中印象体验地”为形象定位，大力发展乡村旅游，并借乡村旅游带动相关产业发展。经过 10 多年的发展，袁家村旅游接待总人数从 2007 年的 3 万人次增加到 2019 年的 600 万人次(吴正海等，2021；郭占锋等，2021)，历年具体接待游客量见图 6-1。由图 6-1 可见，袁家村每年的游客接待量稳步增加，且从 2016 年开始，连续保持在 500 万人次以上。村内常住人口也由最初的 286 人壮大到

3 000 多人(吕贵民,2020)。2020 年,袁家村的旅游收入近 10 亿元,村民人均年收入超过 10 万元①,村民人均收入远高于全国平均水平,几乎家家有经营性收入、工资性收入、股份分红、房屋出租收入等。发展至 2023 年,袁家村的年游客接待量达到 800 万人次以上,年旅游总产值超12 亿元,村民人均年收入超 15 万元②。中国乡村旅游看袁家村,已经成为共识。

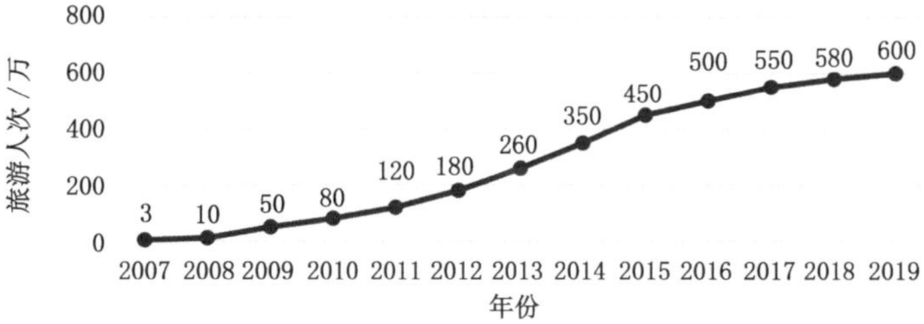

图 6-1　袁家村 2007—2019 年接待游客量

(来源:吴正海等,2021;郭占锋等,2021)

袁家村旅游的发展,关中饮食无疑是最具吸引力的突破点。袁家村因关中小吃走红,是以关中饮食为核心吸引物的乡村旅游目的地(刘婷婷等,2021)。有游客评价,关中最地道的小吃在袁家村。早在 2015 年的袁家村产业业态分布上,餐饮业便以 41%的比例位居榜首(图 6-2)。如今,袁家村以饮食、建筑、民间游艺等生活元素为媒介,依托小吃街、作坊街、酒吧街、回民街、书院街等旅游项目,用地方性真材实料、传统手工技艺现做现吃,让游客在原真的乡村生产生活环境中体验饮食从食材加工(豆腐、辣椒、油、醋、面等作坊)到饮食制作(小吃街)再到饮食消费的全过程,以期让游客感受原汁原味的关中生活,此举成功塑造了“关中印象体验地”形象。袁家村的关中饮食多种多样,但每种饮食均只能由一个商户独立经营,这是袁家村餐饮经营中的一大亮点。2017 年,餐饮业日营业额已经超过 200 万元,这里既有单日营业额高达 29 万元的酸奶铺子,也有年利润 300 万元的粉汤羊血。

目前,袁家村已经成为特色鲜明、功能齐全的国家 AAAA 级旅游景区,并荣获中国十大最有魅力休闲乡村、中国十大美丽乡村、中国十佳小康村、

① 《乡村旅游第一村——袁家村,是怎么炼成的?》,华育网,2021 年 7 月 26 日。

② 《过新年　看振兴|为什么是袁家村?》,西部网,2024 年 2 月 18 日。

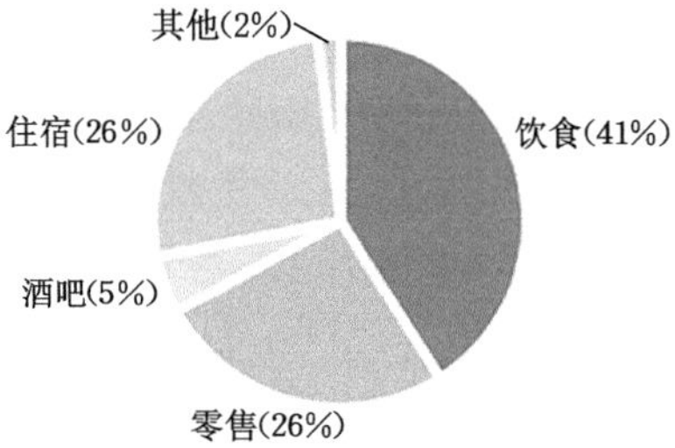

图 6-2　2015 年袁家村产业业态构成图

（来源：https：// www. sohu. com/a/314269511_825181）

中国乡村旅游示范村、中国一村一品示范村、中国乡村旅游创客示范基地、就地就近转移就业示范基地、国家特色景观旅游名村、中国乡村旅游重点村等多项荣誉。

二、共同体意识和乡村振兴

在共同富裕理念的指导下，在地方文化认同的构筑下，袁家村探索出了一条以饮食旅游振兴传统村落的发展路径，提升了村民的整体生活水平。

（一）以民为本，建立利益均衡共同体

袁家村已建成共建共享的利益均衡共同体，其举措主要有以下三点：

1. 产权共有

袁家村从村民利益出发，将集体资产进行股份制改造，集体保留少部分，剩下按比例直接分配到每户村民名下，村民对自己持有的基本股权享有分红收益。对于外来投资和经营项目，凡占用集体资源的，这部分集体资源就作为股份入股项目，所得收益除去必要的公共支出外，全部直接分配给每户村民。袁家村的集体经济，是每户村民均衡共享的集体经济。

2. 以股份合作为基础的调节机制

当下，袁家村已建立了豆腐坊、酸奶坊、辣椒坊、面坊、醪糟坊、醋坊、粉条坊、菜籽油坊等作坊以及小吃街等多家股份合作社，合作社均由村委会下属公司经营。《袁家村农民合作社入股规章制度》中明确规定：全民参与，入股自愿，钱少先入，钱多后入，照顾小户，限制大户，风险共担，收益共享（陈水映等，2020）。通过入股合作社，村民变股民，村民变成了一个利益共同

体，彼此之间是合作的关系。而为了解决村民收入不均衡的矛盾，采用了调节机制，股份较少的优先分红，股份超限的相应减少分红。通过这种方式，保障了村民机会均等，降低了收入差距，避免了收入两极分化。此外，村委会还设立了补贴基金，目的是补贴“非火爆产品”的经营者，因为这些产品是确保关中美食体验完整性的必需品。通过补贴方式，确保家家受益，再次缩小收入差距，实现了袁家村的和谐发展。

3. 村民共治

村民既是利益的享有者，也是利益均衡及利益可持续的当事人。袁家村通过开设农民夜校、道德讲堂，通过建立合作社、协会以及乡规民约等非正式管理制度，逐步调动了村民的主体意识，强化了地方共同体归属感。袁家村因关中小吃走红，所以村里严格管控食品的品质和安全。村民深知个人的生计与旅游的发展高度相关，自觉与村集体共治（黄鑫等，2020；刘婷婷等，2021），主动参与到乡村治理中来，并在乡村治理中积极作为。其中，最能体现村庄的凝聚力、村民共治甚至自治的行为便是村民的诚信经营。村民严守诚信经营，并将诚信为本外化为实际行动，在店铺门口主动悬挂信誉承诺，还自发签订“食品安全协议书”。村民的信任互助以及良好的道德自律，成功塑造了袁家村诚信经营的目的地形象。

（二）多元参与，建立利益共享共同体

袁家村在关注本村村民发展的同时，还突破了村庄边界、经济边界，带动了周边村民、周边产业的发展，吸引了来自全国不同地区的投资者和经营者（郭占锋等，2021）。

1. 提供优惠条件，招徕外村传统手艺人

袁家村的豆腐坊、醋坊、辣椒坊、面坊等作坊都需要经营户，为保证旅游产品质量，袁家村通过租金免费、税收免费等优惠的方式邀请手艺精湛的人来经营。在旅游发展初期，袁家村发掘了本县和邻县近 30 位关中美食“手艺人”（邓国胜等，2023）。此举为周边村民提供了创业平台，对打造袁家村饮食旅游特色以及地方传统饮食文化的传承与发展也有积极意义。

2. 产业共融，带动周边地区发展

袁家村采用了第三产业带动第二产业、第二产业促进第一产业的发展思路，把小吃街的豆腐、酸奶、菜籽油、辣椒、醋等打造成旅游产品，并成功地带动了周边地区食品加工业、种植业、养殖业的发展，并在周边地区建立了多个油菜籽、大豆、红薯、玉米、蔬菜等有机农产品基地。袁家村“店面—工场—农田”的产业融合格局已经形成（吴正海等，2021），通过产业合作，带动周边数万名农民增收，带动周边村子一起致富。

3. 发展共享，兼顾所有的利益相关者

在袁家村，无论是本村村民还是外来创业者、从业者，都有机会入股村里的合作社。袁家村通过交叉股份的方式让村集体旅游公司、合作社、商铺、农家乐相互持有股份，各利益主体在“你中有我、我中有你”中实现共同发展。交叉股的推行意味着袁家村所有成员结成利益共同体，风险共担、收益共享（马荟等，2020），此举既形成了友好的创业环境，也营造了良好的从业环境，避免了恶性的同质化竞争。

（三）内外兼顾，建立文化共情共同体

袁家村通过“引进来、走出去”的方式，打通与游客的文化共情，凸显地方文化认同。

引进来，就是吸引游客前往袁家村慢享关中生活。袁家村把村落作为整体文化生产空间，通过就地发展、打造原汁原味的关中生活的方式，完成了具有地方身份、记忆的知识建构，吸引游客来袁家村。把最原真的关中生活呈现出来的袁家村，满足了游客寻求基于当地身份和文化的体验需求，满足了其寻求真实性的体验需求，增强了游客的文化归属感和文化认同感。通过打造不一样的袁家村，袁家村逐渐在市场竞争中取胜并成为乡村旅游目的地的典型，获得了游客的认可。早在 2016 年，陕西本省游客已经有回流（刘婷婷等，2021）。

走出去，就是走出袁家村这一村落空间，走进游客的城市生活中。在取得广泛的市场认可后，袁家村开始注重品牌输出，通过设立城市体验店的方式，把袁家村的美食、农副产品送到了城市人的餐桌上。还是原来的配方，还是袁家村的味道，通过城市体验店，把袁家村的身份和记忆又带回城市生活，这样既能满足城市居民对农副产品的需求，也能守住乡愁，守住人们记忆中的关中味道。

（四）以食为媒，引导乡村振兴

党的十九大报告首次提出了“实施乡村振兴战略”，并明确了产业兴旺、

生态宜居、乡风文明、治理有效、生活富裕的五大乡村发展总体要求，为乡村发展指明了方向。袁家村以关中饮食为核心，以其他民间文化、乡村休闲等为辅助，走出了一条以饮食旅游引导乡村振兴的道路。

产业兴旺是乡村振兴的重点。袁家村充分发挥餐饮产业的带头作用，推动产业联动发展，走出了一条“三产带二产促一产”的发展路径(吴正海等,2021)，还发挥“旅游＋”优势，推进娱乐业、住宿业、文化业等多产业发展(李悦等,2020)。乡风文明是乡村振兴的关键，治理有效是乡村振兴的保障。诚信经营已成为袁家村的地方标识，而诚信经营离不开村集体的法治与德治、村民自治、村集体与村民共治。诚信经营从一种被约束行为变成村民的自律行为，既是袁家村善于治理的体现，也是袁家村乡风文明、社会和谐的体现。农民生活富裕是乡村振兴的根本。袁家村以民为本，既突出本村村民发展，也有大局视野，关注外村人发展，强调共建共享、共同富裕。袁家村从 2007 年户籍人口 286 人壮大到常住人口 3 000 多人，从 2007 年农民人均纯收入 1.6 万元到 2020 年超过 10 万元，充分说明袁家村产业发展的巨大吸引力和成就。

三、旅游商业化和信息化

袁家村的核心旅游资源是关中饮食，该资源不是垄断性的，容易被复制模仿。袁家村所在的礼泉县，2016 年前后便出现了 3 个“类袁家村”的旅游村。[①] 但事实证明，它们虽然模仿了袁家村小吃街的形式，但忽视了袁家村饮食旅游发展的精神内核——人文关怀。袁家村关怀农民、关怀游客、关怀利益相关者，袁家村旅游的发展关注的是利益均衡、利益共享、文化共情，推行的是严格的食品安全管理，实现的是乡村振兴。袁家村充分发挥乡村饮食旅游资源的多样性价值，如今，袁家村已经从卖产品向卖品牌过渡，袁家村走进了城市，也走进了其他省份。但旅游市场环境不断变化，市场竞争将日趋激烈，市场需求将处于动态发展变化中，对此，袁家村未来发展需注意以下事项。

① 《文化产业赋能乡村振兴，袁家村凭什么典型?》，文化产业评论，2022 年 4 月 25 日。

（一）商业化问题

寻求原真性是饮食旅游者的重要动机，饮食旅游者是通过食物来寻找他们所去的地方的真实性的旅行者。所以，目的地必须对其饮食旅游产品进行可信且真实的描述。描述的内容既包括游客旅游前收集到的旅游信息，也包括游客在目的地体验的饮食旅游产品。对于旅游信息，需要去商业化的营销。对于目的地旅游产品的开发，必须避免过度商业化，保证无论游客在与不在，与饮食相关的生产生活空间、人物、器物、自然景观等都在。此外，袁家村常住人口剧增到 3 000 多人，大量的外来商户及务工者等商业从业者涌入，村内的商业组织也逐渐增加。如何有效治理商业从业者？如何有效保证各商业组织的协同？如何保持规范有序的商业环境？这些，仍是袁家村未来发展的重点。

（二）信息化应用

2019 年，《中共中央 国务院关于坚持农业农村优先发展做好“三农”工作的若干意见》中明确提出实施数字乡村战略，全面推进信息进村入户。信息技术在乡村、农业、旅游业中的作用越发重要，广泛应用信息技术也显得越发必要。从内部角度来看，袁家村在发展饮食旅游产业链的过程中，无论是对产业链各要素的价值进行分析、旅游产品的开发，还是对商业从业者和组织进行管理，以及制定发展规划和开展旅游营销，信息技术都发挥着至关重要的作用。从外部角度来看，信息技术同样重要，它帮助预测游客需求、分析游客消费行为，进行竞争者分析和乡村旅游趋势研究，以及协调旅游各利益相关者的利益和行动。信息技术是袁家村饮食旅游产业链发展的关键支撑，它贯穿于从内部管理到外部市场分析的各个环节。

第二节 黄酒旅游特色小镇

一、中国特色小镇

黄酒小镇位于浙江省绍兴市，距离浙江省省会杭州约 50 公里，是第二批中国特色小镇、首批浙江省级特色小镇创建单位。2014 年中国首次提出

“特色小镇”概念。2015 年 4 月 22 日，浙江省人民政府发布了《关于加快特色小镇规划建设的指导意见》，指出特色小镇要聚焦浙江省未来发展的经济、环保、健康、旅游、时尚、金融、高端装备制造等七大产业，要兼顾茶叶、丝绸、黄酒、中药、青瓷、木雕、根雕、石雕、文房等历史经典产业。绍兴是中国黄酒的发源地，是中国黄酒最大的生产和出口基地，有着“世界美酒特色产区”称号。在这样的政策背景下，绍兴积极利用黄酒产业这一历史经典产业优势，开展特色小镇培育、创建工作。2015 年 6 月 1 日，绍兴黄酒小镇成功进入浙江省第一批特色小镇创建名单，它是浙江省第一批 37 个特色小镇之一。

黄酒小镇的建设跨越了两个区域——“酒乡古镇”东浦、“黄酒重镇”湖塘。中国黄酒，不论是文化底蕴还是黄酒品质，首推绍兴。而东浦镇，曾是绍兴酒最著名的产区，东浦的酿酒业已有 2 000 多年的历史（王益翔，2015）。在宋代，东浦已是绍兴酿酒业的中心，清代已有“越酒行天下，东浦酒最佳”之说。东浦河湖纵横、桥梁遍布，是典型的江南水乡、知名的桥乡。这里还是唐代诗人贺知章、南宋诗人陆游等历史文化名人的故乡，有着名士之乡的美称。而湖塘，自古“汲取门前鉴湖水，酿得绍酒万里香”，湖塘历来是绍兴黄酒的主要产区之一，目前是黄酒知名品牌古越龙山（鉴湖酿酒）、会稽山、塔牌等酒厂的所在地，也是绍兴黄酒传统酿制工业遗产保护基地所在地。

在黄酒小镇未建设之前，绍兴黄酒产业一直立足于“卖酒”本身，其厚重的文化价值、多元的旅游价值未能得到充分的体现。在湖塘，有大量的黄酒手工作坊遗址类工业遗产，但未能扬名于世界、中国酒遗产范畴，这与绍兴黄酒在中国乃至在世界酒史上的重要地位极不相称（茹拥政，2016），黄酒在中国酒类市场占比也不高。黄酒小镇的建设，唤醒了中国传统酿酒业的现代活力，活化了浙江的历史经典产业。黄酒小镇以传承黄酒文化、发展黄酒产业、打造旅游慢生活为目标，依托自然景观、黄酒文化、水乡生态、小镇故事等资源，发展了文化旅游、工业旅游、古镇休闲度假、智慧品质旅游、研学旅游、养生旅游、黄酒文化创意等多种旅游业态，成为集黄酒与文化、传统与现代、体验与水乡旅居生活于一体的特色小镇。作为中国黄酒文化的交流中心、黄酒产业的集聚中心、特色旅游的示范中心，黄酒小镇汇聚了丰富的黄酒文化元素和活动，形成了产业链的集群效应，成为特色旅游的示范标杆。①

二、黄酒文化和中国故事

黄酒是中国最古老的传统酿造酒，也是中国特有的酒。作为世界三大古酒之一的黄酒，承载了中国悠久的传统文化，饱含太多的中国故事。

（一）规划先行，聚焦黄酒文化特色

特色小镇发展，规划先行。黄酒文化是黄酒小镇发展的根本基础，黄酒小镇秉承“文化、产业、旅游”三位一体的建设理念，采用“一镇两区”的特殊联创模式（黄酒小镇的建设跨越越城区东浦镇和柯桥区湖塘街道），打造具有黄酒特色及地域文化特征的小而美、特而全的特色小镇（闫文秀等，2017）。具体而言，黄酒小镇推行“生产、生活、生态”融合，东浦片区的规划以千年酒乡的“水乡、老街、古宅”为基础，以黄酒文化传承、酒乡旅游生活化为目标，重点发展黄酒文化旅游产业；湖塘片区的规划则依托厚重的产业基础，重点发展黄酒酿造产业，同时利用湖塘片区内鉴湖水源地的优势，打造环鉴湖休闲旅游带。

东浦片区以酒为名，黄酒与创意、艺术、体验等融合，规划出了酒坊、酒庄、酒馆、酒街（酒吧街区）以及黄酒演艺、黄酒创意（黄酒产业创意园区）、黄酒节庆、黄酒展览（黄酒文化国际交流中心）、黄酒养生（健康养生产业园）等类型空间。在这里，酒坛子、酒幡、酒缸、酒盏等黄酒标识性元素随处可见，黄酒旅游业态多种多样（表 6-1）。

多业态融合是黄酒小镇的重要特征。小镇以黄酒创意、黄酒艺术、酿酒工艺、黄酒器具、黄酒美食、酒乡生活等为载体彰显绍兴黄酒文化，并以此为基础发展了一批具文化性、体验性的标志性旅游活动，创新了传统产业的发展模式。黄酒文化、产业、旅游三位一体，呈现了黄酒小镇特色文化价值，让小镇自身具有更新迭代的发展动力和方向（邹志兵，2022）。以“黄酒＋养生”为例，黄酒富含健康因子，适量饮用有益健康，黄酒小镇顺应时代需求，结合现代健康消费理念，创新性利用黄酒的保健功能，将健康养生融入小镇

① 《“镇”兴浙江丨绍兴黄酒小镇：古酒新梦融世界》，浙江新闻网，2021 年 1 月 28 日。

表 6-1　黄酒小镇东浦片区“黄酒＋”旅游业态

类别	业态	类别	业态
黄酒＋创意	以黄酒为主题的原创动漫体验馆；黄酒文创；创意食品	黄酒＋商业服务	酒店；商业零售；国风婚庆产业街
黄酒＋艺术	展示式传统黄酒手工酒坊；艺术光影体验馆；酒具展示、加工；花雕绘制技艺；十里稻花香的稻田艺术	黄酒＋体验	黄酒手工体验作坊；酒庄；黄酒品鉴馆；主题民宿；酒乡生活体验
黄酒＋节庆	绍兴黄酒节；酒仙会市；糯稻开耕节；立冬开酿节；封坛节；酿酒原料博览会	黄酒＋娱乐	黄酒元素、绍兴风情、古越文化为主题的演艺项目；多部电视剧的外景地；酒道表演
黄酒＋教育	黄酒论坛；黄酒小镇展示馆；黄酒酒器展示馆；黄酒博物馆	黄酒＋购物	旅游纪念品商店；各类超市；特色商铺
黄酒＋养生	黄酒文化养生社区	黄酒＋交通	绍兴特色交通工具乌篷船＋酒宴
黄酒＋科研	年轻消费群体、女性消费群体、高端消费群体等特殊群体的黄酒研发与供给	黄酒＋餐饮	黄酒酒馆；黄酒酒吧；咖啡酒饮；黄酒＋西餐等特色餐饮；穿越古今的传统绍兴美食；黄酒衍生食品

来源：自制。

旅游。小镇通过科技研发改善了黄酒风格风味，增加了黄酒健康因子含量，提升了黄酒品质；通过体验性活动传播黄酒养生知识，提高了绍兴黄酒在消费者心中的社会价值和社会地位。黄酒与养生的结合，不断引导中国黄酒产业向健康、创新、智能的方向发展。

湖塘片区，这里汇集古越龙山（鉴湖酿酒）、会稽山、塔牌等多家黄酒知名企业，特色产业已成规模，产业集群发展已见成效。2000 年绍兴黄酒被公布为中国国家地理标志产品，2019 年绍兴黄酒地理标志获欧盟保护。基于此，黄酒小镇在黄酒产业高质量发展的要求下，领衔制定国家绍兴黄酒行业标准，引领绍兴黄酒占领行业高地。此外，通过聚集行业精英、老匠人，成立各类大师工作室以及师徒结对传承，传承传统酿酒工艺；在“原地址、原厂房、原工艺”的原则指导下，建设鉴湖酒坊等黄酒传统文化教育基地、展示基地，开展工业旅游；以产业创新为引领，加大科研与技术创新，打造智能化黄酒生产线，开展黄酒及黄酒衍生品创新，推进黄酒向产品高端化、目标市场年轻化、体验个性化迈进。

东浦、湖塘两大区域，因地制宜、差异化发展的同时，联合联动，实现了“大绍兴、大黄酒、大文化、大旅游”的发展战略目标。

（二）以黄酒文化为核心，讲述中国故事

对于游客而言，黄酒小镇是沉浸式的古镇、生活化的古镇，是一个有故事的古镇。通过故事的讲述，让中国、绍兴、黄酒传播得更远。

讲好酒的故事。东浦镇已有 2 000 多年酿酒的历史。1915 年，绍兴酒在巴拿马太平洋万国博览会上获得金奖；1956 年，绍兴黄酒与贵州茅台、山西汾酒等八种酒被中国轻工业部命名为中国八大名酒；1988 年，古越龙山成为国宴专用酒；1999 年，《绍兴酒》国家标准出台；2000 年，绍兴酒（绍兴黄酒）成为中国第一个原产地域保护产品；2021 年，浙江省通过《绍兴黄酒保护和发展条例》并正式实施，对绍兴黄酒的知识产权保护、制作原料规范等做出了明确规范。

讲好人的故事。一方水土一方人，人如其食。不温不火的绍兴黄酒造就了绍兴人的伶牙俐齿，历史上从绍兴走出了很多善于辩论的师爷（现代意义上的律师）。在清代，便留下了“无绍不成衙”的佳话。绍兴黄酒冬酿春熟的酿制工艺，一粒米经过浸泡到封坛的十大流程后完成从谷物原料到绍兴黄酒的蜕变，这其中集中了绍兴人靠水吃水、顺应时令、感恩自然的智慧。

讲好绍兴城的故事。绍兴黄酒孕育出了厚重的酒礼、酒道、祭祀习俗等，这些既成为绍兴人日常生活中不可或缺的部分，也折射了绍兴人的生活智慧、价值取向和礼仪规范，同时与城市形象相匹配，黄酒成为绍兴城的身份标识。

讲好中国故事。从春秋时期越王勾践到东晋王羲之的《兰亭集序》，从王子猷雪夜访戴安道到李白的诗、陆游的词再到鲁迅的小说《孔乙己》，中国历史、文学史离不开绍兴黄酒。体验绍兴黄酒就是聆听中国故事。

三、旅游市场竞争和旅游知名度

黄酒小镇在“文化、产业、旅游”三位一体建设理念指导下，黄酒文化得到充分挖掘和保护，其多样性价值在旅游中得到彰显，产业集群发展已见规模，这对推动黄酒国际化发展、打造中国黄酒之都、建设世界名酒产区具有积极的作用。但从目前黄酒小镇的发展看，仍面临以下发展困境。

（一）旅游市场竞争

黄酒小镇旅游发展的市场竞争激烈，竞争者类型多样。一是来自特色小镇的竞争。黄酒小镇位于长江下游地区浙江省。浙江省最早提出特色小镇的概念，这里特色小镇众多，如以大数据和智能硬件产业为主导产业的云栖小镇，以青瓷扬名历史的龙泉青瓷小镇。二是来自江南水乡古镇的竞争。长江下游地区是江南水乡古镇的集中区域，这里有最早走向世界的“中国第一水乡”周庄（江苏省），还有来自江苏的同里与角直古镇，来自浙江的乌镇、西塘和南浔古镇。三是来自酒文化旅游目的地的竞争。在长江流域的湖北，有以黄酒为主题的民俗文化村；在中国有众多具有知名度的白酒旅游目的地，如贵州茅台镇、四川泸州、江苏宿迁、安徽亳州；青岛的啤酒文化旅游、宁夏的葡萄酒文化旅游，对黄酒小镇的旅游发展也带来了竞争压力。

（二）旅游知名度

国家统计局数据显示，2021 年中国规模以上酿酒企业销售收入 8 686.73 亿元，黄酒销售收入为 127.17 亿元，仅占整个销售额的 1.5%，黄酒市场没有打开。作为黄酒主要产地的绍兴，亦没有摆脱消费市场的局限性，老年消费者是其主要群体，且面临市场萎缩的压力，国际市场亟待打开。黄酒是绍兴的，更是中国的，也是世界的（茹拥政，2018）。开展品牌营销、拓展国内市场、培育国际市场、提升旅游知名度，是绍兴黄酒产业发展的市场定位，也是黄酒小镇旅游发展的市场定位。没有游客市场，就没有旅游消费。

黄酒、啤酒、葡萄酒是世界三大发酵酒。法国波尔多、德国慕尼黑已经分别成为世界范围内葡萄酒、啤酒的代名词，酒与地方融合，酒成为两地重要的身份标识，成为关键的旅游吸引力。绍兴黄酒与波尔多葡萄酒、慕尼黑啤酒有相同点，三者都拥有厚重的历史传统、文化内涵，但不同的是波尔多葡萄酒、慕尼黑啤酒已成为世界性饮料，波尔多、慕尼黑也已成为世界知名酒文化旅游目的地，而绍兴黄酒却没能较好地突破地域消费限制。黄酒小镇的建设，需要在品牌营销、产品创新、文化传播上下功夫，讲好黄酒故事，提升知名度，让绍兴黄酒成为世界性饮料，让绍兴成为世界黄酒旅游体验基地。

第三节　盱眙国际龙虾节

一、渔业文化节庆

盱眙，是江苏省淮安市下辖县，位于中国第四大淡水湖洪泽湖南岸，是江苏省省会南京一小时都市圈重要的节点城市，有着国家级生态示范区、江苏省园林城市的美誉。盱眙境内西南丘陵、东部平原、西部水网，地貌多样，山、河、湖等自然资源丰富，历史遗迹众多。

好山好水出好虾（张凡，2020），盱眙水面辽阔、生态优越，全县水域面积96万亩，拥有中小型水库126座，是江苏省唯一拥有百个水库的县域，优越的自然环境为龙虾的生长创造了条件。盱眙龙虾质地优良，具有“三白两多”（腹白、腮白、肉白，黄多、肉多）的独有特色。2022年，盱眙小龙虾的养殖面积达83.5万亩，全县有20多万人从事与小龙虾相关的产业，从业人员数量占全县人口的近1/4，乡村居民人均纯收入中约1/4来自小龙虾，整个小龙虾产业的规模约是全县GDP总量的1/4。[①] 足以可见盱眙县的小龙虾产业规模庞大，对当地经济发展和就业有着显著的推动作用。当前，盱眙的龙虾产业链覆盖了第一、第二、第三产业，成为盱眙县的支柱产业。盱眙龙虾产业的蓬勃发展，离不开龙虾节的推介宣传和品牌效应。也正是通过龙虾节，不但让更多的人认识了盱眙，也塑造了盱眙“中国龙虾之都”的形象。

2000年，随着小龙虾在餐饮市场受到欢迎，江苏省盱眙县乘势举办了“中国龙年盱眙龙虾节”，此时龙虾节命名还是地域性命名——盱眙龙虾节。2001年盱眙县委县政府把地域性的龙虾节办成了“中国龙虾节”（第一届中国龙虾节），至此，正式拉开了中国龙虾节的序幕。此后中国龙虾节采用多地联办的方式，龙虾节开始走进南京、北京、上海、深圳、宁波、香港、澳门等

① 《观察深1°丨盱眙龙虾产业“二次创业”加速跑》，澎湃网，2022年8月31日。

地。2008 年，中国龙虾节升级为“中国 · 盱眙国际龙虾节”，此时的龙虾节开始走出国门、多国联办，走进了澳大利亚、瑞典、新西兰等国家。截止到 2023 年年底，盱眙的龙虾节已连续成功举办 24 届，龙虾节已经从一个普通的县域性节庆一跃成为国际化节庆，成为中国节庆史上的一个典型存在，极大地提高了盱眙的国际国内知名度。盱眙县采用“政府主导、企业主办、市场运作”的模式，精心打磨每一届龙虾节。龙虾节一般从 5 月中旬的龙虾开捕仪式开始，8 下旬闭幕，节庆期间的活动亮点多，深受消费市场欢迎。该节庆先后荣获了国际节庆协会授予的“中国最具发展潜力十大节庆”、国际节庆协会与亚太会展节事联盟宣布的世界年度节庆品牌第三（2010 年）、中国节庆产业年会评出的“中国十大饮食类节庆”第一名、中国品牌节年会评出的“中国十大品牌节庆”等数十项荣誉，并位居“改革开放 30 年影响中国节庆产业进程 30 节”第四名。此外，2017 年，中国 · 盱眙国际龙虾节被农业部评定为国家级示范性渔业文化节庆。

二、品牌价值和旅游目的地形象

（一）树立品牌意识，注重品牌打造

盱眙龙虾的品牌价值逐年递增，持续增强（图 6-3）。2022 年，盱眙龙虾品牌价值首次超 300 亿元，2023 年实现品牌价值 353.12 亿元，连续多年位居全国地理标志产品区域品牌水产类第一名，彰显了盱眙龙虾作为地理标志产品在市场中的知名度和影响力，同时也反映了盱眙县在品牌建设力、产业带动力和市场拓展力方面的努力和成就。

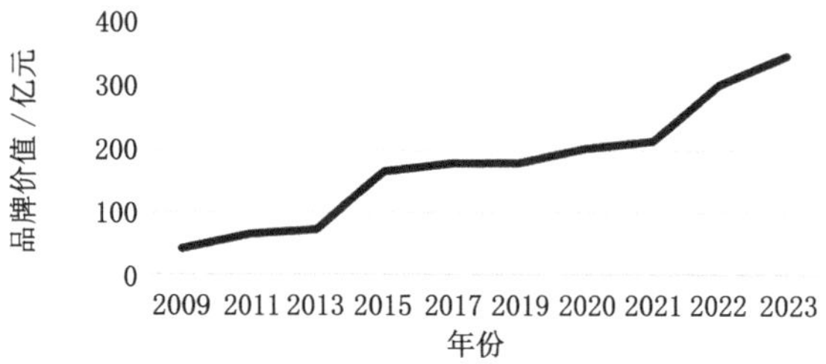

图 6-3　2009—2023 年盱眙龙虾品牌价值

（数据来源：盱眙县人民政府、淮安市人民政府、江苏省人民政府官方网站）

盱眙龙虾品牌价值的提升得益于龙虾节的品牌推广，龙虾节既是盱眙龙虾产业发展的重要战略平台，也是盱眙龙虾营销的重要招牌。龙虾节带火了盱眙龙虾全产业链，品牌影响力巨大（高万鹏，2023）。《中国小龙虾产业发展报告（2022）》显示，新浪微博“盱眙龙虾节”“潜江龙虾节”等话题浏览次数超过 5 000 万。即便在新冠疫情下，2022 年中国·盱眙国际龙虾节创新开启，以“百城千店·火红龙虾宴”、龙虾节“十城联动”的方式在线上线下同时开展活动，取得了非凡的市场效应。2023 年龙虾节上的万人龙虾宴更是火热，3 万食客齐聚全国最大的山地广场——江苏盱眙龙虾节广场赴宴。盱眙龙虾节之所以能成为地方品牌，吸引、带来巨大的品牌效应，得益于以下几点：

1. 借势品质龙虾，塑造精品

品质优良的龙虾是龙虾节成功的物质基础（何伟，2006）。2003 年，盱眙龙虾获农业部绿色食品认证，2006 年成为农业部向社会推介的 96 个中国名牌农产品之一，同时盱眙龙虾在 2004 年被国家工商总局正式批准为中国第一例动物类原产地证明商标，还入选《中欧地理标志协定》产品名录，是中国地理标志产品、中国驰名商标、江苏省质量诚信产品。

盱眙对龙虾质量管控、品牌打造的重视由来已久。品质优良的龙虾离不开龙虾养殖环境的生态化、养殖技术的标准性、规范化。盱眙是中国第一批生态示范区，是中国特色农产品优势区、国家地理标志产品保护示范区。2006 年，盱眙龙虾养殖、加工、服务通过 ISO 9001 国际质量管理体系认证。2006 年，盱眙龙虾地方标准公布，明确规定了盱眙龙虾的选料、加工、操作流程、包装、保存、运输等标准（何雪融等，2011）。2023 年，《盱眙龙虾全产业链标准体系》公布。与此同时，盱眙坚持科技赋能，进行科技研发，创新了“虾稻共生”“莲虾共生”等绿色综合种养模式，创成了国家稻渔综合种养示范区。以上多举措并施，有力提升了盱眙龙虾的品质。

2. 联合办节，提升市场知名度

多主体参与，联合办节（张承东，2011）。龙虾节得到了地方民众的支持（何伟，2007）以及社会各界的广泛参与，通常每年三四月份举行“我为龙虾节献一策”有奖征集，为节庆的成功举办提供了市场保障。盱眙县政府还与多家强势媒体联合，开展强势营销，提升了节庆的市场知晓度；与省级部门联合,提高办节的能力;与澳大利亚、新西兰、瑞典等国外地方政府联合,开拓了国际市场。盱眙县采用“政府引导、企业主办、市场运作、互利多赢”的办节模式,与社会投资企业联合,巩固了节庆活动的资金基础和市场活力;与有着“最具影响力中国节庆品牌金手指奖”美誉的爱涛文化集团等专业公司联合,运作龙虾节。

多地参与,联合办节。“四国联动”(中国、澳大利亚、瑞典、新西兰)、“多地联办”(盱眙、南京、北京、上海、深圳、宁波、香港、澳门),让盱眙龙虾走出了县城,走进了省城,走进了首都,走出了国门,成功地搭建起来自国内外的招商引资平台。

3. 精心策划,不断创新

每一届盱眙龙虾节都精心策划,在主题提炼、活动设置、场所选择、节庆营销、细节管理等方面精心打磨,创新创优。

每一届龙虾节的主题有别,例如 2017 年的“聚力聚焦创新富民”、2020 年的“二〇二〇再出发”、2022 年的“同心筑梦向未来”。活动设置上,鉴于龙虾节持续时间较长,节庆期间的子活动非常丰富,内容不断创新(柳邦坤,2015)。例如,开捕仪式上的百条捕捞船竞渡、头网龙虾竞标,吸引力强;规模浩大的经典项目“万人龙虾宴”,其热闹程度不逊世界杯,各方游客尽情狂欢;闭幕式上的大型文艺晚会,唱火了具有盱眙特色的原创歌曲,也传播了盱眙的旅游形象。龙虾节在办节场所选择上大胆创新,借知名场所扩大节庆名气,并创造了多项世界之最。2009 年龙虾节在著名的悉尼歌剧院举办了专场演出,在颇负盛名的钓鱼台国宾馆推介盱眙龙虾节,还将龙虾节节旗插上世界最高的珠穆朗玛峰。2020 年,疫情期间的龙虾节,开启了直播,直播室来到了龙虾节活动现场。据统计,这一届龙虾节线上观看量、浏览量突破 2.2 亿,在全国同类型节庆中排名第一(吕永刚,2021)。2022 年,龙虾节闭幕式采取连线的方式创新举行,北京广播电视台的文艺演出与盱眙会场 400 架无人机、烟花表演同时开启,给人们留下了深刻印象。每年的龙虾节,都注重全面营销。龙虾节期间举办的新闻发布会(江宏飞等,2020)、龙虾产业发展专业论坛、名人演讲,发布的中国小龙虾产业发展报告、产学研新成果等,推动了龙虾节成为中国龙虾行业发展的风向标,成功吸引了主流媒体、新闻媒体的关注。同时,盱眙龙虾与青岛啤酒强强联合、品牌共建(施冠玉等,2021);借势营销,盱眙龙虾节主动与北京奥运会、上海世博会等具有世界重大历史意义的事件合作,扩大了节庆的影响力。同时,盱眙龙虾节也走进了影视作品、线上营销平台。

（二）开展品牌推广,强化目的地形象

盱眙龙虾节已经成为盱眙地方发展的重要战略平台,龙虾成为盱眙的代名词。龙虾节塑造了盱眙“中国龙虾之都”“中国生态龙虾第一县”的形象,也推动盱眙成为“中国旅游强县”。

历届盱眙龙虾节的重要内容是打造节庆品牌、旅游品牌、龙虾产业品牌、地方优质农产品品牌和地方服务品牌(张承东,2011)。盱眙龙虾节突出强调对盱眙景区景点的关联性传播,用龙虾节串联起盱眙丰富的山、水、文化元素,乡村饮食旅游与历史文化旅游、山水休闲旅游、渔业民俗旅游、工业旅游等深度融合。“品盱眙龙虾,赏盱眙山水”成为盱眙对外的重要旅游宣传口号,带动了盱眙境内有着“东方庞贝城”美誉的水下泗州古城、明代第一陵明祖陵、第一山国家森林公园等景点知名度的提升。盱眙龙虾节还强调龙虾产业的科技创新、龙虾的品质健康,用科技创新、用健康食品推广盱眙旅游形象。坚持科技创新的盱眙龙虾产业,开创了发展新格局,建成了以虾稻共生为特色的国家现代农业产业园,打造了以虾稻共育体验为主的霍山村田园综合体,新建了盱眙地标性建筑龙虾博物馆,培育了以龙虾为核心吸引物的工业旅游区,研发了龙虾美食、龙虾香米、龙虾调料、龙虾文创四大系列产品,全面推动龙虾产业与旅游的融合及高质量发展。此外,盱眙龙虾节看重对虾农、餐饮服务等龙虾产业链工作人员的宣传,全方位展示原生态的盱眙渔业生产生活、标准化的餐饮服务等,进一步强化了市场对盱眙这一原生态、高品质龙虾旅游县的形象认知。

三、旅游季节性和社区参与

盱眙充分利用品质龙虾资源优势,采用“政府主导、企业主办、市场运作”模式,坚持科技创新、项目创意,成功地让盱眙龙虾节从县域节庆活动成长为中国品牌节庆、国际知名节庆,极大地提升了盱眙对外的旅游形象,带动了盱眙龙虾产业的发展,带动了盱眙龙虾品牌价值的提升。但不可忽略的是,龙虾节的可持续需要面对季节性和社区参与两个挑战。

龙虾是季节性水产品，一般5月份上市，6—8月份肥美，9月份入秋之后逐渐落市。孙文昌(1992)指出，旅游资源的季节性由资源所在地的纬度、地势和气候等因素决定。龙虾作为龙虾节的主体食材，其季节性特征势必带来“龙虾＋旅游”的季节性问题。马勇(1998)认为，旅游的季节性变动是指游客外出旅游时间的选择和旅游接待地企业经营业务上所体现的明显淡旺季差异性。盱眙龙虾节期间，游客量显著增加。2021年五一假期期间，全县龙虾店消耗龙虾200吨，较4月份增长180%，景区景点游客接待量比2019年同期增长34.63%。① 但随着节庆的闭幕、龙虾的落市，全县宾馆、民宿入住率明显降低。如何持续地将游客“请进来”是需要面对的现实问题。需要树立全域旅游意识，全时空、全过程、全方位推进乡村旅游发展，延长龙虾旅游产业链，延长龙虾的旅游周期；也应以盱眙龙虾为牵引，带动水库其他水产品、乡村其他农产品品牌的旅游活化，进一步完善乡村旅游产品体系，推动乡村四季皆可游。

社区参与方面，目前盱眙龙虾节采用的是“政府主导、企业主办、市场运作”模式进行运作，政府起主导作用，节庆由企业来主办，利用市场化运作方式向市场推广。盱眙龙虾节满足了游客的味蕾，提升了盱眙的旅游知名度和影响力，但乡村居民在盱眙龙虾节中的参与性有待提升。盱眙的龙虾源自乡村居民自有的渔业生产生活方式和文化传统，乡村居民在节庆中不应只是开捕仪式的表演者、餐饮服务的服务者，作为节庆活动的主体之一，要充分参与其中，享有旅游节庆活动带来的经济、文化和社会效益，实现与游客的跨文化交流，强化地方认同。

综合以上案例可见，陕西省袁家村在共同富裕理念的指导下，通过以村民为本构建共建共享的利益均衡共同体，通过多元参与建立利益共享共同体，通过内外兼顾建立文化共情共同体，协调了当地居民、旅游企业、游客、地方政府等各旅游利益相关者的利益诉求。同时，还因推行严格的食品安全管理、三产带二产促一产的产业联动发展、创新旅游产品的开发、严守食品的原真性，塑造了袁家村人无我有的品牌形象，最终走出了一条特色的乡

① 《6年蝉联区域水产类第一　“盱眙龙虾”品牌价值215亿元》，《新华日报》2021年5月11日。

村振兴之路。浙江省黄酒特色小镇，在充分挖掘饮食资源的文化价值的基础上，依托地方政府的政策及旅游规划，以产业联动为理念、以传统文化传播与传承为使命、以科技创新为引领、以坚持原产地为初心，走出了一条中华优秀传统文化传承的道路。江苏省盱眙县，充分利用农产品优势，成功打造了“中国·盱眙国际龙虾节”。在坚守龙虾品质、充分发挥政府职能、不断创新发展理念之下，塑造了“中国龙虾之都”的品牌形象，带来了可观的品牌价值，走出了一条以农产品带动地方经济、社会、文化可持续发展的道路。当然，成功的背后还面临挑战，例如信息化的时代环境、农产品的时令性、旅游市场的激烈竞争等。

第七章　中国乡村饮食旅游创新发展路径

经过多年发展，中国乡村饮食旅游从无到有，已经成为乡村地区经济增长的重要引擎，在社会、文化、环境方面发挥了积极效应，成为乡村振兴和可持续发展的重要力量(表7-1)。

表7-1　中国乡村饮食旅游与乡村可持续发展

可持续发展目标	主要表现
经济	★旅游＋农产品：为农产品和地方饮食创造多元市场，提升农产品、地方饮食附加值 ★旅游＋收入：增加村民旅游经济收入，减少贫困 ★旅游＋就业：为乡村青年和女性创造就业机会，提升妇女地位 ★旅游＋农业：利用绿色、有机、康养食品，发展有机农业，推进农产品优势区建设 ★旅游＋产业：三产带二产促一产，全面助力地方经济发展
社会	★旅游＋目的地形象：塑造地方品牌形象，增强地方知名度 ★旅游＋地方认同：一方水土一方饮食，以食为媒，传递地方风情，强化地方认同，增进地方依恋 ★旅游＋社区：赋予社区权力，特别是妇女 ★旅游＋安全：安全、卫生、高品质、原真的饮食降低了旅游风险
文化	★旅游＋文化传承：提升饮食文化保护的自觉意识，传承中国饮食中蕴藏的优秀传统文化 ★旅游＋文化传播：以旅游窗口，促进游客与村民之间、地区与地区之间、国家与国家之间的文化交流 ★旅游＋文化自信：增进本地文化的了解，增进文化认同，坚定文化自信

表 7-1(续)

可持续发展目标	主要表现
环境	★旅游+基础设施:推动基础设施完善 ★旅游+生物多样性:保护乡村动植物 ★旅游+自然资源:保护自然资源,推进生态文明建设,推进生态原产地保护

来源:归纳第一至六章内容后自制。

但整体而言,中国乡村饮食旅游的发展存在区域发展不均衡、多部门融合管理机制不健全、旅游产品创新不足、新业态产品体系尚不健全等问题,也面临利益相关者存在利益冲突、具有较大影响力的品牌相对缺乏、信息时代数字化亟待实现、旅游市场竞争激烈等障碍和挑战。对此,中国乡村饮食旅游的发展,应以旅游系统理论、利益相关者理论、可持续发展理论为指导,依托中国乡村旅游资源条件、游客需求和旅游市场环境,以旅游村、特色小镇、旅游节庆三大模式为立足点,以典型案例的成功经验为指导,在消费升级等动态环境中,积极寻求可持续发展的方案。

第一节　中国乡村饮食旅游发展总体要求

国务院发布的《"十四五"旅游业发展规划》(以下简称《规划》)是"十四五"期间旅游业发展的指导性文件,旨在推动旅游业高质量发展,加快旅游强国建设。《规划》明确提出了着力推动文化和旅游深度融合、着力完善现代旅游业体系的总体要求,坚持以文塑旅、以旅彰文,坚持系统观念、筑牢防线,坚持旅游为民、旅游带动,坚持创新驱动、优质发展,生态优先、科学利用等基本原则。

一、坚持以文塑旅、以旅彰文

以习近平文化思想为指引,以培育和践行社会主义核心价值观为着力点,挖掘乡村饮食旅游资源中的习俗、传统、思想和哲学,将饮食文化中蕴含的理念价值与精神追求融入旅游生活中,升华乡村饮食旅游的意义;以赓续中华文脉、推动中华优秀传统文化创造性转化和创新性发展以及推动文化事业和文化产业繁荣发展为着力点，让中国饮食文化活起来，推进文化与旅游深度融合；以加强国际传播能力建设、促进文明交流互鉴为着力点，借助舌尖上的旅行讲好中国故事、传播美好中国，以茶为媒塑造中国形象、促进国际文明交流互鉴。

二、坚持系统观念

需求、供给、中介、支持和社区参与五大子系统是乡村饮食旅游发展的基本动力，也是乡村饮食旅游可持续发展的根本保障。乡村饮食旅游可持续发展目标的实现，应秉持系统管理观，保证社区参与、丰富饮食旅游产品供给（供给子系统），还应拓展国内外旅游市场（需求子系统）、保障资金投入（中介子系统）、完善基础设施建设（支持子系统）。

三、坚持旅游为民

共建共享、利益均衡的共同体意识推动了袁家村的振兴，共建共享、利益均衡的实质是协调乡村饮食旅游利益相关者利益。中国乡村饮食旅游的核心利益主体主要包括地方政府、社区居民、旅游企业和游客。坚持旅游为民，应突出乡村饮食旅游发展对游客和社区的要义，既要满足游客不断升级的消费需求、保障游客权益，也要为当地村民带来经济收益和改善生活。

四、坚持创新驱动

当代美食旅游更多是资本、技术、创意推广等商业创新的结果①。游客对于旅途中的饮食要求已不局限于生理需要的果腹之需，而是追求吃得好（地方特色、多样全面）、吃得美（美食）、吃得妙（康养、乡愁、个性、国潮）。在资本、技术和文化创意的推动下，从产品开发、文化创意、产业融合、营销推广等角度，加大创新力度，满足追求美好生活的游客的需求。

五、坚持生态优先

尊重自然、顺应自然、保护自然，是对中国饮食文化蕴含的天人合一宇

① 《美食新动能，旅游高品质——中国美食旅游发展报告》，红网，2023 年 9 月 16 日。

宙观的根本遵循。乡村饮食旅游的可持续发展，坚持生态优先原则至关重要。坚持绿色发展理念，合理利用乡村自然景观、保护自然环境、进行乡村饮食旅游资源的科学分析和规划、提升主体客体介体的环保意识、加强可持续发展方面的教育与培训、建立乡村有效的生态监管机制等，确保乡村饮食旅游的发展既符合生态保护的要求，又能够带动地方经济的增长，实现社会、经济、文化和环境的协调发展。

第二节　共建共享，利益均衡化发展

中国乡村饮食旅游的核心利益主体主要包括地方政府、社区居民、旅游企业和游客，其在旅游发展中的参与程度及利益诉求各不相同，相互之间也存在现实的利益冲突。因此，需要尊重和实现旅游利益相关者的利益诉求，处理好核心利益相关者间的利益冲突，建立利益协调机制，合理有效地协调利益相关者之间的关系，确保中国乡村饮食旅游的可持续发展以及乡村社会的和谐。

一、利益相关者利益协调的原则

在利益兼顾原则、责任明确原则、动态调整原则遵循下，尊重每一方旅游利益相关者的利益诉求，确保利益主体的责任分明清晰。

（一）利益兼顾原则

利益兼顾，既包括兼顾到每一方利益相关者，尊重每一方旅游利益相关者的利益诉求，也包括兼顾眼前利益和长远利益。乡村饮食旅游的发展中，每一方旅游利益相关者之间的关系是一种既竞争又合作的关系。每一方旅游利益相关者获取自身利益时，不得损害他方利益的获取，不能牺牲其他方的利益。旅游利益相关者在获取利益时，各方具有基本的平等地位，并且是在公平、公正、公开的前提下开展合作。同时，每一方旅游利益相关者获取当前利益时，要以科学发展观为指导，处理好眼前利益和长远利益的关系，不得损害长远利益的获取。眼前利益和长远利益是辩证统一的，处理好当前利益与长远利益的关系，既要遵循经济规律，又要遵循自然规律；既要考虑经济效益，也不能忽视文化冲突；既要讲究经济效益，也要考虑社会效益、生态效益,要着眼未来,坚决防止牺牲生态环境的短期旅游开发行为。

(二)责任明确原则

每一方利益相关者都有获得利益的权利,但权利与责任相应。乡村饮食旅游核心利益相关者虽然都希望在旅游发展中获益,但因为饮食资源的地方性与有限性、国家法律法规的制约等,各自的利益诉求是一种合作与竞争关系并存下的利益诉求。因此,明确各方责任是建立利益协调机制、协调利益冲突的前提。各利益主体既对彼此负有责任,对环境也负有责任。地方政府指引乡村饮食旅游的发展方向,负责宏观调控、社会服务和公共管理,确保饮食安全、规范旅游市场秩序、保证社区居民利益、保护饮食环境。旅游企业对游客、社区居民、地方政府负有经济责任、法律责任、伦理责任和环境责任。社区居民有责任保护传承地方饮食文化、保护环境,有责任提升能力素养、加强道德自律。游客应是文明旅游行为的践行者。每一方旅游利益相关者都需要遵守各项法律法规,履行相关义务。

(三)动态调整原则

游客的需求与规模在变,乡村饮食旅游供给在变,旅游企业的投入与产出在变,村民的旅游意识在变,可以说,乡村饮食旅游系统处于动态变化中,乡村饮食旅游的发展处在动态变化中,每一方旅游利益相关者的利益诉求也在不断变化,因此乡村饮食旅游利益相关者的利益协调必须采用动态发展观。乡村饮食旅游利益相关者的利益协调不是静态的制度安排和协调机制,而是一个实际运行和监督引导的动态过程,必须根据利益相关者的实际状态和具体情况来协调利益关系,以达到最佳的和谐状态。

二、利益相关者的利益协调举措

在利益兼顾、责任明确、动态调整原则指导下,建立高效的利益统筹协调机制,协调每一方旅游利益相关者利益冲突。

(一)建立利益表达机制

沟通是解决问题、协调冲突的有效途径,应建立健全利益表达机制,建立信息分享与反馈渠道。

利益表达,就是提出自身诉求,维护自身权益。利益表达机制的构建主要是为弱势利益主体创建一个公平、公开、公正的诉求平台（李乐京，2013）。乡村饮食旅游发展中，乡村社区居民往往是弱势群体。村民由于文化水平普遍较低、经济能力弱小、自我维护能力差等原因，他们对自己的利益表达缺乏自觉性、主动性，其正当的利益诉求往往被边缘化。地方政府、旅游企业则往往是旅游发展中的强势主体，地方政府在项目规划、土地使用等方面拥有话语权，旅游企业在盘活乡村饮食资源、对接旅游市场、经营管理等方面拥有话语权。因此，首先，要多途径提升村民的综合素养，发挥乡村精英、文化能人的示范带头作用，增强村民利益表达的能力；其次，要成立村民自己的权利组织，建立有话语权的利益表达主体；再次，要多维度搭建村民利益表达的渠道，通过社区居民大会、旅游企业股东大会、听证会、各方定期协商会谈等形式，也可通过线上互动交流平台，让村民了解饮食旅游运行机制，帮助村民合理合规合法地表达利益诉求；最后，还可依托专家学者、餐饮协会、农产品协会等第三方，发挥其桥梁与纽带作用，实现在各利益主体之间的信息沟通。

信息的共享与及时反馈，是确保利益主体无障碍沟通的保证。旅游企业必须对其饮食旅游产品进行真实、可信、清晰的描述，必须和其他利益相关者进行对话，有问题及时反馈、及时回复、及时处理。地方政府通过官方网站、微博、新闻发布会、听证会等方式，确保饮食旅游发展各环节信息的透明公开，确保与其他利益相关者信息沟通与反馈的方便快捷。信息沟通与反馈过程中，应紧扣时代背景，充分利用大数据平台，采集利益主体反馈的信息及需求，并借助数据引擎实现数字化反馈，提高处理效率。

（二）建立利益获取机制

加强旅游增权，提升社区参与度。增权也叫赋权，增权理论的重点是如何提高弱势群体的权利和社会参与（张海燕，2013）。旅游目的地要实现旅游的可持续发展，必须依靠社区旅游增权，并且把社区旅游增权的理念渗透到旅游系统的各个环节（Sofield，2003）。社区增权的实质是增强当地社区在旅游开发方面的控制能力和利益分享能力（左冰等，2008）。社区增权是提升社区参与旅游开发实践有效性的重要途径，有助于促进居民福利感知（王朝举，2021）。中国乡村饮食旅游的发展，需要社区增权，特别是妇女、青年和弱势群体的增权，切实帮助他们从饮食旅游中获益。首先，加强心理增权，逐步培养村民发展饮食旅游的主体意识，提升村民对当地饮食旅游资源发展的支持力度和参与能力；其次，加强对社区的政治增权和社会增权，积极创造条件提升社区居民的话语权；最后，加强经济增权和文化增权，为社区居民创造更多的就业机会、经营机会、福利分红、文化交流机会，让村民真正从饮食旅游中得到实惠。

培养企业参与意识，提升企业社会责任。乡村饮食旅游发展中，旅游企业具有将饮食资源优势转化为经济优势的能力。旅游企业，特别是外来企业，不应让旅游目的地成为“飞地”，而应树立参与意识，成为目的地的一员，以诚信经营为身份标识，以社会责任为己任，避免对当地文化的负面影响。

培养游客的参与意识，提升游客地方认同。饮食具有显著的地方认同、身份认同功能。盱眙龙虾节中社会各界广泛参与的现实，提升了该节庆的口碑效应，强化了游客对盱眙龙虾县的形象感知，很多人认识盱眙就是从龙虾开始的。旅游参与和旅游体验对游客满意度和目的地形象感知具有显著的正向影响（李东等，2021）。

（三）建立利益共享机制

利益共享机制的建立是乡村饮食旅游可持续发展的关键。在权利、责任明晰的原则下，建立权利、责任对等的分配方式，不断改进利益补偿机制。

利益分配上，建立公平合理的分配方式。首先，依据土地经营权合理分配。乡村饮食旅游的发展涉及村民土地流转问题，可在社区居民同意的前提下，通过合同制、合作制，将土地作为股份，使社区居民获得旅游发展的红利（鲁明勇，2011）。其次，根据食材、房屋、户籍、饮食制作技艺等资源占有情况，结合地方饮食旅游发展实际，确定分配比例。最后，值得注意的是，乡村饮食旅游发展的不同阶段，往往社区居民参与旅游的程度不同。通常情况下，旅游发展初期，少数村民在利润与风险并存的情况下参与旅游，并逐步实现先富起来。随着饮食旅游的发展，地方政府需要通过利益再分配和激励机制，以少数带动多数，实现共同富裕。

利益补偿是指通过向权利受损的利益主体提供适当的补偿以弥补其权利损失，进而使各利益主体能以一种相对平和的心态展开合作，最终实现“合作共赢”（王兆峰等，2012）。袁家村村委会设立了补贴基金，补贴“非火爆产品”的经营者，其目的是通过补贴的方式确保家家受益，缩小收入差距。

因此，补偿强调的是公平。建立补偿基金，以现金的形式补偿是一种常见的方式。利益补偿的方式还可以是实物补偿、技术补偿等形式。社区居民在饮食旅游发展中利益受损，地方政府和旅游企业可通过现金或能力培训的方式进行补偿，也可根据实际情况采取合理的方式加以补偿。游客在旅游中利益受损，如遇到饮食安全问题、饮食价格虚高问题，需要旅游企业、地方政府等相关责任人对其进行合理的补偿。

（四）建立利益保障机制

利益表达机制、利益获取机制、利益共享机制的有序运行需要在公开公平的制度框架下，建立有效的监管机制，确保各利益主体的利益得到保障。具体而言，利益保障机制的建立，需要法律法规与制度的约束，需要借助第三方的力量。法律法规方面，要加强和完善饮食旅游立法，明确每一方旅游利益相关者的权利责任关系，提高对利益相关者合法权利的保障力度；要规范旅游企业经营，落实旅游企业服务质量保证金制度；要规范饮食安全管理，落实食品安全责任追溯制度，旅游企业或地方政府等相关责任人是食品安全第一责任人；要规范饮食旅游资源经营权的有偿转让制度，建立和完善饮食资源产权管理制度，保障村民的合法权利；要建立游客权益保障制度，保护游客消费权益，同时建立健全游客旅游教育制度，倡导负责任的旅游，教育引导游客保护乡村环境。第三方的力量是指不直接从社区乡村旅游的发展中获得经济利益的组织或者个人，包括非政府组织、专家学者、科研院所、环境保护主义者等（刘涛等，2010）。食品行业协会、餐饮协会等非政府组织，与地方饮食、饮食科学、旅游、农产品等相关的科研院所、专家学者，由于不涉及经济利益的分配，他们能更加客观公正地看待各利益相关者之间的冲突以及旅游发展中面临的困境和挑战，能有效地发挥协调各方利益、规范行业行为的作用。

第三节　科技赋能，数字化发展

面对游客不断变化的旅游需求、信息化的时代背景和不断发展的科学技术，科技赋能，推动中国乡村饮食旅游的数字化发展，这是顺应时代发展的必须。

一、科技打造乡村饮食旅游吸引点

科技与文旅融合，通过全息、AI、数字人等技术在乡村饮食旅游中的应用，为游客提供独特的互动体验，为目的地带来更大的消费、引流。

（一）穿透式饮食旅游

穿透式饮食旅游是一个相对较新的概念，它结合了穿透式旅游的技术手段和饮食文化的深度体验。这种旅游形式让游客品尝到地道美食的同时，通过技术手段深入了解食物的来源、加工过程以及与之相关的文化和历史背景。

（1）创建虚拟导游，开展文化教育。为游客提供个性化的讲解服务，通过对食材、食物等的扫描或拍照，游客能够随时、随地、随机地了解食材开发利用与加工制作过程，了解饮食的传统、习俗、思想及哲学等非物质文化内涵，了解饮食背后的历史故事、民间传说等。

（2）创建虚拟角色，开展互动体验。通过与虚拟角色的互动，让饮食技艺活起来，比如通过语音识别和自然语言处理技术与虚拟角色对话，更好地参与到食物的准备和烹饪过程中。

（3）创建虚拟饮食空间，实现历史穿越。穿越历史，贯通古今。利用增强现实技术或虚拟现实技术，游客可以穿越到不同的历史时期，了解不同时期的饮食文化。例如，茶文化旅游开发，依据茶的历史，从神农尝百草开始，经历很久以前野生茶树的最初状态及其早期茶为食用、茶为药用的阶段；至两晋到宋之间，通过两晋南北朝文人雅士的文化与社交活动，通过茶圣陆羽及其《茶经》、茶为煮饮，通过宋代上至帝王下至市井百姓的点茶、斗茶，学习中国茶的历史发展与文化形成；再到明清至近现代，通过散茶瀹泡、红茶乌龙茶的海外贸易，通过杭州、重庆、北京、扬州等地的茶馆文化，通过国际茶日的确立、中国传统制茶技艺及其相关习俗成为人类非物质文化遗产代表作名录，见证中国茶文化的发展与传播，增强文化自信。

（二）智能化饮食体验

乡村饮食旅游体验内容贯穿饮食生产生活全过程。对此，从食材种养殖、开发利用角度，发展智能农业，利用物联网技术监控农作物生长，提供新鲜、有机的食材，增加饮食的透明度和安全性；利用无人机和直播技术，直播农田工作和食材采集过程，增加游客对食品来源的信任；利用区块链技术，为当地特色的食材提供认证，确保其真实性和质量。从饮食生活消费角度，开设数字化展览，通过多媒体展示乡村文化和饮食传统，让游客更深入了解当地的饮食传统、思想和习俗。从饮食的社会交往、文化传播、礼仪教化等功能角度，开启文创数字藏品，如 3D 打印，用于制作饮食类非物质文化代表性项目的模型。

（三）科技支持农业

食材的研发需要科技支撑，科技在农业领域的应用能极大地推动食材的研发和创新。通过应用现代农业技术，如智能温室、精准灌溉、生物技术和基因编辑等，可以提高作物的产量和品质，同时培育出更具营养价值和适应性的新品种。盱眙龙虾品质的提升，离不开江苏省淡水水产研究所的技术支持。先进的生物育种技术是支撑和推动乡村饮食旅游创新的基础，是全速推进品牌创新的关键；利用生物技术也能改良作物，以增强其对病虫害的抵抗力，减少农药的使用，从而提供更安全、更环保的农产品，增强消费者对乡村饮食旅游的信任度。

科技还可推进农业的精准化和智能化管理。通过大数据分析、物联网技术和遥感技术，农业生产者能够更准确地掌握作物生长状况和土壤条件，实现精准施肥和灌溉，提高资源利用效率，最终提升食材的质量和产量、减少对环境的影响，促进农业的可持续发展。

二、智慧旅游服务开启乡村饮食旅游服务新模式

智慧旅游服务是指运用现代信息技术，提升旅游服务的智能化、个性化和便捷化水平，以满足游客多元化需求的一种新型旅游服务模式。最大限度地利用现代信息技术作为乡村饮食旅游创新发展的驱动力，将有助于乡村饮食旅游的未来发展。

（一）智慧旅游服务＋旅游目的地建设

旅游目的地层面，将智慧旅游服务融入乡村饮食旅游中，打造一批智慧旅游目的地，培育一批智慧旅游重点项目，开展个性化、信息化、精准化的旅游目的地营销，加强旅游“云、网、端”基础设施建设，实现旅游地 5G 网络覆盖水平，实现利益主体之间交流沟通、饮食旅游安全监管、饮食旅游市场情

报收集与市场秩序的管理、饮食旅游市场营销、旅游综合管理服务、旅游调度指挥的信息化与智慧化。

（二）智慧旅游服务平台打造

智慧旅游服务平台有助于目的地进行“互联网＋乡村饮食旅游”扩张，整合乡村饮食旅游资源，从而为游客提供一站式的信息化服务，且信息化服务内容贯穿游客出游前、出游中、出游后全过程。

1. 出游前的信息化服务

提供与目的地旅游相关的各类信息，包括目的地介绍、旅游项目介绍或直播、旅游线路规划、旅游攻略推荐、地方美食推荐、交通信息、门票预定、民宿预定、目的地实时导航等。提供个性化推荐，根据用户的兴趣和行为数据，输出个性化的旅游路线和活动推荐。乡村饮食旅游的个性化路线和活动推荐通常围绕当地的美食文化、特色餐馆、节庆活动以及与美食相关的体验活动来设计。

2. 出游中的信息化服务

以地图的形式，搭载智能导览系统，将旅游目的地产业布局完整呈现在一张地图中，构建一个图、文、声、形并茂的智能导览系统。

(1) 提供实时信息。导航实时定位，不论游客身处何地，借助智慧交通服务，游客能随时随地获取自己的所在地，也能借助智慧交通指引快速到达目的地，不需寻人问路。提供在线客服与咨询，解答游客疑问，处理预订和售后问题，提升服务响应速度和质量。信息实时更新，通过各种传感器和监测设备，实时更新旅游信息，包括天气、客流量、交通拥堵状况等信息，帮助游客做出更好的旅游决策。

(2) 开展智能导览服务。运用增强现实(AR)、虚拟现实(VR)等技术，提供虚拟导览和互动体验，增强游客的沉浸感。注重智能导览和智能大屏的结合，从五感角度彰显乡村饮食文化底蕴，实现乡村慢食旅游与智慧互动体验的完美结合。注重食材溯源讲解，通过智能设备或应用程序，让游客了解其生长、收获、加工的全过程，增加对食物的了解和尊重。

(3) 智慧餐饮，提升旅游体验。通过乡村饮食生产生活消费空间的打造，通过以饮食为基础的习俗、传统、思想和哲学等非物质文化资源的利用，实现饮食旅游目的地差异化发展，同时利用平台改变农家乐、传统作坊等饮食消费空间(店铺)的管理模式。开发智慧餐饮系统,支持线上预定、自助下单、排队叫号等功能。

(4) 提供安全便捷服务。建立旅游安全监控系统,确保游客的人身和财产安全,及时响应紧急情况。利用智慧旅游系统监测游客轨迹、旅游区域环境状况,进行客流分析、路线分析、游客行为轨迹分析,指导游客合理分流,确保旅游体验质量和安全,保护乡村环境。引入电子支付服务,使游客能够在移动设备上方便地获取相关旅游信息、进行产品预订和支付,提高支付效率,减少现金交易的不便和安全风险。为有特殊需求的游客提供无障碍信息服务,如为视障人士提供音频导览,为听障人士提供图片、文字、视频信息服务。

(5) 品质农产品智慧配送。在乡村饮食旅游中,农产品的销售是重要一环。智慧旅游服务平台对特色农产品、风味美食、以农产为基础的创意商品等进行优选和推荐,实现网上销售。注意的是,平台需引入农产品溯源管理系统,赋予相关产品真实可信、安全消费的标识。

3. 出游后的信息化服务

一是社交分享,游客在平台上分享自己的旅行经历和评价,为其他用户提供参考。二是评价系统,游客对游览的景点、住宿和餐饮服务进行评价,推动旅游服务质量的提升。三是旅游数据分析,收集乡村饮食旅游者、乡村饮食旅游、相关旅游企业的大量数据,进行深入分析,为旅游管理和市场营销提供科学依据。四是智慧旅游营销,利用智慧旅游平台进行精准营销,推送定制化的广告和优惠信息,推广绿色旅游、文化保护等。

(三) 虚拟现实技术应用

利用虚拟现实技术,为游客提供一种全新的沉浸式体验方式,创造远程美食体验,让游客在城市中就能体验乡村风景风味风情,不受空间和时间的限制。即使不能亲临现场,游客也能通过高清直播和交互技术,实时观看和体验到异地的烹饪演示或美食节活动,甚至能远程下单品尝。通过虚拟现实技术的应用,解决乡村饮食旅游在实际运营中可能遇到的问题,如环境承载力和交通不便等,通过提供虚拟体验来减轻对实体旅游资源的依赖。但需注意的是,乡村饮食旅游突出在地性消费和真实性体验,虚拟现实技术的应用只是在一定程度上打破时空的约束，为乡村饮食旅游的发展提供一种新的发展空间和可能性的尝试。

三、大数据分析

（一）游客大数据分析

对游客信息、旅游资源信息进行分类管理，利用大数据技术，做好乡村饮食旅游消费行为、消费偏好的分析，建立针对不同游客群体的智能推荐，提供多维度、多层次的饮食旅游产品，为游客提供出游前、出游中、出游后的精准服务，为追求美味饮食、康养饮食、文化体验、社会交往等提供智能化服务，开启人们美好生活新场景。

首先，通过结合数字化、大数据管理和人工智能，预测游客消费动机和行为。其次，以市场需求为引领，开发沉浸式甚至穿透式的互动体验、数字艺术展示、智慧导览等新型旅游产品和服务，提升饮食旅游体验质量，创新饮食类旅游产品的开发。再次，游客的饮食旅游活动往往从出游前的信息收集开始，到出游后的社交媒体分享结束，鉴于此，开发交互式通信应用程序，特别是社交媒体，以便能够了解游客的评价和满意度，并对程序进行持续改进，进而开发消费者忠诚度管理系统。最后，准确地掌握游客的实际需求、消费特点、满意度等信息，实现精准营销。

（二）产业大数据分析

构建产业运行监测系统，对目的地多业态运行现状、旅游资产、旅游收入、产业价值等进行详细跟踪分析研究，形成重要时段、月度、年度旅游分析报告体系。构建乡村产业监测、游客分布密度、涉旅业态统计等不同维度的大数据样本。

第四节　优化布局，品牌化发展

一、优化乡村饮食旅游空间布局

构建布局合理、类型多样、功能完善、特色突出的乡村饮食旅游发展格局，促进乡村饮食旅游的可持续发展。优化旅游空间布局，促进中国乡村饮食旅游区域协调发展。将饮食旅游纳入区域协调发展的战略视野，通过政府主导、部门合作、整体布局、区域协同和市场主体的创新实践，打破行政区域限制，统筹规划，推进饮食旅游成为推动区域协调发展的重要力量；通过突出重点，发挥优势，培育乡村饮食旅游节点。

（一）整体布局，区域协同

国家层面，在乡村振兴国家战略背景下，突出饮食旅游在推动乡村振兴、协调区域发展中的重要地位。2017年，党的十九大把区域协调发展上升为国家战略，在此战略背景下，在尊重区域饮食旅游资源差异的情况下，进一步在财政、金融、技术、项目、人才、基础设施、能源、产业等政策方面给予中西部乡村地区重点倾斜。聚焦铸牢中华民族共同体意识，统筹东中西、协调南北方，鼓励东部地区同中西部地区、东北地区开展产业合作、联动发展，培育乡村旅游经济欠发达地区的旅游消费市场，推动区域间饮食旅游产业带和产业群建设，建成一批特色饮食旅游目的地。

各级地方政府要形成优势互补、共同发展、相互促进的合作共识，通过资源的互补、市场的共享，建立优势互补的区域协同合作机制。通过区域间的协同合作，建设跨区域旅游目的地，形成区域内外联动发展优势，形成多区域创新发展合力，推进中国乡村饮食旅游区域协调发展目标的实现。例如，利用七大区域不同的茶文化资源优势，推进茶文化旅游合作区建设；发挥绍兴黄酒的龙头作用，推进中国黄酒文化旅游协调区建设；利用西南区域的四川、贵州，长江流域的江苏、安徽，黄河流域的山西、山东等地的白酒文化，打造中国白酒旅游长廊；利用地方特色美食及其制作技艺、饮食遗产，设计地理游线或主题游线，打造“烹饪王国游”；利用民族民俗饮食资源，开展饮食民俗风情游；利用世界级和国家级重要农业文化遗产，利用世界级和国家级饮食类非物质文化遗产等遗产类资源，开发饮食类遗产旅游联动项目，做优生态环境，擦亮乡村饮食旅游名片，提升乡村饮食旅游产业层次。通过区域合作，不断拓展乡村饮食旅游发展空间，激发各区域饮食旅游发展潜能，打通东西南北乡村旅游经济发展脉络，打造中国乡村饮食旅游发展新格局。

(二) 推动“两廊两带五区”格局形成，培育乡村饮食旅游节点

1. 推动“两廊两带五区”格局形成

结合乡村饮食旅游资源构成、饮食口味分布以及旅游发展区域性特征等，提出以茶文化、酒文化、地方美食文化、食材文化为脉络，建设“两廊两带五区”文旅空间布局，即培育打造茶文化遗产旅游廊道、酒文化旅游廊道，培育打造黄河中下游面食文化旅游带、长江中下游米食文化旅游带，培育中北地标国潮美食旅游区、西北丝绸之路美食旅游区、东北北国之风美食旅游区、西南民族之花美食旅游区、东南康养之潮美食旅游区，并绘制茶文化旅游地图、酒文化旅游地图、地方美食旅游地图、食材寻踪地图。

“两廊”指的是茶文化遗产旅游廊道和酒文化旅游廊道，它们分别代表了中国茶文化和酒文化的深厚底蕴和地理分布。通过这两个廊道的建设，系统地展示茶和酒在不同地域的历史演变、制作工艺和文化意义。而“两带”则侧重于面食文化和米食文化，分别沿黄河中下游和长江中下游分布，“秦岭淮河一条线，南吃稻谷北吃面”，反映了中国北方和南方的饮食差异和地域特色。“五区”则主要依托饮食文化的区域性划分的旅游区，旨在突出地标美食、在地性饮食文化旅游资源。

2. 培育乡村饮食旅游节点

旅游节点是在旅游流动态中具有重要战略地位的地点或区域，作为旅游活动的集中地，旅游节点在旅游网络中扮演着连接、中转、服务和吸引游客的角色，具有显著的枢纽功能。为了提升旅游网络的效率和吸引力，需要通过多点协同培育和推进，构建一个综合的“节点—轴线—域面”联动空间格局。这种格局旨在通过整合乡村饮食旅游资源，实现资源的优化配置和旅游吸引力的最大化，进而释放出强大的聚合效应。中国乡村饮食旅游节点的培育，应依托全国乡村旅游重点村镇，辅以中国烹饪协会负责命名的“中国厨师之乡”“中国蒸菜之乡”等、中国文化和旅游部推动命名的“中国民间文化艺术之乡”、全国工商联餐饮业委员会参与认定的“中华地标美食之乡”等与饮食有关的名乡，参考联合国世界旅游组织认定的“最佳旅游乡村”等品牌资源，系统性地推进乡村饮食旅游节点的建设。借助此举，打造出一系列饮食旅游资源丰富多彩、具有强大吸引力、交通便利、旅游服务功能齐全的乡村饮食旅游目的地。

为了进一步增强乡村饮食旅游的吸引力和竞争力，应当重视旅游节点基础设施和服务体系建设，包括交通网络、信息服务、住宿设施等。同时，还应当注重旅游产品的创新和旅游体验的多样化，以满足不同游客的需求。旅游节点的培育、相关基础设施与服务的建设等，有助于逐步形成由点及线至面的网状乡村饮食旅游空间支撑体系，为游客提供丰富多样的旅游体验，同时也为当地经济发展注入新的动力。

二、规划引领打造旅游品牌形象

《全国乡村产业发展规划(2020—2025 年)》中明确指出，乡村休闲旅游业是农业功能拓展、乡村价值发掘、业态类型创新的新产业，横跨一二三产业、兼容生产生活生态、融通工农城乡，发展前景广阔。乡村饮食旅游的发展，应以此为指引，出台“乡村饮食旅游发展规划纲要”，重视乡村地区饮食资源的保护和利用，切实从政策支持到资金投入、从统筹规划到建设施工、从法规制定到监督管理抓好饮食旅游产业发展，从产业层面做好“旅游＋”和“＋旅游”规划设计，打造“美食中国　美味乡村”旅游品牌形象，提升中国饮食在国际上的知名度和影响力。

“旅游＋”，是指充分发挥乡村饮食旅游的产业拉动力和融合能力，为相关产业和领域发展提供旅游平台，实现三产融合发展新局面。袁家村探索出了一条以三产带二产促一产的发展思路，通过饮食旅游带动了乡村饮食加工业发展，促进了种养殖产业的发展，反向再现了饮食文化的“食材采集与生产—饮食加工与制作—饮食消费”全过程。黄酒小镇的出现，充分体现了产业融合的理念。盱眙利用龙虾节打造了龙虾之都，实现了覆盖养殖、加工、生产、餐饮、旅游的三产融合的全产业链发展。所以，应激发旅游市场主体活力，推进“旅游＋种植、养殖”“旅游＋加工、制造”“旅游＋文化、交通、餐饮、医疗、商务”的融合，加快乡村地区饮食类旅游村落与旅游特色小镇的建设。“＋旅游”是在旅游产业联动、城乡一体化建设的基础上，发挥第一产业、第二产业反哺乡村饮食旅游、城市反哺乡村的作用。旅游经济脆弱性是旅游系统的内在属性(李锋，2013)，新冠疫情对旅游业造成了暂停式冲击(刘淑芳等，2020)，所以，乡村饮食旅游的可持续发展需要外部借力，借势一产和二产。

与2018年相比,《中国国家形象全球调查报告2019》显示,海外受访者认为最能代表中国文化的元素仍然是中餐(53%)、中医药(47%)和武术(43%)。中餐对外具有显著的知名度。中国乡村地区饮食旅游资源类型多样、内容丰富且具有突出的文化价值、经济价值、休闲价值和实用价值。定位"美食中国　美味乡村"的旅游品牌形象,充分发挥饮食旅游资源优势和多重价值,通过饮食旅游发展振兴乡村、打好乡土中国品牌。同时,借助网站、博客、社交媒体、视频网络和照片网络、出版物、视听产品和旅游传单、新闻发布会、国际旅游合作、旅游节庆、搜索引擎、广告等传播渠道,采用情感营销、场所营销等方式,对该形象展开国内、国际推广,让中国乡村乡土饮食真正走遍全国、走向国际。

三、培育一批乡村饮食旅游品牌

乡村饮食旅游的发展旨在以饮食旅游资源为核心吸引力,让游客为了美食去乡村,而不是到了乡村体验美食,这就需要梳理品牌意识,凸显饮食在旅游目的地形象构建中的核心地位,增强乡村饮食旅游品牌的影响力和竞争力。

美食纪录片《舌尖上的中国》《风味人间》《味道》《小酸村》《乡野有真味》《乡味纪》《茶,一片树叶的故事》《茶叶之路》《茶界中国》《武夷山茶文化》等,综艺节目《中餐厅》《粤味好功夫》《回家吃饭》等,抖音、B站、快手、微博等吃播,介绍各地美食的书籍如《吃主儿》《上海老味道》等,加之教育的积累、影视作品的影响以及日常生活中常听常闻的与饮食有关的民间俗语、歇后语等,几者交融在一起,已然绘制出了中国人眼中真实的美食地图。人们会选择跟着美食去旅行,比如浙江杭州梅家坞茶文化村、吉林查干湖冬捕节、贵州遵义茅台镇、山西吕梁杏花村镇。"美食中国　美味乡村"形象已经深入人心。

为了顺应市场需求、满足市场需求,乡村饮食旅游品牌塑造应:深入了解、挖掘、整合乡村优质饮食文化旅游资源,充分利用乡村地标性饮食旅游资源优势,推出一批特色鲜明、优势突出的乡村饮食旅游品牌;明确目标市场,通过专业的品牌设计,塑造乡村饮食旅游的独特品牌形象,包括品牌标识、宣传口号等,增强品牌的识别度和吸引力;利用多维渠道、多个媒体,包括社交媒体、自媒体、旅游会议、旅游论坛、美食节、旅游体验师等，加大对乡村饮食旅游品牌的宣传力度，提高品牌知名度；鼓励和引导外来资本、本地经营者、普通农户、地方政府等多方参与乡村旅游发展，建立多方合作共赢的机制，共同推动乡村饮食旅游品牌的成长，一起实现乡村品牌的可持续发展。

乡村饮食旅游目的地打造、品牌形象的塑造，需要地方政府的主导。当前，以浙江“诗画浙江·百县千碗”工程、湖南“锦绣潇湘，味道湖南”推广、福建“来福建 享福味”宣传、安徽“皖美好味道·百县名小吃”美食行动、盱眙龙虾节等为代表的品牌推广表明，部分地区已经将饮食纳入地方旅游发展战略。地方政府在中国乡村饮食旅游发展中起主导作用，特别是对于离城市或著名旅游景区较远的乡村地区，其与旅游客源地的空间距离较远，时间距离较长，经济相对欠发达。面对饮食旅游资源的特色鲜明、地域性强、体验度高等优势，地方政府更需积极推动、主动扶持相关地区饮食旅游品牌的定位、塑造和推广，如启动“地标美食”品牌升级计划，启动“一县一桌菜”行动计划，启动“饮食文化＋国潮”行动计划。

第五节　完善供给，创新化发展

一、完善旅游产品供给体系

加大优质乡村饮食旅游产品供给力度，建设一批具有示范效应的乡村饮食旅游基地；优化旅游产品结构、创新旅游产品体系，推动“饮食旅游＋”，开发更多体验性强、情感共鸣度高的旅游产品、旅游线路；提升乡村饮食旅游产品质量，确保游客的体验满意度。通过旅游产品供给体系的完善，推进乡村饮食旅游成为乡村产业升级、品牌培育的重要动能。

（一）构建乡村饮食旅游示范体系

具有示范效应的旅游基地，往往是指那些在旅游服务、管理、产品创新、环境保护等方面达到一定标准的地区、单位或组织，它们通常由政府或相关机构认定，并起到示范和引领作用。以全国休闲农业与乡村旅游示范县、全国休闲农业示范点为参考，在国家乡村饮食旅游发展指导性意见提出的前提下,构建全方位、多层次的乡村饮食旅游示范体系。第一,鼓励有条件的地区,主动发展乡村饮食旅游,积极打造有影响力的乡村饮食旅游示范县;第二,开展乡村饮食旅游精品工程,培育一批全国乡村饮食旅游精品村、精品单位;第三,支持饮食旅游资源赋存好、基础设施建设完善、接待能力强、公共服务体系健全的乡村饮食旅游点申报乡村饮食旅游示范点,申报创建A级景区、康养示范基地、特色小镇等示范单位。积极探索乡村饮食旅游发展规律,通过示范效应引领、带动周边乡村饮食旅游的整体提升和全国乡村饮食旅游的持续健康发展。

(二) 推进“饮食旅游+”建设

推进“饮食旅游+”,创新旅游产品开发。创新是推动旅游产业结构优化,提升旅游竞争力的关键突破口(魏超,2019)。从中国乡村饮食旅游发展的成功经验和国内外饮食旅游发展实际看,饮食旅游吸引力以饮食为基础,涵盖与饮食相关的各个要素,包括乡村自然与人文环境、农林渔牧业生产与生活景观、美食资源(如地方美食、烹饪技艺、茶、酒)、饮食生活(民族饮食、地方饮食、食治养生思想等)、受保护地理标志产品、餐饮设施(餐馆、杂食店、住宿设施等)、专业贸易场所(如农贸市场等)、传播饮食文化的活动(如农业、渔业等产品的展销会、饮食节庆)、饮食教育场所(如博物馆、茶文化传习所、酒文化遗址、食品研发中心)等。可见,乡村饮食旅游除了与食品产业链相关部门关联外,饮食与文化、民族、生态、生物多样性与景观、健康、科学技术、教育等的关系也很重要。所以,乡村饮食旅游的创新发展,应牢牢树立“饮食旅游+”意识,以饮食为乡村地区核心吸引力,加强与农业旅游、渔业旅游、森林旅游、草原旅游、工业旅游的融合,加强与文化旅游、民族旅游、生态旅游、康养旅游、研学旅游、会展旅游、休闲度假的融合,且突出乡村旅居、文化体验、休闲康养、美食享乐等多重功能。

游客用五种感官(视觉、听觉、触觉、嗅觉、味觉)享受体验饮食之旅(Iizuka et al.,2016),以期得到真实的独一无二的难忘体验。五感体验在饮食旅游中的重要性越来越明显。在创新发展理念指导下,依托中国乡村饮食旅游资源及游客需求,紧扣“美食中国　美味乡村”旅游品牌形象,开发特色化、规模化、多元化、品牌化的复合型旅游产品(见表7-2)。

表 7-2　中国乡村饮食旅游产品体系表

产品定位	产品类型	产品内容
有韵味的中国乡村	饮食旅游+生态旅游+农业/渔业/林业/牧业旅游	积极优化乡村饮食环境，牢牢秉承天人合一的和谐农业观，将原生态的饮食生产景观（如茶园、葡萄园、农场、渔场、草原）、重要的农业文化遗产、食材生产与采集技艺等与乡村生态环境结合，提升乡村饮食旅游的看头
有滋味的中国乡村	饮食康养旅游 慢食体验旅游 美食享乐旅游	充分利用地理标志产品、生态原产地保护产品、特产之乡等，引导生态消费理念，提升旅游知名度； 充分利用食治养生思想、医食同源理论以及乡村优良的自然生态环境，打造医食合一康养旅游示范基地、食疗药膳、四季养生食谱等； 充分利用地方传统风味、地方特色美食、饮食传统习俗，提升旅游公共服务质量和水平，改善基础设施，积极开展美食创新，打造不一样的美食体验。 通过以上举措，提升乡村饮食旅游的吃头，品尝舌尖上的乡村
有趣味的中国乡村	饮食旅游+亲子互动/农事体验/公司团建/艺术活动（如摄影）/烹饪赛事	充分利用饮食生产作坊、饮食生产生活器具、乡村田园空间、农贸市场、烹饪机构等，开展具有体验性、趣味性、娱乐性的大众旅游活动，开展具有专业性、赛事性、影响力的小众旅游活动
味觉之上的中国乡村	饮食旅游+会展旅游/购物旅游/工业旅游/饮食节庆	将安全、环保、健康、创意类饮食展销活动，农副产品的深加工及创意利用，饮食技艺的有形转换，饮食类工业遗产，食品生产商和行业等，与旅游结合，让游客在旅游中能品尝、能参观、能购物、能学习
有品位的中国乡村	饮食旅游+文化旅游/乡村研学/民族旅游/民俗旅游	将饮食类非物质文化遗产，饮食生产生活习俗，饮食器具文化，饮食类遗物遗迹、博物馆，饮食中蕴含的价值观念、思想、礼仪修养等，与乡村文化景观、地方人的性格特征、乡村的地域精神等结合。通过饮食文化讲述地方故事、开展科普教育，以情感打动游客，强化游客的身份认同、地方依恋，提升其道德修养

表 7-2(续)

产品定位	产品类型	产品内容
旅游生活化的中国乡村	饮食旅游＋乡村旅居	以地方特色饮食、生态农产品、农业生产为核心吸引力，以民宿为基础性服务设施，以原真的乡村生活环境为氛围，以乡村慢生活为定位，让游客在真实的乡村环境中，慢享乡村生活，让乡村饮食旅游变成一种常态化的生活方式

来源：自制。

（三）开发建设乡村饮食旅游精品线路

以“慢饮食旅游”为主线，以乡村饮食旅游节点、示范点为基本依托，从全域、全面、全局角度，分类、分层设计中国乡村饮食旅游精品线路。

1. 分类设计

分类，即围绕不同类型的乡村饮食旅游资源，设计全域性、多主题的主题旅游精品线路，如“寻味中国”“风味人间”“乡愁味道”“茶和天下”“酒乡沉醉”“跟着美食去旅行”“因食识礼”“食在四季”等。“寻味中国”线路，专注于探索中国各地乡村的传统地标美食和烹饪技艺，让游客在品尝美味的同时，深入了解中国的饮食文化和地方特色。“风味人间”线路则聚焦于乡村特色风味小吃，通过农贸市场、农家小院等地道的饮食体验，展现乡村饮食文化的多样性和活力。“乡愁味道”线路，旨在唤起游客对故乡的怀念之情，通过乡村传统节日的应节食品、家常饮食、人生礼仪场合的非常饮食等，让游客体验到家的味道和温暖。“茶和天下”线路则以中国丰富的茶文化为载体，串联起茶园观光、茶艺体验、茶文化学习等内容，为游客提供一场茶文化盛宴。“酒乡沉醉”线路突出中国各地的酿酒文化，通过参观酿酒工艺、品尝地方特色酒类等，让游客领略中国酒文化的深厚底蕴。“跟着美食去旅行”线路则将美食与旅游紧密结合，通过美食节、烹饪课程、食材采摘等活动，为游客提供互动性强的美食体验。“因食识礼”线路着重于饮食礼仪和饮食文化传承，通过乡村宴席、传统餐桌礼仪等，让游客在享受美食的同时，学习中国的饮食礼仪和文化。“食在四季”线路则根据季节变化，推出不同季节的乡村美食体验，如春季的野菜采摘、夏季的清凉饮品、秋季的丰收美食、冬季的暖身炖品等，让游客在不同季节都能感受到乡村饮食文化的魅力。

2. 分层设计

分层，即立足全国、区域、省域、市域四层，设计层次性主题旅游精品线路。例如，围绕地方特色美食旅游资源，设计多层次旅游线路，全国层面的"烹饪王国游""寻味中国"，区域层面的酸辣多彩西南之旅、跟着丝绸美食去访古、真爱丝路美食之旅、鲜香康养闽粤之旅、"一面之词"寻踪，省域层面的川菜记忆、四川麻辣之旅、广东早茶之旅，市域层面的烟火重庆、饕餮扬州、一城一味等。再如，围绕茶文化旅游资源，设计多层次旅游线路，如全国层面的"茶和天下""人生如茶"，区域层面的至味乌龙、至美青绿、云贵野生茶树寻踪、茶马古道探秘，省域层面的浙江茶旅精品线路、江西好山好水品好茶之旅、江苏深度茶文化体验之旅、福建安溪线茶文化之旅、滇西南逐味茶香之旅，市域层面的福建漳平寻茶之旅、"杭为茶都"茶旅线路、福建武夷山穿越千年茶踪寻访之旅、普洱茶宴体验之旅。

（四）促进乡村饮食旅游新业态发展

1. 康养＋饮食旅游发展

支持康养＋饮食旅游发展，建设一批以食治养生为核心吸引力的国家康养旅游示范基地，推出一批饮食康养精品旅游线路。将传统中医学理念与地方特色饮食文化深度融合，提供定制化的饮食疗疾方案、药膳食谱和专业的养生指导服务。依托食材和自然环境优势，设计并推出一系列饮食康养精品旅游线路，如中医药膳体验线路、茶文化康养之旅、海洋康养美食线路、森林食疗探险线路、温泉养生度假线路、慢生活康养小镇线路、高山有机食品体验线路。

2. 研学＋饮食旅游发展

引导促进研学＋饮食旅游发展，打造一批主题鲜明、课程精良、运行规范的研学教育活动基地，推出饮食研学精品旅游线路。深化研学与饮食旅游的融合，促进食材科普教育和饮食类非遗的传承与活化。依托大自然的馈赠（天然食材）、农业文化遗产（人类的智慧）、饮食类非遗等资源，设计并推出一系列"舌尖上的研学"精品旅游线路，如江南水乡稻米研学体验、四川川菜文化研学之旅、福建乌龙茶研学线路、广东早茶文化研学体验、山西面食文化研学之旅、云南菌菇饮食研学、广西少数民族饮食研学。

3. 自驾＋饮食旅游发展

鼓励引导自驾＋饮食旅游发展，建设一批自驾车旅居车营地，推出一批美食自驾游精品线路。建设一批功能完备、服务周到的自驾车旅居车营地，为自驾游客提供便利的停泊、休息、补给空间。设计并推出一系列以"舌尖上的乡味"为主题的自驾游精品线路，这些线路融自然与人文景观、天然食材、地方特色美食、奇食异食等于一体，以深度体验为特色，如丝绸之路寻味之旅、云南多民族风味之旅、江南水乡美食与古镇游、中国海岸线海鲜美食之旅、陕西面食与古迹游、福建茶乡美食自驾游。

二、推进旅游产业链建设

乡村饮食旅游产业链的构成和建设是一个多维度、系统性工程。乡村饮食旅游产业链涉及文化、农业、旅游、服务、食品加工等多个领域，由上游资源供应商、中游产品供应商及下游旅行社、在线旅游平台构成。乡村饮食旅游产业链上游主要包括农林牧渔生产和食品加工等，负责提供原材料和初级产品。中游作为产业链的核心，涉及乡村餐饮服务、民宿经营、文化体验活动等。下游主要由旅行社、在线旅游平台等构成，负责产品的营销和分销。推进乡村饮食旅游产业链建设，需要关联上游资源开发，后向一体，关注中游产品与服务供应。

关联上游资源开发，需加强与上游资源供应商的合作，确保原材料的质量和供应的稳定性；需推动农业和食品加工的技术创新，提高产品的品质和附加值；需发展地方特色农产品品牌，通过品牌效应提升产品在市场上的竞争力。后向一体需利用现代营销手段，如社交媒体、旅游网站等，推广乡村饮食旅游产品，提高市场知名度；与旅行社和在线旅游平台合作，开发特色饮食旅游活动，提供一站式服务；实时举办节庆活动和美食节，吸引游客参与，增加旅游产品的吸引力。中游产品和服务提升则需加强对乡村餐饮和民宿经营者的培训，提升饮食旅游服务质量和专业水平；需牢牢树立"饮食旅游＋""＋饮食旅游"意识，构筑乡村饮食旅游产品体系；需利用地方特色饮食及饮食空间，打造独特的在地性饮食文化体验。为保障旅游产业链建设稳步推进，相关配套服务企业需为产业链提供相关支持性服务及发展保障，如建立通信、金融服务等配套服务，为产业链提供必要的支持；发展乡村旅游协会，提供行业指导、信息交流和资源共享平台；加强政策支持和资金投入，为产业链建设提供发展保障。

第六节 多渠道营销，国际化发展

一、开拓旅游目标市场

（一）激活国内旅游市场

当前，中国乡村旅游的客源市场以短程、中程市场为主，中程、远程旅游客源市场亟待进一步激活。各地在充分挖掘现有市场潜力、提高现有市场占有率的同时，开拓新的中程、远程旅游客源市场。长三角地区、珠三角地区、环渤海地区是中国重要的旅游客源地，也是重要的旅游目的地。中部地区应把握好地缘优势，主动纳入三大客源地辐射圈，出台地接旅游奖励政策，拉动旅游消费。《中共中央 国务院关于新时代推动中部地区高质量发展的意见》为中部地区高质量发展带来了契机。西部地区应把握好政策机遇，突出中部地区客源市场重要地位的同时，加大东部地区旅游市场开拓力度和旅游合作力度。

（二）开拓国际旅游市场

加强国际旅游合作，利用多边机制和社会力量，推出国际饮食旅游品牌，助力乡村饮食旅游的国际化推广和品质化提升。统计显示，2019 年接待外国游客数量在全国居前 10 名的省（市、区）依次是广东、上海、云南、湖北、浙江、陕西、北京、四川、广西和山东。七大乡村饮食旅游发展区域可依托区域内接待外国游客数量排名居前的省（市、区）的国际旅游知名度，在国际旅游市场共享、国际旅游市场推广等地方性政策实施下，推动各区域国际旅游市场的开拓。旅游推广主题上，突出中餐和茶文化资源的优势，推进“美食中国　美味乡村”旅游品牌形象的树立，强化中国是世界茶的故乡，突出中国是世界上最早酿酒的国家之一。

二、开展多渠道营销

旅游市场营销中的多渠道营销策略指的是运用多种不同的营销渠道和

工具，以覆盖更广泛的目标市场，提高旅游产品的市场渗透率。这种策略的核心在于整合线上线下资源，如传统广告、社交媒体、搜索引擎优化、电子邮件营销、移动应用、旅游展会、合作伙伴关系以及口碑营销等。中国乡村饮食旅游营销渠道的选择见表 7-3。

表 7-3 中国乡村饮食旅游营销渠道

直接渠道	间接渠道	直接渠道	间接渠道
官方网站	OTA/B2C/B2B	电话、短信、直接邮寄	传统旅行社
社交媒体	元搜索	旅游展会	旅游批发商
第三方平台旗舰店			
移动应用			
线上		线下	

（一）发挥直接渠道的优势

发挥直接营销渠道优势，实现与游客的直接交流和交易。直销和游客忠诚不可分割地交织在一起。利用数字技术建立在线直销平台，如官方网站、移动应用程序、社交媒体账号、第三方平台旗舰店，直接向潜在游客展示独特的饮食文化和旅游资源，为游客提供即时的信息查询、在线预订和个性化旅游产品推荐服务。这种直接的在线展示的优势在于，互动式的文化体验、虚拟美食品尝、实时旅游活动直播等容易引起游客的情感认同、促发旅游购买行为。通过直接电子邮件营销和移动推送通知，向订阅用户定期发送旅游资讯、优惠活动和定制化内容，为游客在决策过程中持续提供信息支持，从而增加转化率。在直接营销中，旅游展会提供了一个平台，它让旅游目的地、饮食旅游相关企业直接与潜在游客接触和交流，让游客直接体验当地的风土人情和特色服务，此举不仅能够增强游客的感知价值，还能通过口碑效应吸引更多的游客。

直接营销渠道的选择中，旅游目的地需要与当地村民、餐馆和旅游企业建立合作伙伴关系，共同开发和推广旅游产品，实现资源共享和互利共赢，增强旅游目的地的可持续发展能力；需要强化乡村饮食旅游目的地的品牌形象，以品牌为引领，提升旅游吸引力。

（二）注重间接渠道的利用

注重发挥传统旅行社的作用。传统旅行社作为连接旅游目的地和游客的重要桥梁，具有丰富的市场经验和专业的营销能力。首先，与旅行社合作，依托其广泛的客户资源，将乡村饮食文化旅游资源进行有效推广，逐步形成一批市场推动、游客认可的大众饮食旅游线路、定制游线、主题游线。其次，发挥旅行社专业的市场分析和预测能力，提供市场趋势分析和营销策略建议，制订合理的营销计划。再次，利用旅行社专业的营销团队和渠道资源，开展多元化的营销活动。这包括线上营销、线下推广、媒体合作、公关活动等，全方位、多角度地宣传推广乡村旅游目的地。最后，与旅行社深度合作，参与到旅游产品的创新中，共同打造具有竞争力的乡村饮食旅游品牌并进行品牌宣传。

通过搜索引擎优化（SEO）和搜索引擎营销（SEM），提高乡村饮食旅游目的地在线可见度，吸引潜在游客的注意力。深入研究并确定与乡村饮食旅游相关的热门搜索词和长尾关键词，这些关键词应融入网站内容、标题、描述图片的文本（ALT）以及博客文章中，以提高搜索引擎的相关性评分；制作与乡村饮食旅游相关的高质量、原创性内容，包括旅游攻略、天然食材寻踪、茶艺展示、地标性饮食推介等，通过故事讲述和文化展示，增强内容的吸引力和搜索引擎的索引频率；通过社交媒体平台分享有价值的内容，与目标受众互动，增加网站的社交信号，促进内容的自然传播。

充分发挥在线旅游平台的作用。与携程、美团、马蜂窝、小红书等平台合作，它们庞大的用户基础和高度的用户参与度，为乡村饮食旅游营销提供了高效的推广渠道。乡村饮食旅游目的地可利用平台的大数据分析游客的偏好和行为模式，从而定制更为精准的营销策略。例如，平台根据用户的搜索历史和消费习惯，推荐相关的乡村饮食旅游产品，实现精准营销。借助平台的用户评价系统，依托积极的用户反馈和真实的旅游体验分享，增加新游客的信任感，激发其旅游意愿。在平台上开展内容营销，如发布新茶饮茶文旅线路攻略、美食原产地踩点路线图、美食与景点结合攻略、美食纪录片、美食指南和排行榜等高质量内容，以提升目的地的吸引力。鼓励旅游博主、美食家和普通游客在平台上分享旅游故事和美食体验，利用用户生成内容（UGC）的力量，增加营销活动的互动性和参与度。

第八章　中国乡村饮食旅游创新发展保障机制

第一节　落实指导意见，加强组织领导

政府是中国乡村地区旅游发展的主导力量，饮食旅游的发展离不开政府的政策支持和组织领导。

一、研究发布发展乡村饮食旅游的指导意见

近年来，为推动乡村振兴、乡村旅游业发展，国家层面发布了一系列指导性意见，例如《中共中央 国务院关于实施乡村振兴战略的意见》(中发〔2018〕1号)、《中共中央 国务院关于做好2023年全面推进乡村振兴重点工作的意见》(中发〔2023〕1号)、《关于促进乡村旅游可持续发展的指导意见》、《国务院关于印发"十四五"旅游业发展规划的通知》、《关于促进乡村民宿高质量发展的指导意见》。地方层面，也印发了《关于加快乡村旅游规范发展的指导意见》(白银市)、《关于推进乡村旅游高质量发展的指导意见》(江苏省)、《江苏省乡村旅游民宿集聚区建设指南(试行)》等。各级政府部门指导性意见精神，明确了乡村旅游发展的战略地位和发展方向，强调了乡村旅游在乡村振兴战略中的作用，为乡村旅游的长远规划提供了依据。但以饮食为核心吸引力的乡村饮食旅游发展指导性意见缺失。

勤劳内敛的中国人习惯将对美好生活的期盼寄寓在饮食之中，饮食也因此具备了太多的"言外之意"，比如以食喻人生、以食维系情谊、以食修身养性、以食彰显礼仪、以食强化地方认同(一方水土一方饮食，一方饮食一方人)，等等。对于饮食旅游者而言，亦是如此，在路上的乡村饮食旅游者，既要吃得饱、吃得好，还要吃得美、吃得康养、吃得休闲、吃得有文化、吃得有特

色、吃得有个性。为满足游客的多元需求，需要文旅、农业、自然资源、生态环境、商务、工业等多部门的协作，需要产业链层面饮食生产、食品加工、运输物流、餐饮服务等企业的支撑，也需要文化、美学、艺术、潮流的引领。对此，有必要明确乡村经济中饮食旅游的独立产业地位，发布发展乡村饮食旅游的意见，并在国家和地方各级政府的乡村发展政策、旅游发展政策、餐饮业发展政策中予以引导和扶持。

成立乡村饮食旅游发展主题工作组，建立与乡村饮食旅游发展相适应的多部门融合管理机制，通过跨部门、跨行业的合作，指导、规划、资助和协调旅游、农业、林业、渔业、文化、国土、交通、商贸、自然资源、生态环境、工信、烹饪协会、餐饮协会等部门和组织，通过寻找新机遇、采取新对策，为乡村饮食旅游提供明确的战略规划和政策支持，确保乡村旅游发展与国家乡村振兴战略相协调，实现乡村经济转型。此外，建立健全饮食旅游标准化体系建设，推动乡村饮食旅游服务标准化、专业化，提高服务质量，增强乡村饮食旅游的市场竞争力；制定并出台优化中国乡村饮食旅游发展布局的政策，以期推动区域经济的均衡发展；发掘和整理散落在乡村的饮食类非物质文化遗产，推进饮食类非物质文化遗产传承人培养、扶持等政策的实施，确保文化传承与旅游发展相结合，防止文化资源的商业化和同质化；支持各地打造“一村一品”，形成一批具有较强影响力和市场竞争力的饮食旅游品牌；推进城乡饮食旅游融合发展，推进乡村风味、民族风味传承与创新，培育特色乡村餐饮企业。通过政策指导，让乡村饮食旅游供给质量明显提升、市场需求快速增长、发展环境更加优化。

二、加快规范乡村饮食旅游市场秩序

通过目的地治理以维持良好的市场秩序是旅游目的地实现可持续发展的关键（杨昀等，2018），混乱的市场环境会阻碍旅游目的地市场竞争力的提升，使其难以实现可持续发展（刘卫梅等，2019）。增强旅游市场监管、规范旅游市场秩序，是对外展示旅游目的地良好形象的重要窗口，能有效防止市场无序竞争，能保障游客的合法权益，能为旅游产业发展提供和谐有序的经营环境。

袁家村的诚信经营已成为其旅游品牌和地方形象的重要符号，村集体与本地村民共同治理为促成和谐有序的市场环境提供了保障（刘婷婷等，2021）。旅游市场秩序的规范，一方面，应加强自上而下的管理。县级以上人民政府应当组织旅游主管部门、市场监督管理局、工商行政管理局、产品质量安全监管部门、公安部门、交通执法部门等，贯彻落实《中华人民共和国价格法》《中华人民共和国食品安全法》《中华人民共和国反食品浪费法》《中华人民共和国旅游法》等国家法律，落实地方性的《规范旅游市场秩序专项行动方案》《旅游经营服务不良信息管理办法》等，扎实做好乡村饮食旅游市场治理各项工作，严厉打击违法违规旅游企业和从业人员的扰乱市场秩序行为。另一方面，应树立共治共享意识，地方政府需做好旅游利益相关者中相关企业、社区居民的宣传教育和赋权工作，提升企业与村民的自觉意识和共治能力。

三、积极拓展乡村饮食旅游的对外合作

区域旅游合作是旅游业实现可持续发展的必由之路（郑耀星，1999），政府之间的合作对区域可持续旅游发展具有直接且显著的影响（李朝军等，2014）。中国乡村饮食旅游的可持续发展，需要七大区域内、区域间建立合作机制，实现优势互补、共同发展、相互促进，需要开拓国际旅游合作视野，提升中国乡村饮食旅游的国际知名度和影响力。

把中国饮食推向国际旅游发展平台，通过饮食促进跨文化交流、理解和文化共享，通过饮食讲述中国故事。2017 年 5 月 25 日—6 月 2 日，中国烹饪协会组织策划的“匠心品质，世界共享——中国非遗美食走进联合国，享誉美利坚”美食文化推广活动，2023 年“国际茶日”期间中国文化和旅游部在全球 41 个国家推出“茶和天下 · 雅集”主题活动，以食为媒，传播了中国声音，促进了国际文化交流、文明互鉴。从旅游发展角度，中国饮食文化需要进一步走向国际的平台，如积极承办 UNWTO 世界美食旅游论坛、积极参加全球美食旅游创业大赛，再如加强与世界旅游组织的合作，启动中国乡村饮食旅游产品开发项目。

深入探索“一带一路”乡村饮食旅游的合作与发展。“一带一路”倡议是国际合作及全球治理新模式的有益探索，有助于推动世界旅游格局的重塑（赫玉玮等，2019）。通过“一带一路”平台，依托在宁夏银川成立的中国“一

带一路”美食旅游联盟，加深沿线国家和地区乡村饮食旅游产品开发、旅游市场共同开拓、美食经济协同发展、精准农业扶贫等诸多方面的交流与合作。

第二节　构建现代旅游治理体系，保障乡村饮食旅游安全

坚持依法治旅，建立健全旅游法规体系，为乡村饮食旅游提供法律保障；推进旅游监管体系建设，利用多渠道多手段提高乡村饮食旅游监管效率和精准度；坚持加强旅游信用体系建设，提升乡村饮食旅游经营者的诚信水平和服务质量；推广文明旅游，提升游客的文明意识和行为规范。通过以上现代旅游治理体系的构建，促进乡村饮食文化和旅游的深度融合，保障乡村饮食旅游安全，提高乡村饮食旅游的服务质量，保障游客权益，保障乡村饮食旅游的健康、有序发展，避免资源过度开发和环境破坏。

一、建立健全乡村饮食旅游法规体系

（一）旅游饮食卫生安全相关法律法规

饮食卫生安全和旅游环境影响旅游发展。旅游饮食安全对区域经济增长具有显著的正向影响（李家凯，2017），影响旅游业整体服务形象（王浪，2018）。袁家村的诚信经营告诉我们，卫生安全的饮食是乡村旅游目的地的重要吸引力和形象构成。通过政策支持、法律法规规定、旅游市场信息化监管等，筑牢安全防线，确保旅游体验质量、保障消费者权益。乡村饮食旅游的发展必须要把饮食卫生与安全放在第一位。陕西袁家村的食品安全承诺书、浙江绍兴的《绍兴黄酒保护和发展条例》、江苏盱眙的《盱眙龙虾全产业链标准体系》，无一不凸显饮食卫生安全的重要性。饮食与环境卫生需要标准化约束和规范化运行；饮食安全，必须牢记一个基本前提，即不存在零风险。

目前，《中华人民共和国食品安全法》发挥主导作用，同时配套以《中华人民共和国食品安全法实施条例》《中华人民共和国农产品质量安全法》《食品生产许可管理办法》《餐饮服务食品安全监督管理办法》《中华人民共和国旅游法》等法律法规为内容的旅游饮食卫生安全法律法规体系，为乡村旅游

饮食卫生安全监管工作提供了基本依据。同时，饮食旅游强省，如四川省出台了《四川省景区食品经营安全管理办法》、江苏省出台了《关于进一步加强全省餐饮服务食品安全监管工作的意见》等地方立法、行政区域管理制度等，进一步健全了旅游饮食卫生安全制度。

但饮食安全标准有国际标准、国家标准、行业标准、地方标准等，存在饮食安全标准不统一情况（张天一，2022），国家相关法律法规多从宏观饮食安全治理出发，并没有充分考虑旅游饮食安全的特殊性（唐彰元，2020），而且较少有地方对旅游饮食卫生安全进行立法，旅游饮食安全监管地方立法还比较薄弱（谭业，2016）。因此，需要建立协调统一饮食安全的法律法规体系，统一饮食安全标准；需要结合乡村实际，出台保护地方饮食传统特征的条例，尽早制定与地方特色饮食有关的生产许可细则和地方性的饮食安全地方标准管理办法，有能力的地区还可建立地方特色饮食目录；需要制定一系列符合各地情况的、便于操作的饮食旅游法规，如“乡村饮食旅游开展申请条例”“乡村餐饮服务质量规范”“乡村餐饮管理办法”“经营者上岗管理条例”“旅游质量投诉与责任事故处理条例”等，守好意识形态、饮食安全底线，完善和落实安全生产责任制。

（二）其他法律法规的规定和执行

《中华人民共和国旅游法》作为旅游业的基本法律，它为旅游者、旅游经营者的权利与义务提供了法律框架，规定了旅游服务合同、旅游安全、旅游监督管理、旅游纠纷处理以及相关法律责任。《中华人民共和国消费者权益保护法》保护了旅游消费者的合法权益，包括知情权、选择权、公平交易权等，并对经营者的不当行为设定了法律后果。鉴于乡村饮食旅游与自然环境紧密相关，《中华人民共和国环境保护法》为保护乡村生态环境、防止污染和破坏提供了规范，利于饮食旅游活动的可持续发展。《中华人民共和国城乡规划法》规定了土地使用的基本原则和要求，对乡村地区的交通、通信、供水、供电等基础设施布局、资源合理配置亦有明确要求，确保了乡村饮食旅游发展中土地使用和基础设施建设符合法律要求和可持续发展目标，确保饮食旅游开发活动与城乡发展规划相协调。文物古迹是乡村饮食旅游活动开展的重要吸引之一，《中华人民共和国文物保护法》为保护文化遗产、维护历史文化风貌提供了法律依据。《中华人民共和国反不正当竞争法》为维护乡村旅游市场的公平竞争、防止不正当竞争行为、保护消费者和合法经营者的利益提供了法律保障和指导。《中华人民共和国乡村振兴促进法》为乡村饮食旅游提供了法律遵循，明确了政府支持乡村产业发展的职责，推动乡村饮食旅游、乡村经济、乡村文化、乡村环境、乡村社会的协同发展。

以上法律法规共同构成了乡村饮食旅游法规体系的框架，旨在从不同角度规范和指导乡村饮食旅游活动的开展，确保旅游活动的合法性、安全性和可持续性，同时保护旅游者、经营者以及乡村社区等各利益相关者的权益。

二、推进旅游监管体系建设

监督管理体系的完善需要政府监管和社会监管形成合力，以政府监管为主导，以社会监管为核心，以期形成全方位的监管体系。

（一）政府监管

根据乡村饮食旅游的特点，设立自上而下的旅游饮食安全监督机构。国家层面，按照现行“一部门主负责、多部门协同监管”的模式，由国务院食品安全委员会负责总体调节，国家市场监管总局承担主要监管责任，中国农业农村部、国家卫生健康委员会等部委协同配合监管。地方层面，县级以上地方人民政府应当对饮食生产加工小作坊、饮食摊贩等加强监管。此外，在区（县）一级设立旅游饮食安全监管部门，在乡镇一级建立旅游饮食安全协调办公室，并在旅游村聘请饮食安全信息员和监督员。通过立体化的政府监督管理机构的完善，确保各部门分工明确、权责分明，确保从“农田到餐桌”全过程的卫生安全监督管理。由于五一、中秋、十一等小长假期间国内旅游中乡村旅游占比较重，各级旅游饮食安全监督机构对乡村旅游饮食的监管应采取日常监管和旅游节假日专项整治相结合的方式，落实旅游饮食安全法律法规，不断加强监管力度，做好旅游饮食安全风险防控。

（二）社会监管

社会监管的主体力量主要包括游客、社会组织、旅游饮食行业协会等相关主体（唐彰元，2020）。社会监督往往具有及时性，能够对旅游饮食安全问题快速做出反应（崔淼等，2019）。游客监管，主要通过对游客进行饮食安全维权的宣传和教育，增强游客的饮食卫生安全防范意识、维权意识和自我保护能力，自觉抵制问题饮食；通过建立规范而便捷的游客投诉渠道，维护游客自身的合法权益。社会组织方面，消费者协会和其他依法成立的消费者团体是对商品和服务进行社会监督、维护消费者合法权益的社会组织（王雨静，2014）。鼓励依法成立乡村旅游食品卫生安全监管的消费者协会的专门分会，鼓励成立专业性强的旅游食品安全维权的专门社会组织。饮食行业协会、旅游行业协会、餐饮服务行业协会等应当加强行业自律，要按法律法规和章程建立健全有关饮食生产经营的行业规范和奖惩机制，要为协会会员提供饮食安全信息、技术和政策解读等方面的指导和服务，要督促食品生产经营者依法生产经营。

（三）监管沟通

建立乡村饮食旅游目的地饮食信息对接、传递、交换、共享的平台，保障信息在政府监管部门、游客、社会监管组织、饮食生产经营单位与个人之间的有效沟通。第一，利用网络媒体、新闻媒体，真实、公正地宣传报道旅游目的地饮食安全情况，对出现的饮食卫生安全问题进行舆论监督。第二，将乡村饮食旅游与智慧旅游结合。智慧旅游也叫智能旅游，是基于物联网、云计算以及大数据等新技术，整合旅游信息资源，构建旅游地相关经营者与公众交互的信息平台，为公众提供查询服务，提供旅游资源、旅游线路、景点天气等旅游实时信息（张凌云等，2012）。通过智慧旅游信息系统，及时公布、更新乡村旅游食品安全信息。第三，区（县）饮食安全监管部门借助互联网＋、大数据、区块链等新兴技术，搭建互联共享的智慧饮食安全监管平台，对旅游目的地及企业的饮食安全进行监测监管及预警的同时，确保第一时间向社会公众反馈饮食安全信息。

三、加强乡村饮食旅游信用体系建设

乡村饮食旅游安全高质的保证，需要政府监管、社会监管形成他律，更需要行业自律。

（一）构建乡村饮食旅游信用体系

依据《文化和旅游市场信用管理规定》等相关法规，制定具体的信用管理政策，明确乡村饮食旅游经营主体和从业人员的信用信息采集、归集、公开和共享的规则。建立和维护乡村饮食旅游经营主体和从业人员的信用信息记录，实现信用信息的规范化采集与管理。

通过信用评价机制，对乡村饮食旅游经营主体和从业人员的信用状况进行动态评估，为市场监管和政策支持提供参考。加强信用监督检查，确保乡村饮食旅游经营主体和从业人员遵守相关法律法规，合规经营，维护市场秩序。构建守信激励和失信惩戒机制，对守信主体给予激励，对失信主体实施惩戒，促进市场主体诚信经营，形成良好的市场环境。为确保饮食安全，可建立饮食生产经营诚信档案，对饮食生产经营单位和个人实行饮食安全诚信分类监管，出台严格的失信惩戒措施，对有严重信用不良记录的单位和个人，可采取淘汰机制。利用这种公平公正、诚实守信的方式，提高单位和个人认真履行饮食安全的自觉意识。当然，还可将饮食安全规范和标准作为旅游村质量等级划分与评定的重要依据，以此强化乡村旅游目的地饮食卫生安全自觉意识。

建立健全信用修复机制，为失信主体提供改正错误和恢复信用的机会，鼓励失信主体主动改正错误并积极履行相关义务。坚持合法、必要、安全原则，公开失信主体信息，防止信息泄露和保护隐私的同时实现信息透明化，同时推进信用信息与其他部门共享，实施信用联合奖惩。

鼓励和支持乡村饮食旅游经营主体建立自己的信用品牌，提升服务质量和市场竞争力。利用一切机会和平台，加大对食材提供者、食品企业经营者与管理者、相关从业人员的饮食卫生安全宣传教育，定期组织人员进行专业卫生知识、安全管理系统化培训，普及饮食安全法律法规以及饮食卫生安全标准和知识，加强诚信文化建设，不断提高饮食卫生安全意识以及诚信守法经营意识，营造诚信经营的市场氛围。在乡村饮食旅游领域探索信用经济发展试点，创新信用应用场景，促进信用与乡村饮食旅游的深度融合，共同推动乡村饮食旅游的健康可持续发展。

（二）建立饮食安全追溯体系

为保障“从农田到餐桌”的饮食安全，将饮食风险最小化，应建立饮食安全追溯体系。该体系是指从食材到饮食加工制作最后到饮食消费的全过程中，饮食安全信息能够被顺向追踪（生产源头→消费终端）或者逆向回溯（消费终端→生产源头），从而保证饮食供应链各环节始终处于有效监控之中，从而保证主体责任明确、饮食质量安全。各地根据实际情况，可引入危害关键控制点分析(Hazard Analysis and Critical Control Point,HACCP)、良好农业规范(Good Agricultural Practice,GAP)、良好生产规范(Good Manufacturing Practice,GMP)等饮食安全控制技术,以此提高饮食安全监控水平。当然,饮食安全控制技术的真实有效的实施,还需要饮食生产经营单位和个人安全自律意识的形成。

主动将饮食旅游产品的开发与饮食安全教育有机结合在一起,提升饮食旅游产品体验的安全性、真实性和独创性。有条件的乡村地区,应自觉配备一定的具有医疗救助能力的工作人员,以防止和应对饮食中毒等安全事件的发生。

(三)持续推进生态原产地保护

2012年,中国国家质量监督检验检疫总局正式启动生态原产地产品保护(Protected Eco-origin Product by China,PEOP)工作。被评定为生态原产地保护的产品,可以获得PEOP标志,该标志将产品的生态属性直观地告知消费者。有调查显示,美国80%的消费者愿意多花5%的费用购买绿色产品,50%的消费者愿意多花15%的成本购买绿色产品(陈玺,2018)。在欧洲的调查显示,有无原产地标签是70%消费者在选择食品时考虑的重要因素(梁斯雅等,2014)。产品的生态化、原产地化被世界广大的消费者认可。

在乡村地区,保护生态原产地产品是饮食安全、绿色、有机、健康的身份标识,是乡村饮食旅游的金字招牌。乡村地区拥有大量的国家地理标志产品,也有众多的国家特色农产品优势区,在此基础上申报"国家生态原产地保护产品",是满足游客饮食旅游需求、顺应乡村旅游发展的需要,是让乡村地方名优农产品面向全国、走向世界、形成品牌的重要路径。为推进生态原产地保护建设,各地乡村地区应充分发挥地区自然地理环境优势,大力发展绿色农业、有机农业等生态农业,推进生态原产地命名体系建设;应扩大生态原产地保护产品申报力度和产品标志的宣传力度;应保持国际视野,树立"中国制造"生态产品的良好形象,确保生态原产地产品保护标志的使用与国际接轨。

四、推广文明旅游

通过政府引导、行业自律、公众参与的多元共治模式,形成文明饮食旅游的良好风尚，促进乡村饮食旅游经济的健康发展，实现乡村社会、经济、文化和生态效益的和谐统一。

依托《中华人民共和国旅游法》等法律法规，为旅游行为提供规范性指导。在此基础上，地方政府和相关部门应积极构建一套完善的文明旅游教育体系，通过媒体宣传、教育培训、公益广告等多种形式，提升公众对于文明饮食旅游重要性的认识，尤其是针对乡村饮食旅游中的行为规范、环境保护、文化尊重、食品浪费等方面进行重点教育。

推广文明旅游需要行业自律。通过定期培训提高从业人员专业素养，提升其职业道德和服务意识，使其能在旅游服务中起到示范和引导作用。同时，建立激励与惩戒机制，对于践行文明旅游的个人和集体给予表彰和奖励，对于违反规定的不文明行为进行管理和处罚，以此形成正向激励和负面约束相结合的管理模式。

在乡村饮食旅游的实践中，注重与当地文化的深度融合，突出社区在饮食旅游经营、饮食旅游活动、饮食空间等多方面的参与，尊重和保护乡村的自然风光和文化遗产，避免旅游活动对当地生态环境、文化景观、饮食文化造成破坏。参与性强的农事体验、饮食节庆、烹饪大赛等活动，让游客在乡村慢饮食旅游生活中，体验到的不仅是美食，更是舌尖上的文化，同时也增强了游客的文明意识和保护意识。

第三节　落实人才体系建设，保障智力支持

一、内外聚力，培养与引进人才

人力资源是行业竞争力的决定因素。乡村饮食旅游的发展，需要内外聚力培养人才、提升技能。内生动力方面，第一，落实乡村基层干部队伍建设，为守护地方饮食文化与追求乡村旅游高质量发展打好决策基础。第二，挖掘本土乡村精英、文化能人，在其示范引领下带动村民全面参与乡村建设。第三，提升村民素质，通过内部培训和外出学习，守住乡村文化土壤，营造乡村文化氛围。第四，全力鼓励本地青年归乡返乡，建设本土员工队伍，本地青年有家乡情结，其学习能力强、富有开拓创新意识，他们的助力既能

缓解饮食类非遗的技艺日趋老龄化问题，也能为饮食文化创新注入活力，推动乡村旅游的创意发展。第五，加强人才培养，饮食文化应纳入中小学乃至高等教育培养计划，并且作为文化遗产的一部分得到充分承认和保护。

外部力量方面，一方面，借力外部智囊团，通过与高校、研究机构、行业专家等合作的方式，共同培育文旅运营团队，推动产学研合作人才的培养。另一方面是人才引进。通过人才引进的方式，招募大学生、艺术青年等。为增加乡村饮食旅游对年轻人的择业吸引力，乡村便捷的交通、生态优良的生活环境、齐备的公共服务设施、稳定的团队等应予以保障。值得注意的是，饮食旅游知识涉及当地食品知识、科学食品知识、旅游知识、当地管理和政治知识等内容（Bertella，2011），因此饮食旅游的教育培训必须是多学科的、灵活的和不断发展的。

二、提升技能，加快人才基地建设

基地的建设旨在通过专业化培训和实践教育，提升旅游从业人员的专业技能和服务水平，进而提高乡村饮食旅游的整体竞争力。首先，确立与旅游市场需求相匹配的培训课程体系，包括旅游服务、餐饮制作、文化传承等相关课程，以确保培训内容的实用性和前瞻性。其次，整合地方资源，如特色食材、传统烹饪技艺、乡村文化等，形成具有地方特色的培训项目。再次，建立一支由行业专家、学者和资深从业者组成的教学团队，通过案例教学、现场实训等方式，提升培训的互动性和实效性；此外，与旅游企业、行业协会等建立合作关系，为学员提供实习和就业机会，实现培训与就业的无缝对接。最后，注重评价和反馈机制的建立，通过定期评估培训效果，不断优化培训方案，确保培训质量。

三、注重传承，培养饮食类非遗传承人

饮食类非遗饱含丰富的技艺和深厚的文化内涵，且与中国传统文化观念如阴阳观、道德观、自然观等紧密相连，满足了人们对食物的基本生理需求以及对美食艺术享受和文化认同的心理需求（杨铭铎等，2020）。然而，在乡村地区，饮食类非遗的传承却面临诸多困境，如部分饮食原料采集、渔猎技艺面临失传的危机，地区文化受冷落，饮食类非遗项目传承人老龄化（三

分技术七分火的烹饪技艺，需要时间的历练），以及缺乏有效的保护机制和资金支持等。

为保障中国乡村饮食旅游文化保护和文化传承的要义，在中国烹饪协会牵头成立的“中国饮食类非遗传承与保护课题组”以及发布的《中国饮食类非物质文化遗产传承与保护倡议书》的基础上：

（1）依据《国家级非物质文化遗产代表性传承人认定与管理办法》，建立和完善传承人的选拔、培养、认定和管理制度。

（2）将非遗传承纳入正规教育体系，如建议把“非物质文化遗产项目”的传承纳入“高等院校学历教育体系”，通过学校教育培养非遗传承人；鼓励社区和家庭成员参与非遗传承活动，尤其是家庭传承和社区参与为主的项目，如粽子制作技艺、陕西的“biangbiang 面”等传统面食制作技艺、云南的过桥米线制作技艺、民族筵席等。代际传承、社区传承对于保持非遗项目的活力至关重要。代际传承保持了非遗项目的连续性和活力，年轻一代有能力、有意识从创新视角为非遗项目注入新的活力；社区传承则通过集体参与的形式，增强社区的凝聚力，增强人们对本民族文化、民族身份的认同感和归属感，增强文化自信。

（3）实施饮食类非遗传承人研修培训计划，提升传承人的技能和艺能，加强传承梯队建设。

（4）结合现代科技和教学手段，创新传承方式，如利用数字化信息收集和整理档案资料，以及开展在线教育和远程教学。

（5）借力产业融合，拓展传承路径，如深化饮食非遗研学之旅，通过实践性强的培训班和工作坊，让学习者借助亲身体验和实际操作学习传统技艺。

（6）推动非遗与农业、加工制造等产业的融合，文化赋能，以饮食类非遗文化的独特性、传统性、地方性，为农产品提供品牌故事和文化附加值，创新农产品的加工方法，延伸农业产业链，设计国潮文创产品等。

（7）为传承人提供必要的经费资助和政策支持，鼓励其开展授徒、传艺、交流等活动，同时鼓励非遗传承人拓宽国际视野，学习和借鉴其他国家在饮食类非遗保护和传承方面的成功经验。

第四节　完善基础设施建设,提升旅游体验质量

基础设施为乡村饮食旅游的发展提供了基础性支持,是实现乡村旅居的基础性保证。乡村旅游基础设施短板主要体现在乡村道路及交通标识、供水供电、公共厕所等领域(金川,2019)。

一、补齐乡村基础设施短板

在《国务院办公厅关于保持基础设施领域补短板力度的指导意见》(国办发〔2018〕101号)指导下,加大特色农产品优势区的农业基础设施建设力度,并将各地乡村基础设施建设纳入地方规划的重大项目中,借助村庄规划、村庄土地利用规划、乡村产业布局规划等规划项目,借助乡村生活环境治理与优化项目,指导乡村旅游基础设施建设和公共服务设施布局,推进"最后一公里"的乡村旅游交通、旅游慢行绿道建设,改善乡村外部交通、村庄内部道路、供水供电供气,支持乡村厕所整改和新建工作,推进乡村生活垃圾和污水处理设施建设。

加大乡村基础设施项目的金融支持力度,完善乡村饮食旅游公共服务产品。通过融资、民间投资、地方财政等多种金融支持渠道,加强乡村基础设施和公共设施与服务的投入力度。加强乡村饮食旅游公共服务的精细化管理,加大乡村公共文化空间的建设,增加消防设施、露营设施、急救设施、咨询设施等的配备,保障游客的旅游服务及体验质量。

二、推进信息化与通信配套设施建设

信息化与通信配套设施建设是提升饮食旅游体验质量和运营效率的重要保障。首先,需要加强乡村地区的网络基础设施,实现高速宽带和5G网络的广泛覆盖,确保旅游信息的快速流通和游客的网络需求得到满足。其次,应建立和完善旅游信息服务平台,整合当地旅游资源,提供电子地图、在线预订、实时信息发布等功能,增强旅游的便捷性和智能性。同时,推动智慧旅游项目,利用大数据、云计算等技术进行旅游市场分析和预测,优化旅游管理和服务。此外,鼓励乡村旅游景点开发数字化体验产品,如虚拟现实

和增强现实应用，提升游客的互动体验。对于旅游服务设施，进行数字化改造，提升服务效率和质量。在人才培养方面，加大对乡村饮食旅游从业人员的数字技能培训力度，提高其服务能力和创新意识。此外，政府应出台相关政策，引导和激励社会资本投入乡村旅游信息化建设，形成政府、企业和社会共同参与的发展格局。

三、提升乡村道路交通与可进入性

首先，加大乡村道路建设力度，改善道路质量，确保道路的畅通与安全。具体包括对现有道路进行升级改造，拓宽路面，改善路基，以及增设错车道和会车点，提高道路的通行能力。其次，推进“四好农村路”建设，即建好、管好、护好、运营好农村公路，形成便捷高效的农村交通网络。同时，加强乡村与城市之间的交通连接，优化城乡交通布局，推进“最后一公里”的乡村旅游交通，提高公共交通的覆盖率和服务质量，开通通往乡村旅游点的公交线路和旅游专线，提供便捷的交通接驳服务。此外，还需完善乡村交通标识系统，设置清晰的指示牌和导览图，方便游客识别方向和选择路线。在旅游高峰期，应加强交通管理和疏导，避免拥堵，确保游客出行顺畅。探索建立智能交通系统，利用信息技术实时监控交通状况，及时发布路况信息，为游客提供出行参考。鼓励发展乡村绿色交通方式，推动旅游慢行绿道建设，如自行车道、步行道和马车游览等，既丰富旅游体验，又减少环境污染。

在提升可进入性方面，除了改善道路交通条件，还要加强与其他交通方式的衔接，如火车站、机场等，提供从交通枢纽到乡村旅游点的直通车或接驳服务。此外，应注重乡村交通与旅游规划的结合，将道路建设与乡村旅游景点布局、特色餐饮体验等相结合，打造主题旅游路线，提升整体旅游吸引力。

第五节　强化资金支持，促进投资增长

一、政府层面的政策、资金支持

落实经济政策，对乡村饮食旅游发展给予财政资金直接投入、税收优惠、金融支持、产业融合投入等方面的政策倾斜，更好地发挥政策的激励和

保障作用。

财政投入方面，政府通过设立专项基金和财政补贴，对乡村饮食旅游的关键领域和薄弱环节进行资金投入。相关资金主要用于支持乡村饮食旅游重点项目、改善基础设施，如交通、水利、信息通信等，为乡村饮食旅游的发展提供必要的物质条件。

优惠政策方面，政府利用税收优惠政策，减轻乡村饮食旅游企业的税负，激发市场活力，吸引更多的民间资本投入。同时，政府还可提供贷款贴息、担保支持、延期还贷、简化信贷手续等金融优惠政策，降低企业的融资成本，促进乡村饮食旅游的商业化运作。

健全投资融资体系方面，完善乡村饮食旅游与金融合作的政策举措，鼓励和引导金融资本、社会资本与乡村饮食旅游资源相结合，拓宽融资投资渠道。按照“政府引导、市场运作、风险共担”的原则，引导金融机构开发与乡村饮食旅游发展相应的金融产品与服务，支持和引导相关企业直接融资。有条件的地区，依托优势饮食旅游相关企业和金融机构建设饮食旅游金融服务中心，为中小微饮食旅游企业提供投融资服务。推进适宜采用 PPP 模式的旅游项目，依法依规推进项目建设。

产业融合方面，政府通过政策引导和市场激励，促进乡村饮食旅游与农业、文化、康养等其他产业的融合发展，拓展产业链，提升乡村饮食旅游的综合竞争力。政府支持乡村饮食旅游企业开发多元化的产品，如生态农业体验、民俗文化展示、健康养生度假等，满足市场的多元化需求。

二、金融机构的金融支持

信贷投放与融资渠道的多元化举措是中国乡村饮食旅游发展的重要保障。

金融机构如中国农业银行，通过提供专项信贷额度，确保乡村饮食旅游经营主体的融资需求得到优先满足。金融产品创新是支持乡村饮食旅游的关键，金融机构通过推出“惠如愿·农文旅贷”“美丽乡村贷”“乡村振兴·休闲贷”“民宿贷”等，以及“景区开发贷”“景区收益权贷”“惠农 e 贷”“农家乐贷”等特色金融产品，为乡村饮食旅游的多样化需求提供定制化的解决方案。创新的金融产品通常具有更灵活的期限、担保方式和定价机制，能够更好地适应乡村饮食旅游项目的特点和需求。金融机构还可通过优化信贷政策,简化贷款流程,提供优惠的贷款条件,如贷款定价、融资期限和还款方式等,进一步降低乡村饮食旅游项目的融资成本,提高融资效率。

拓宽融资渠道。金融机构支持乡村饮食旅游企业,通过发行债券、资产证券化等直接融资方式,进一步增强企业的资金筹集能力。此外,通过票据、并购重组等金融工具,乡村饮食旅游企业能够获得更广泛的资金来源,降低对传统银行贷款的依赖。

科技赋能。利用互联网技术和移动金融平台,提供智慧餐饮、智慧景区、智慧住宿等创新金融服务,提升乡村饮食旅游的运营效率和游客体验。同时,应用大数据和区块链技术,提高金融服务的透明度和安全性,提升资金监管能力和信贷风险预警能力。

第六节　保护旅游生态环境,保障绿色发展

一、"两山"理念的实践与推广

"两山"理念,即"绿水青山就是金山银山"发展理念,在中国乡村饮食旅游发展中发挥着至关重要的作用。该理念的实践与推广,不仅促进了乡村生态环境的保护和改善,而且为乡村旅游产业的可持续发展提供了坚实的基础和方向。通过强调经济发展与生态保护的和谐统一,乡村饮食旅游得以在不破坏自然环境的前提下实现经济增长。

政策层面,政府积极响应"两山"理念,通过提供财政补贴、税收优惠和专项基金等措施,鼓励和支持乡村饮食旅游的发展。同时,加大对乡村基础设施的投入,改善交通、卫生和信息服务,提升乡村饮食旅游的可进入性和舒适度。此外,重视人才培养和教育,通过加强对乡村饮食旅游从业人员的培训,提升其服务水平和环保意识,确保旅游活动的可持续性。在产业发展方面,"两山"理念引导乡村饮食旅游与其他产业如农业、文化产业等实现融合,创新发展模式,提升乡村饮食旅游的附加值和吸引力。通过发展特色农产品和乡村旅游产品,实现生态价值的转化和提升。此外,"两山"理念还强调文化传承与创新,将乡村饮食文化与旅游紧密结合,提供深度的饮食文化

体验和中华传统文化沉浸，增加乡村饮食旅游的文化内涵。通过建立乡村饮食旅游示范点，发挥典型案例的示范引领作用，推广“两山”理念，激励更多乡村地区效仿和创新。

二、多举措保护生态环境

落实生态旅游发展理念，保护好乡村生态环境。2015 年，《中共中央 国务院关于加快推进生态文明建设的意见》明确提出，牢固树立尊重自然、顺应自然、保护自然的理念，加大自然生态系统和环境保护力度，发展循环经济，发展有机农业、生态农业，引导全社会树立生态文明建设意识。天人合一是乡村饮食旅游的核心吸引力，天人合一为乡村饮食旅游提供了一种人与自然和谐共存的生活方式，而这种生活方式的基础是清洁的水源、肥沃的土壤、丰富的生物多样性以及清新的空气。为了维护这一基础，必须采取一系列综合性的环境管理措施。

首先是水资源的保护。水是生命之源，也是农业生产的命脉。通过建立合理的水资源管理体系，如推广节水灌溉技术、建设雨洪利用设施、实施水质监测和保护措施，有效保障水资源的可持续利用。其次是土壤保护。通过实施土壤肥力提升计划、推广有机肥料使用、开展土壤侵蚀防治等措施，提高土壤的生产力，减少化肥和农药对环境的污染，并进一步保障乡村饮食的绿色天然无污染。再次是垃圾和污水处理。通过建立垃圾分类收集和处理系统、推广生态化厕所、建设污水处理设施等措施，有效减少污染物的排放，改善乡村环境卫生状况。最后是注重绿色建筑和节能技术的推广。通过采用本土材料、应用绿色建筑设计、推广可再生能源利用等措施，降低建筑能耗，减少旅游设施对环境的影响。

三、利益相关者的生态旅游意识树立

乡村饮食旅游的绿色发展需要政策支持和科学管理。政府部门应构建起科学的饮食资源保护与利用体系，出台相关政策，鼓励和支持乡村饮食旅游经营者采用环保材料、实施节能减排措施，保护传承好饮食文化，保护利用好饮食生产生活依托的自然资源与空间环境，保持生态原真性、乡村景观原真性。同时，要重视认证制度如生态旅游认证、绿色食品认证等对旅游业可持续发展的作用。

社区居民应树立环境自律意识，自觉成为环境保护的监督者与执行者，并从环境保护中获益。旅游企业应自觉遵守环境保护标准，牢牢树立社会责任意识，推广循环经济、绿色经济和蓝色经济的良好做法，如合理使用塑料和能源、减少食物浪费、做好食物垃圾管理等，改善公众形象，提升旅游竞争力。相关从业人员应主动接受环保教育和培训，不断提高环保意识和实践能力。游客在跨文化交流活动中，应尊重目的地文化真实性，保护其文化遗产和传统价值观；应自觉履行绿色消费，节约资源、减少饮食浪费。

第九章　盐城乡村饮食旅游发展研究

2017 年，中共中央办公厅、国务院办公厅印发《关于实施中华优秀传统文化传承发展工程的意见》，该意见明确要求到 2025 年，中华优秀传统文化传承发展体系基本形成，研究阐发、教育普及、保护传承、创新发展、传播交流等方面协同推进并取得重要成果。饮食文化是中国传统文化的重要构成，其要义不止在满足人们的果腹之需，更在其极具情感认同、身份认同、文化认同和国家认同元素，饱含人生观、价值观、宇宙观、道德观，等等。加强对地方饮食文化的保护、传承与传播，迫在眉睫。我国乡村振兴的发展实践证明，乡村旅游发展是饮食文化保护性发展的重要路径。当前，我国乡村旅游趋于常态化发展，乡村旅游的核心在乡土性，重在乡愁，而乡土性、乡愁得以展示的重要载体离不开乡味——饮食文化，所以饮食文化的保护对乡村旅游的发展也具有重要意义。鉴于此，本章立足二者互动机理，结合网络文本分析把脉游客对盐城乡村饮食旅游的感知，厘清盐城乡村饮食旅游的发展路径。

第一节　饮食文化保护与乡村旅游发展的互动机理

一、饮食文化带动乡村旅游发展

饮食文化是特定社会群体中在食物原料开发利用、食品制作和饮食消费过程中的技术、科学和艺术，以及以饮食为基础的习俗、传统、思想和哲学（赵荣光，2018）。饮食文化内容丰富、功能多样，具有鲜明的地域性特征。饮食文化对乡村旅游发展具有显著的带动效应，能够拉动旅游需求、提升乡村旅游竞争力、盘活乡村，提升乡村旅游品质、赋能乡村振兴。

(一) 饮食文化关乎身份认同,拉动乡村旅游需求产生

2020年春,一幅"为武汉热干面加油"的漫画引发了全国人民的共同关注,武汉市文化和旅游局发出的关乎饮食的三幅感恩海报触人心弦、让人为之动容。饮食为何有如此吸引力?食物经常被作为识别某一个国家、民族、族群的因素,反过来,这种标识又成为认同的依据,成为特定群体的文化标识,人如其食,因此饮食文化具有身份意义,是特地群体、特定区域的情感认同、身份认同的重要依托。对于乡村地区而言,饮食文化是守住乡愁、承载乡土记忆的重要载体。游客追求身份认同(张朝枝等,2020),因此饮食文化对于游客极具吸引力。

(二) 饮食文化极具教育价值,为乡村旅游活动的提质给予保障

中国饮食文化蕴含深刻的哲理和思想,极具教育价值。从具体的饮食对象看,以茶为例,茶性俭,人茶相通,通过品茗体悟人生,以茶节俭、以俭养德,淡泊修身、宁静养性;以鸡为例,其具备"文、武、勇、仁、信"特征,克己复礼成仁,向善而食,表达了中国人的道德理想。从食之味角度看,酸、甜、苦、辛、咸是饮食五味,更是人生的复合滋味,苦尽甘来,味里看人生;而饮食之淡味,则更多的是一种人生态度,淡泊名利,崇尚自然,返璞归真。内涵厚重的饮食文化可以提升乡村旅游活动品质,不仅让乡村饮食"有吃头""有玩头",还更"有说头""有学头"。通过乡村饮食之旅,食里看人生,以食见精神,打造有厚度、有精度、有温度的乡村旅游,引导人们树立正确的人生观和价值观,追求人格的完善。

(三) 饮食文化具鲜明地域特征,有助于增强乡村旅游竞争力

饮食文化具有鲜明的地域性特征,人无我有,正是这种特征,彰显了地方特色,成为乡村旅游资源中极富魅力的部分。Mgonja(2015)指出加强食物和旅游之间的联系是促进乡村旅游可持续发展和经济发展的重要方式。曾经不起眼的乡村美食,如今已成为旅游经济发展的重要推动力。此外,地方饮食具有一定的观赏性和治愈功能,每一道美食、每一种味道、每一个饮食技艺都表征着地方独特的文化内涵,品饮食精华,听人文故事,可彰显乡村旅游特色,树立地方品牌形象,进而提升其市场竞争力。

《2018中国旅游美食消费力白皮书》明确指出,在旅游餐饮生态中地方

特色美食最受欢迎。当下“乡村＋饮食旅游”已然成为国内外乡村旅游发展的重要模式，美国加州纳帕谷、法国拉菲葡萄酒庄、瑞士格吕耶尔奶酪小镇、韩国江原道旌善郡大酱村、中国绍兴黄酒小镇、中国盱眙国际龙虾节、“关中印象地”袁家村等，充分立足地方的特色饮食及其文化，彰显了“人无我有”的饮食原产地形象，成就了乡村旅游发展的典型。

（四）饮食文化富含天人合一思想，为乡村旅游开展提供良好人居环境

打开中国文化的钥匙是“天人合一”，中国茶文化、酒文化、饮食烹饪文化、筷子文化、饮食思想、饮食民俗、饮食礼仪等，都蕴涵“和”思想。例如，中国饮食取材讲究靠山吃山靠水吃水、就地取材，人与自然的和谐强调了乡村的生态环境保护；再如，筷子使用习俗中的成双成对、应用习俗中的“多个人多双筷子”，多了一分“以和为贵”，增进了乡风文明，以上为乡村旅游的开展提供了良好的自然与人文环境。

二、乡村旅游推动饮食文化保护

乡村旅游的吸引力所在关乎乡村地域及农事相关的风土、风物、风俗、风景组合而成的乡村风情，为此，乡村旅游的核心是乡村文化（刘德谦，2006）。饮食文化是凸显乡土、强化身份认同、传达地方文化的重要符号。随着乡村旅游的开展，乡村饮食文化的丰富内涵被关照，饮食文化的多重价值得以提升，饮食文化建设的内生动力（村民）被激活，饮食文化建设的外部推力（旅游者、乡村人才等）被善用，饮食文化得以保护。

（一）乡村旅游发挥饮食文化多重价值，推进饮食文化的保护与传承

食物不仅是人类消费的必需品，更是旅行中不可或缺的旅游产品和旅游体验，乡村旅游整合了饮食文化资源，为游客提供了丰富的地方美食、独特的饮食空间等，为饮食文化资源优势向经济价值、文化价值、社会价值的转变提供了优质路径。村民是地方美食、饮食空间、饮食习俗、饮食思想等的创造者、享有者，也是乡村旅游经济的受益者，饮食文化的多重价值在旅游中得到释放，其重要价值的凸显激发了村民保护地方饮食、传承饮食习俗、保护饮食空间的自觉意识，持久的文化自觉带来的是文化自信，进而形成广泛的文化认同感。村民的文化自信、文化认同，有助于饮食文化再发现、保护和传承，并在旅游跨文化交流中让饮食文化再现新颜。

（二）乡村旅游招徕乡村建设人才，助力饮食文化的发展

乡村旅游为年轻人提供了就业创业平台，本地年轻人返乡创业、外地大学生来乡做创客，吸引了大批文创、互联网、时尚、动漫等新兴产业的优秀企业和人才。他们的视野开阔，学习能力强，富有创新意识，为饮食文化创新发展、生根发芽提供了智力支持。

（三）乡村旅游提升饮食文化市场认知度，推动主客文化双向交流

乡村旅游以乡土为核心，拥抱自然、追求健康、追寻心灵的家园，在此前提下，乡村旅游对乡村饮食的安全卫生、绿色健康、地域风情、人文关怀等予以关注，呈现以上特征的乡土饮食旅游活动、旅游商品得到了旅游市场的认可，并形成了广泛的市场传播效益。旅游的本质是跨文化交流，旅游循环凝视与乡村文化修复存在耦合关系（孙九霞，2019），在一村一特色的乡土饮食及其活动中，游客发现饮食文化的特色与价值，并从地方视角凝视城市文化，为乡村饮食文化的创新找准了切入点。

（四）乡村旅游推动乡村发展，多方面保障饮食文化保护

乡村旅游是乡村经济发展的重要载体，发展乡村旅游将有力促进乡村一、二、三产业融合发展，不断提高乡村环境和口碑，构建乡村新的产业优势、经济优势，以上为饮食文化保护提供了环境和经济支持。此外，乡村旅游经济的可持续发展离不开村民的支持，村民同时又是饮食文化的创造者，村民的支持与参与，为饮食文化保护提供了人力保障。饮食文化保护与乡村旅游发展互动机理如图 9-1 所示。

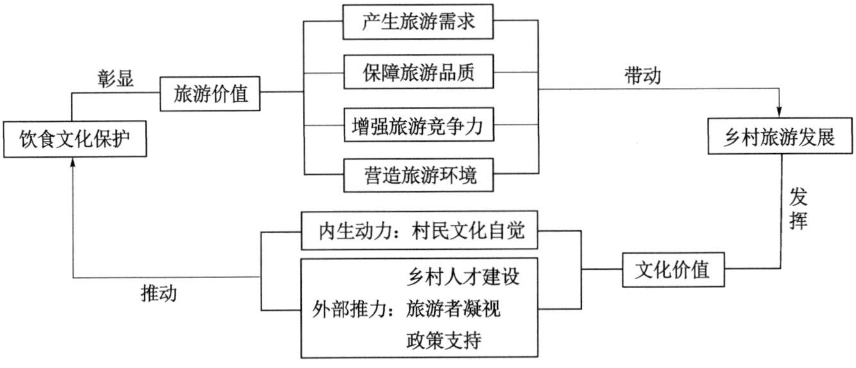

图 9-1　饮食文化保护与乡村旅游发展互动机理

以饮食为核心吸引物的乡村饮食旅游，不是走马观花式的旅游，而是以地方乡村饮食为特色，将饮食品尝、饮食生产生活体验、食治养生、烹饪教育、以食会友等体验融于饮食旅游活动中，从可观可览到可吃可玩，再到可买可学乃至可疗可传，多层次全方位打造沉浸式的乡村旅游，全面提升游客体验质量。此外，乡村饮食旅游的发展担当着守护地方传统饮食的使命，于家乡味道中守护乡愁，于地方美食中唤醒人们的味觉记忆，进而引发游客的情感共鸣，记住乡愁、回归乡村。

第二节　盐城饮食文化旅游资源调查与评价

一、盐城饮食文化旅游资源调查

饮食文化涉及全部食事的总和。具体来说，饮食文化包括两大方面内容：第一，饮食的生产和生活内容，既涉及食物原料的开发、生产、食品加工制作、饮食器具的制作等饮食生产事项，又涉及饮食和饮食消费等饮食生活事项。可以说，饮食、器具、生产加工、饮食消费方式等，它们反映了饮食的自身规律和本质特征。第二，以饮食为基础的文化延伸，包括饮食思想、传统乃至哲学、礼仪等，它们多具非物质文化形态特征。以此为据，将盐城饮食文化分类梳理如下。

（一）地方食材

（1）五谷类：射阳大米、二棱大麦、建湖大米、大丰大米、阜宁大米、滨海大米、东台大米。

（2）禽畜蛋类：海子牛、阜宁黑猪、灶种乳猪、大丰草鸡蛋、滨海草鸡。

（3）蔬菜类：除常规蔬菜类，如响水浅水藕、大丰裕华大蒜、大丰东沙紫菜、响水西兰花、盐东羊角椒、东台下灶蚕豆、大丰南阳辣根、阜宁沙岗小花生、尚庄番茄、南洋白荔子萝卜、射阳蒜薹、响水牛蒡、安丰山药外，还有药食两用的食材，如黄海公路以东地区的罗布麻、滨海的白首乌、弶港甜叶菊。

（4）食用花卉：洋马菊花。

（5）水果类：东台西瓜、龙冈茌梨、阜宁西瓜、恒北早酥梨、盐都草莓、大丰南阳柿子。

（6）海鲜类：近海滩涂贝类，如弶港文蛤、弶港泥螺、竹蛏、蛤子，此外还有鲻鱼、鳗鱼、小黄鱼、大丰宝龙龙虾等。

（7）河鲜类：大纵湖大闸蟹、四鳃鲈鱼、建湖青虾、九龙口大闸蟹、马家荡大青蟹、马家荡野生甲鱼、射阳河银鱼、红鲌鱼、河蚌、青蒲箭蟹等。

（8）调味品类：海盐、各式酱类（如东台麻虾酱、益林酱油）。

总体而言，盐城食材集农产、水产、林产、禽产等于一身。稻米品种多样，蔬鲜果芳，还有很多药食两用的植物性食材，瓜果梨桃不胜枚举，其中东台西瓜、恒北早酥梨、盐都草莓、龙冈蜜桃、大丰南阳柿子颇负盛名，不少已成为国家地理标志产品。靠山吃山靠水吃水，智慧的盐阜百姓充分利用海湖河之利，实现了海鲜、湖鲜、河鲜的自由，也因此衍生出了彰显海湖之利的调味品类，如海盐及各式咸鲜的酱类。

（二）茶酒资源

盐城透着地方性之名的茶韵酒香，如滨海五醍浆酒、建湖越橘酒、建湖黄沙港牌大曲、射阳花露酒、东台陈皮酒、东台木瓜酒、射阳菊花茶等。从功能角度看，这里的茶酒，富有保健功能、药用价值。

（三）特色菜肴

盐城既有时令特色乡土菜，也有贯穿四季的盐城老味道。盐城地区颇具地方特色的乡土菜有射阳清蒸鲳鱼、建湖九龙口砂锅鸭、东台麻虾肉圆、阜宁杀猪菜、响水麻辣蜗牛、盐都红烧大纵湖白壳螺蛳、盐都烩土膘，此外盐都生炝条虾、东台螃蟹葵花劗肉、东台臭酱油豆、射阳蟹豆腐、建湖九龙九鲜、滨海杀猪菜、滨海蛤蜊斩肉、阜宁东沟小狗肉、阜宁宁富六喜圆、糯米肉圆、麻虾狮子头、奶汁鱼浮、铁板文蛤、金汤翅捞干丝、红烧河鳗、瓜姜肉、海癞蟹豆腐、蟹黄羹、清汤白鱼圆、山芋团子、刘庄麻辣鸡、白炖鲻鱼、拆烩推浪鱼、烩素鱼皮、草炉饼老鸭汤、鲈鱼汤等也浓缩了盐城的乡味乡情。

（四）面点小吃

盐城，有米的盛产，也有面的经典。东台鱼汤面，历史悠久、广为流传。建湖藕粉圆、滨海五粮粥、阜宁大糕、伍佑糖麻花、金刚脐、米饭饼、鸡蛋饼、鲸鱼饼、麻虾汤包、野鸭灌汤包、上冈草炉饼、大冈脆饼、滨海小银鱼粥、盐都锅熠银鱼等也都承载了厚重的地方味道。

（五）饮食类技艺（与饮食生产生活相关的技艺）

伴随着水乡生活，盐城还孕育了喜闻乐见的多类饮食类技艺。

盐城各级饮食类非遗项目主要有盐城海盐晒制、大丰瓷刻、五醍浆酒酿造、允大糟坊白酒制作、东台陈皮酒酿造、步凤麦酒制作、大纵湖醉蟹制作、巴斗黄泥螺制作、合成昌醉螺制作、东台鱼汤面制作、盐城八大碗制作、东台“六大碗”烹制、恒济大鱼圆制作、藕粉圆制作、梁字五粮粥制作、白驹三腊菜制作、葛武嫩姜片制作、滨海香肠制作、小海香肚制作、许河猪头肉制作、滨海捆蹄制作、盐城风鹅制作、溱东老鹅烹制、大套无名梨梨膏糖制作、里下河糖塑、阜宁糖画、唐氏酥糖制作、面塑（阜宁面塑、龙冈面塑、学富面塑）、阜宁大糕制作、裕德昌八珍糕制作、富安酥儿饼制作、大冈脆饼制作、糖麻花制作、白驹桂森果子制作、何首乌粉制作、山芋团子制作、粉丝制作（陈涛老祁粉丝制作、响水粉丝制作）、松花蛋制作（翔鸿松花蛋制作、堤西松花蛋制作）、堤西咸鸭蛋制作、硕集姜氏卜页制作、后港王宜茶干制作、臧家豆腐制作、豆轶坊蒲包茶干制作、益林酱油制作、何老大酱油、土酱酿制、陆师傅古法小榨油技艺。

加之，盐城为百河之城、沿海之城，渔业资源丰富，内河及海洋捕鱼技艺及其相关捕鱼器具的加工制作颇显水乡风情，如到了春汛捕捞小黄鱼，就可览渔船“早上空打空，晚上驮不动”的奇景，而东台沿海出海满载会习俗则不乏酒文化、饮食原料开发等的影子，饮食文化意蕴厚重。盐城特色美食多样，每一道美味都有独到的烹饪技法和食用方式，以大闸蟹为例，其常见的做法有清蒸、醉蟹、椒盐炒制、蟹黄羹、蟹黄汤包、蟹酿橙、酥皮大闸蟹等。

（六）饮食习俗

1. 日常食俗

盐城有食粥的传统，糁子粥便是地方常见粥食之一，就着米饭、饼包、油条，别有风味。而提及粥食小菜，沿海渔民腌制的蟛蜞尽显靠水吃水原则，味道鲜美异常。一日三餐之外，盐城有“吃下午”的习俗。下午茶点一般有麻油馓子、脆饼等，既可以干吃，又可以用热水加点糖泡着吃，缓解饥饿顺带休息一会儿，以便接下来更好地劳作。

2. 人生礼仪食俗

小孩诞生、婚礼、寿礼、葬礼等人生礼仪场合，盐城八大碗是招待客人的传统，只是十里不同风、百里不同俗，盐城区域内八大碗在口味与用料上存在差异，如响水、滨海口味偏咸，东台、大丰口味偏甜，射阳海鲜多，建湖鱼虾多，亭湖区、盐都区则综合所长。盐城八大碗以汤菜、烩菜居多，注重吊汤，讲究原汁原味。旧时，八大碗中的最后一道鱼是留给主人家的，体现了盐阜人民的一种礼仪文化。

3. 岁时节令食俗

盐城地区在春节、元宵节、二月二、立夏、端午、天贶节、乞巧节、立秋、中秋节、重阳节、腊八等传统岁时节令的饮食既有与其他地区相似的普遍性，也有盐城地区的特殊性。如东台正月初二、正月十八"落灯"食鱼汤面，早在清末民初已成定规，正月里安排吃鱼汤面祈求吉祥安康，期盼福寿绵长。立夏期间，建湖地区会裹粽子、煮藕，小孩趁天不亮坐在榔头上吃蛋，吃不完的蛋则放在网兜内挂在颈项上。传说，太阳不出吃蛋，夏天不会生病。端午节前后，水乡农民会用秧苗上的露水洗脸，用艾叶熬水沐浴，以便在恶月免生毒疮，东台民间则要吃红萝卜。立秋盐城民间流行吃瓜，尤其要吃西瓜、梨瓜、苏瓜或香瓜，寓意"啃秋"或"咬秋"，啃了秋的人不会在秋天生病。中秋节藕盒和冷锅饼颇受欢迎。到了重阳节，则有吃三张饼以代蒸糕之说，吃了饼，过冬不怕冷。而在春节，盐城则有抢鲶鱼之俗，寓意"年年有余""守祟镇祟"，过年的年夜饭上要有腐竹和生菜，取"富足""生财"之意。

4. 饮食禁忌

岁时节令场合，盐城地区在饮食的语言表达、进食方式等方面皆有禁忌，如食品吃完须说"吃满"、除夕夜忌"水泡饭"、慈姑称作"万万顺"等；生产生活中，渔民作业，上桌的鱼头忌朝东，以免"东游入海，打不到鱼"。

（七）饮食思想

盐城地方饮食的制作与食用中尽显中国传统和合思想，辨证施食，因时而食，不时不食。生炝条虾清明前最佳，蛏子则在清明、谷雨期间最肥美，野鸭灌汤包则是冬令美味。而"秋风起蟹脚痒"，九月雌蟹黄满肉厚，十月雄蟹膏足肉坚，金秋时节恰是食用盐城多地湖蟹的最佳时刻。螃蟹性寒，吃时必须配姜末、醋汁，还可以喝一壶温热的黄酒；螃蟹腥味重，可用柠檬水去腥；食用结束，最好喝姜茶，既助消化也驱除螃蟹寒气。饮食思想饱含中华优秀传统文化的天人合一观，饮食取材讲求因地制宜、因时制宜，饮食消费注重不时不食、应时而食、辨证施食，较好地融合了饮食的“休闲＋体验＋养生＋科普教育”等多重功能。

总体而言，盐城乡村饮食资源丰富，种类多样，既有“特产之乡”，也有“地理标志产品”，蔬鲜果芳、茶韵酒香；既有鱼米之丰、海湖河鲜之胜，也有盐酱之饶；既有肴馔之特，也有小食之美；既有技艺之精，也有思想之优；既有习俗之传统，也有种植之现代；既有食品之绿色，也有天人之和谐。以上，为乡村饮食旅游发展提供了资源基础，为游客乡村旅居质量的提升提供了保障。

二、盐城饮食文化资源旅游评价

（一）饮食环境优良，有“看头”

很多乡村都有自己特色的农副产品，当各种形式的农副产品生产种植活动落实在具体的区域空间，就形成茶庄、果园、稻田、桑田、牧场等饮食生产环境。近年来，盐城乡村地区经过“一村一品”产业结构优化调整，形成了大规模的水稻种植基地、经济果林、养殖水面、种植水面（如莲藕）、蔬菜园、渔场、盐场等。以上空间能满足游客到乡村观光休闲的需求，既可观览稻田风景、万亩荷塘、乡村生态，也可领略白色盐城、海上渔家的别样。

（二）饮食种类多样，有“吃头”

盐城地区乡土饮食种类多样，总体而言农产、畜产、禽产、水产、林产一应俱全，具体来说：既有“南米北面”之面的经典，也有米的盛产；既有海鲜之胜，也有瓜果之长；既有鱼羊同烹的鲜味，也有百味称为首的咸味；既有药膳之功的茶酒，也有康健生态的野蔬；既有时令盐城特色乡土菜，也有贯穿四季的盐城老味道。所以，味觉盐城，通过地方饮食文化的深入挖掘、品质管理，可让游客领略盐城的饕餮之美。

（三）饮食生产生活丰富，有“玩头”

盐城乡土饮食生产技艺、饮食生活习俗丰富，既有具国内影响力的海盐晒制技艺，也有与他处不同的醉螺制作；既有渔村常见的打鱼晒网，也有为人并不熟识的古法技艺；既有民之常情“吃下午”习俗，也有特殊时节的饮食活动。以上生产生活事项能满足游客参与体验、教育体验、互动体验等的需求，所以盐城可依托以上资源，设置诸如让人乐道的采大豆、磨豆腐、做豆干以及踩水车、犁地、插秧等流程性生产活动，也可以设置饮食民俗体验活动。

（四）饮食类产品品质保证，有“买头”

盐城各地目前已经形成了一定量的地理标志农副产品，也有具省内知名度的乡土菜，还有喜闻乐见的面塑、糖塑等饮食类技艺，以上农副产品、乡土美食、饮食技艺，都可转变为旅游商品，它们既能充分保证盐城旅游商品的品质，也积极拓宽了盐城旅游商品的种类，让游客有买头，为盐城乡村经济的提升助力。

（五）饮食文化内涵厚重，有“说头”

饮食文化具有确切的身份认同、文化认同功能，也有鲜明的地域特征，每一道美食、每一种味道、每一个饮食技艺的背后都有故事。以鱼汤面为例，其旅游价值就不只局限于有吃头；以调味料海盐为例，其旅游价值就不只局限于有玩头。以饮食为符号，鱼汤面、海盐背后蕴藏的乡味乡愁、人文故事，是其代表的沿海湿地形象、开拓进取的城市精神。乡村饮食旅游的发展，可从饮食符号表征的内涵出发，借助乡村饮食旅游讲述盐城故事、传播盐城声音，增强盐城乡村旅游的卖点。

（六）饮食养生教育功能鲜明，有“学头”

在盐城乡土饮食原料的取材、饮食习俗及饮食禁忌、饮食思想中，一方面，富含中华优秀传统文化天人合一观，讲求饮食取材因地制宜、因时制宜，注重饮食消费不时不食、食治养生；另一方面，也深藏哲理，一味“咸”、一杯菊花茶、一道麻辣鸡……都极具教育价值。如以射阳菊花茶为例，菊花＋茶，菊花傲霜斗雪的生长特点（古称不老草、延年客）、茶性以俭的茶道精神，让菊花茶既具有康体养生延年不老功效，也能让人们茶里看人生，正如在盐城有过停留的郑板桥所书“白菜青盐糙子饭，瓦壶天水菊花茶”，寥寥几字，淡泊名利的人生态度跃然纸上。所以深挖饮食蕴藏的价值，有助于实现乡村旅游融“休闲＋体验＋养生＋科普教育”于一体。

第三节　盐城饮食文化与乡村旅游融合互动的现状

盐城乡村旅游取得了骄人成绩，“尝美食，赏美景”已成为盐城乡村旅游发展的重要举措。当前，饮食文化与乡村旅游的融合互动呈现以下几种状态。

一、饮食原料生产空间旅游利用

靠山吃山靠水吃水，盐城各地乡村旅游的发展充分利用了饮食原料资源生产空间，就地开发了多样的农业副业观光地，如盐都区杨侍草莓园、龙冈桃园、大纵湖大闸蟹生态养殖基地、野绿芳地蔬菜家庭农场，大丰恒北早酥梨种植园，东台巴斗渔村、东台三仓千亩西瓜大棚，射阳万亩菊花基地、射阳县桑乐田园农耕实践基地、射阳大米产业园，阜宁春华秋实现代农业示范园，响水云梯关村创意种植示范园。在这里，游客可游览田园风光，品尝新鲜瓜果，体验采摘乐趣，体验乡村旅游。

二、农家乐

研究表明，食物、环境的原真性对于游客的情绪和感官价值都有着积极的作用，游客的原真性体验直接影响了游客的回头率(Jang et al.，2012)。农家乐模式下，农户自己经营老字号、农家饭，农民还住在原地，完好地保留了农村原生态的生活场景，游客可通过采摘农产品，制作乡村美食，参与乡村饮食民俗活动，品尝私家菜、特色菜、招牌菜来体验原真的乡村生活。盐城各地农家乐的开展，满足了人们品农家菜、果蔬采摘、农事体验、游乐休闲、体验乡村慢生活的需求，全梨宴、三菇开烩、花雕醉泥螺等特色菜、私家菜得到市场认可。

三、饮食节庆

乡村旅游节庆开发模式能实现为乡村旅游引流、拓宽乡村旅游产品线功能。目前，盐城市地方政府联合地方餐饮企业、学校、烹饪协会、景区景点等，举办了多彩的美食节，如大纵湖螺蛳美食节、大纵湖大闸蟹开捕节、中国杨侍生态美食节暨杨侍杯盐城地方菜烹饪技能大赛、台海菊花节、仰徐草莓节、龙冈桃花节、尚庄番茄节、恒北梨花节、大洋湾唐渎里美食节、乾宝湖羊美食节、盐城大洋湾湿地美食博览会、“美好南洋·亭甜冬桃”品牌发布会暨采摘节、亭湖牡丹美食节、东台西瓜节、滨海白首乌节、七彩阜宁农业嘉年华、阜宁金沙湖渔文化旅游节等。以上节庆活动中，部分已成为地方节庆品牌，助力了全国休闲农业与乡村旅游示范点的创成。

四、主题旅游街区

饮食文化资源呈散落状分布在各个乡村，并呈现辐射范围小、影响力低的特点，因此有必要将其整合以形成集聚效应、规模效应，打造饮食文化主题旅游街区便是极好的选择，于是大洋湾唐渎里美食街区、西溪草市街美食街区、金丰南路美食文化街区等代表性街区便应运而生。饮食文化主题旅游街区的理想追求是沉浸式体验，它以饮食文化为主题，以文化街区为平台，以游客体验为根本来展示乡村特色美食、饮食制作技艺、饮食习俗、饮食礼仪、饮食思想等。所以无论是色香味形俱全的美食、美食制作过程的开放式展示或体验、主题街区的设计与布置等，都应该且必须突出地方性、乡土性特点。

五、旅游商品开发

游客游玩结束后，会慕名选购当地特产与家人分享，其中游客选购最多的是土特产和地方特色食品。即将当地风味食品（小吃、点心）、土特产（肉制品、蛋、禽类、果品、蔬菜）、地方饮料（酒、茶）、保健品、药膳品和当地盛装美食的竹篾器具、饮酒器具进行工业化、规模化和系列化生产，使之成为包装精美、风味独特、便于携带的旅游商品。当前，盐城饮食类旅游商品以农副产品为主，如恒北早酥梨、盐都草莓、大纵湖大闸蟹、葛武嫩姜片、东台陈皮酒、滨海香肠、建湖藕粉圆等。

第四节　盐城饮食文化与乡村旅游融合互动的不足

一、重局域发展，轻整体效应

盐城各地积极响应乡村振兴战略，通过乡村旅游路径推进产业振兴、文化振兴、生态振兴等。不论是大丰恒北村还是盐都区杨侍村，抑或东台巴斗村，其乡村旅游发展已形成自己的规模效应，三者的成功有共性之处，都做足了乡土饮食文化的文章，恒北早酥梨、杨侍草莓、巴斗渔文化，形成了各自与众不同的饮食旅游形象，但多样的饮食旅游形象并未形成合力，以致盐城乡村旅游的饮食整体形象定位不明。

二、重基本业态，轻升级业态

盐城农业副业观光地、农家乐、饮食节庆、饮食类主题街区、饮食类旅游商品多满足了游客基本的观赏需求、休闲需求和参与体验需求，突出了盐城乡村旅游“有看头、有吃头、有玩头、有买头”基本业态，但饮食文化的挖掘利用不足。从情感体验角度来说，乡村旅游需要提高品质，既要优化基本业态，也亟待完善“有说头、有学头”升级业态，这就需要加大对被低估、被遗忘的饮食文化内涵的挖掘及价值的彰显，复兴饮食背后的人文故事。

三、偏同质开发，轻创新发展

在盐城乡村旅游发展中，不论是农业种植景观的利用还是饮食类节庆活动的设计，不论是美食街的开放还是农家乐活动的开展，皆存在一定的同质化问题。此同质化，既指盐城域内的雷同，也包括盐城与域外的雷同。例如在美食街，盐城地区饮食受到了大量外来饮食的胁迫，盐城特色不足，缺乏创新和创意，难以适应旅游市场需求的变化，既影响旅游市场推广，也易固守陈规影响饮食文化的与时俱进，从而导致本地饮食文化的生存空间越来越狭小。

四、重有形文化，轻无形文化

盐城饮食文化在乡村旅游中多以有形的物态呈现，如旅游土特产品、特色美食，饮食技艺、饮食习俗、饮食思想等未能较好地在乡村旅游中凸显。保护好、利用好、传承好无形饮食文化资源，有益于丰富乡村旅游活动门类，提升乡村旅游品质，打造创意旅游商品。

第五节　基于网络文本分析的游客乡村饮食旅游感知

乌铁红等(2019)利用旅游者网络游记分析地方感视角下民族地区旅游

城市呼和浩特的旅游要素感知，并凸显了“食”是地方感的重要组成部分。选取携程旅行网为样本来源，通过“盐城”“美食”“饮食”选择，并对盐城城市区域游记、广告性游记、非盐城地区游记等内容进行剔除，选择符合条件的游记后，利用 ROST CM6 软件进行数据处理。

一、高频词统计与语义网络分析

通过 ROST CM6 软件对文本进行分词和词频分析，去除一些无实际意义的指代词，整合意思相近词语后，最终得到 100 个与研究内容相关的高频词(表 9-1)。

表 9-1　100 个高频词

序号	高频词	频数	序号	高频词	频数	序号	高频词	频数	序号	高频词	频数
1	盐城	291	17	自然	57	33	条子泥	30	49	唯一	21
2	东台	245	18	温泉	54	34	农业	29	50	吸引	21
3	景区	143	19	丹顶鹤	51	35	海盐	27	51	环境	21
4	大洋湾	143	20	大纵湖	47	36	西瓜	26	52	滩涂	20
5	麋鹿	109	21	鱼汤面	46	37	苏北	26	53	休闲	20
6	文化	105	22	爱情	43	38	博物馆	26	54	烧烤	19
7	美食	90	23	中国	41	39	唐渎里	26	55	风光	19
8	樱花	88	24	生态	39	40	沙滩	25	56	野生	19
9	八大碗	73	25	味道	38	41	生态旅游	24	57	沿海	19
10	酒店	72	26	故事	36	42	安丰古镇	24	58	地区	19
11	地方	66	27	黄海	35	43	小吃	23	59	多年	17
12	旅游	63	28	大丰	34	44	鲜美	22	60	西溪	17
13	历史	63	29	滨海	33	45	海鲜	22	61	风味	17
14	江苏	62	30	上海	32	46	乡村	22	62	旅行	17
15	湿地	61	31	荷兰花海	32	47	现代	22	63	烧烤	17
16	特色	61	32	当地	31	48	梨花	21	64	海春轩塔	16

表 9-1(续)

序号	高频词	频数	序号	高频词	频数	序号	高频词	频数	序号	高频词	频数
65	戏剧	16	74	幸福	15	83	黄海森林公园	14	92	魅力	13
66	美味	16	75	拍照	15	84	品尝	14	93	海边	13
67	美好	16	76	惬意	15	85	草房子	13	94	农村	13
68	欣赏	16	77	下午	15	86	口味	13	95	北方	13
69	新鲜	16	78	风格	14	87	春光	13	96	口感	12
70	鸡蛋	16	79	园林	14	88	种植	13	97	烧饼	12
71	好吃	16	80	农家	14	89	夏天	13	98	采摘	12
72	享受	16	81	芦苇荡	14	90	传统	13	99	里下河	10
73	适合	15	82	豆腐	14	91	自由	13	100	水乡	9

为了研究的进一步深入，利用 ROST CM6 软件中的社会网络和语义网络分析功能，生成高频词的语义网络图(见图 9-2)。

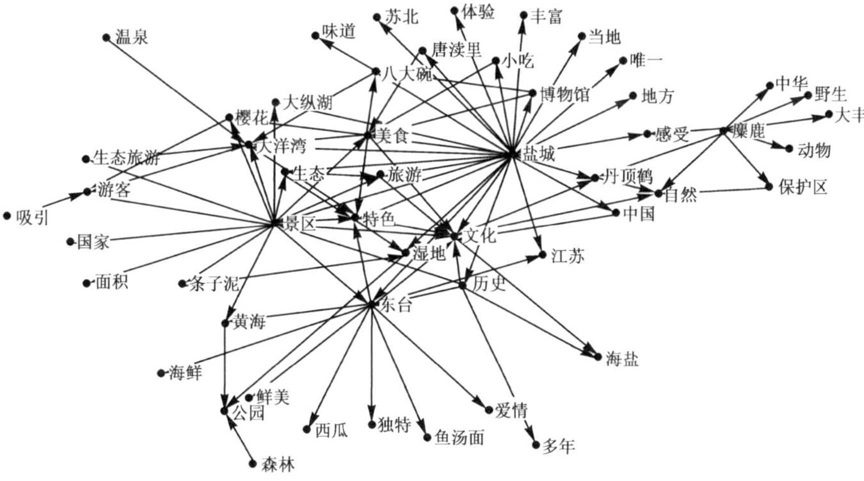

图 9-2　社会网络与语义网络分析图

由图 9-2 可见，高频词汇中心为“盐城”，次中心为“美食”“文化”“特色”

“大洋湾”“东台”。盐城地区的地方饮食特色及其文化底蕴得到了游客的认可，不仅如此，美食“八大碗”与“盐城”直接相连，足以印证八大碗是盐城旅游的重要名片之一，也是守护盐城地区味蕾记忆的重要见证。

二、盐城乡村饮食旅游的感知分析

由表 9-1 和图 9-2 可见，游客的乡村饮食感知表现为以地方——地理区位与场所为基础与重点，以地方性——盐城特色为辅助，以地方依恋——认同与依赖为升华。

（一）“地方”分析

“盐城”位居高频词榜首且是语义网络的中心词汇。盐城，位于“江苏”“苏北”地区，东临“黄海”，是“里下河”平原地区的重要构成。盐城地区有着中国第一处滨海湿地类世界自然遗产，该世界遗产地范围内 5 处重点区域中有 3 处在“东台”沿海，其中就包括“条子泥”景区。此外，“大丰”也是游客青睐的旅游目的地，大丰知青农场承载着一代上海知青的回忆。地理区位加之历史等原因，“上海”成为盐城重要的旅游客源地之一。

“大洋湾”“唐渎里”是游客对盐城乡村饮食最主要的感知场所，此外“大纵湖”“荷兰花海”“安丰古镇”“西溪”“黄海森林公园”“草房子”等也是盐城乡村旅游线路的重要节点，为游客所感知。

（二）“地方性”分析

“美食”是游客对盐城乡村旅游的重要感知要素之一。与盐城美食相关的高频特征词虽未能成为语义网络图中的关键节点，但其鲜活生动地表征着盐城地方特色。其一，近水楼台，“滨海”的地理优势孕育了盐城古老的“海盐文化”，盐城因盐得名，因盐而兴，因盐而盛。而盐，百味称为首，所以，盐城从它的诞生之日起，便与饮食有着发生学的关系，海盐文化及其历史成为盐城饮食文化的重要标识。其二，靠山吃山靠水吃水，盐城虽没有山，但临海、拥湖、揽河的“湿地”特征给这里带来了“海鲜”“湖鲜”“河鲜”等丰饶的三鲜美食，例如半汤半菜的“八大碗”、“鲜美”养生的“鱼汤面”、沿海滩涂的各式贝类、“芦苇荡”“水乡”的螃蟹。其三，沧海变桑田，肥沃的湿地资源助力了盐城“农业”发展，盐城成为我国重要的农产品生产和供应基地，造就了多种“自然”“生态”的绿色名特优农产品，如国家地理标志产品“东台西瓜”、大丰恒北早酥“梨”。基于以上分析可见，盐城地区可盐可甜、又鲜又美的美食特色旅游形象已然为旅游市场感知。

（三）“地方依恋”分析

根植地方“盐城”，立足地方特色，游客体验到的是“文化”“海盐”、“美食”“美味”、“小吃”“好吃”。味觉的吸引往往最让人动容也最难以忘怀，因为每一种味道、每一道美食、每一个饮食技艺的背后都有故事。“故事”里的盐城海盐文化，游客感知的不只是文化背后的心酸与不易，更是盐城人富于冒险、不断进取的开拓精神以及中国劳动人民的勤劳智慧；“物无定味，‘适合’者珍”，“味道”里的八大碗，呈现的不仅是汤汤水水、繁多样式，更是作为一种地方符号，给人以满满的仪式感，让人体味盐城岁时节令、婚丧嫁娶民俗风情的同时，让记忆中的味道蔓延，记住乡愁；“自由”地“享受”小吃好吃，不只是用舌尖来“品尝”，更是旨在唤醒满满的“幸福感”，让人慢慢了解、慢慢爱上这座城。故事里的海盐文化、味道中的盐城八大碗、幸福的多样小吃……是游客对盐城的地方认同、文化认同和中国人身份认同的最好诠释和生动说明，它们让游客对这座中国唯一一座以盐命名的城市有了依赖和期待。

（四）旅游感知综合性分析

游客的游记，真实记录了其在与乡村的不断互动中，对盐城乡村饮食的体验和感知。他们熟悉盐城地理区位，熟悉东台、大洋湾美食，了解湿地三鲜；他们对这里有一定的归属感，因为盐城及其饮食是适合自己的；他们，尤其是上海知青，对这里有着非一般的认同感，盐城对他们而言是特别的、有重要意义的地方，因为这里有很多故事；他们喜欢这里，对这里有一定的依赖感，因为在这里获得了幸福。但不能忽视的是：除了以上提及的地理区位和场所外，游客对盐城其他区域和场所的饮食熟悉度有限，其他地方亟须提升市场感知度；为更好地呈现盐城乡村饮食文化，需要有效景观载体呈现；饮食是旅游感知的重要构成但不是唯一构成，且饮食之美饮食之韵也不应局限于菜肴瓜果小吃，体现盐城味道的茶食酒食、饮食思想、饮食消费习俗等都应被感知；乡村饮食文化的食材关乎地方农业，乡村饮食文化的生存环境是农村，乡村饮食文化的承载者是当地村民，所以游客对乡村饮食的感知应强调农业、农村和农民特色，特别应强调当地村民在旅游中的参与性及与游客的互动性。

第六节 盐城乡村饮食旅游创新发展的路径

一、政府引导，积极打造盐城乡村饮食旅游品牌

（一）形象引领，整体发展

盐城向海而生，是我国唯一一座以盐命名的城市，盐是盐城地标性饮食，加之咸是百味之首，因此，以“味道盐城”为基点，推动“寻味盐城”乡村旅游活动的开展，通过乡村旅游的发展逐渐强化“味道盐城”形象，盐城味道从拥抱大自然走起，走进百姓寻常生活的柴米油盐。之所以要明确盐城饮食对外的形象，因为饮食文化具身份认同、文化认同要义，对外统一盐城饮食形象有助于强化盐城黄海之滨的认同感，可让盐城人游盐城、黄海人游盐城时能够更好地找寻那份乡愁。

（二）空间布局，联动发展

以点带面，区域联动发展。地方政府在乡村饮食旅游发展中起着重要的宏观调控作用，统筹其发展。盐城各区县乡村饮食资源特色有别，现有市场感知度不同，可围绕“一核两轴四带”的战略布局，以点带面，统筹联动。“一核”，以大洋湾景区为核心区域，利用盐城地标性美食八大碗的优势，将其打造成“湿地民俗体验地”，进而形成产业优势。“两轴”，主要利用盐城美丽乡村旅游公路1号线和2号线，打造尽显东部海鲜风味、西部湖荡风情的美食旅游地标轴线，东轴线辐射区域包括东台、大丰、射阳、滨海和响水，西轴线辐射范围涉及盐都区（大纵湖）、建湖和阜宁。两条轴线串联盐城全域，对区域联动发展、促进区域协调具有重要作用。“四带”是立足地方特色互补式发展提出的，打造四条饮食文化旅游带，旨在避免同质化竞争，形成多元产品优势。具体包括：在东台、大丰、射阳沿海三区找寻“海”的味道，打造以海鲜、瓜果为主题的海鲜文化旅游带；在盐都区、建湖县找寻“蟹”的味道，打造以湖鲜、小食为主题的湖鲜文化旅游带；在串场河流经的安丰、西溪等古镇找寻“时间”的味道，打造以海盐为主题的饮食文化科普教育旅游带；在滨海、阜宁、响水找寻“养生”之方，打造以健康养生食品、河鲜为主题的“食治养生，至味河鲜”特色美食旅游带。

（三）食旅融合，产业链发展

食旅融合，实现的是饮食产业链条的融合，融合了一、二、三产业。政府部门需充分认识到食旅融合与一般思路的“由一产向二产和三产拓展”不同，切实从政策扶持到资源投入、从统筹规划到建设施工、从法规制定到监督管理展开顶层设计，沿着“三产带二产促一产”的产业发展基本路径，发展盐城乡村饮食旅游，带动盐城饮食生产加工业，促进盐城特色农副产品的种养殖，实现饮食与乡村旅游的深度融合。

深入推进“三产带二产促一产”的产业发展路径。首先，需将盐城农副产品与农副产品加工、饮食旅游体验融合，将现代种养业与传统工艺、饮食类非遗旅游体验和文创产品融合，以期实现以食物原料为中心，使游客历经饮食原料的“开发→加工→制作→消费”全过程，满足其观光、休闲、康养、文化、猎奇等多元需求。其次，深度挖掘饮食文化，建档立项，梳理盐城老味道，保护盐城老字号，让受限于城市空间的老字号在乡村饮食旅游中发挥优势。再次，扶持龙头餐饮企业，整合盐城乡土菜肴、果饮和酒饮，借助其品牌效应，推广味道盐城。最后，根植天人合一思想，守牢乡村绿色环境，利用安全特色饮食文化打造盐城风味体验地，进而形成餐饮、旅游产业品牌优势。

（四）多举合力，规范发展

政府部门主导：通过土地政策、金融政策、减贫政策等实现城乡文旅的统筹发展，通过旅游法规、餐饮安全标准、旅游监管、信用体系建设等推动乡村饮食旅游发展有法有据可依、规范化发展，通过管理横向联动部门协作助力乡村振兴，通过乡规制定说服村民保持村落原有机理。

行业协会协助：盐城烹饪行业协会、盐城旅游协会通过协助政府管理饮食市场、旅游市场，助力饮食与旅游的规范化发展。

二、立足基本，创意追求饮食旅游多元业态发展

以“味道盐城”为基点，以“寻味盐城”为动线，优化现有“有看头、有吃头、有玩头、有买头”的基本业态，完善“有说头、有学头”升级业态，实现盐城韵味、滋味、趣味、品“味”、意味、至味的打造，在留给游客一个回味无穷乡村之旅的同时，复兴盐城饮食文化。

（一）积极优化饮食环境，提升乡村旅游的“看头”

通过农副种养区域创意设计、乡村餐饮环境改造，提升乡村旅游的看头。盐城水稻种植历史悠久，出产以射阳大米为领衔的众多名品，可选取射阳一水稻示范基地，根据时令推进稻田画景观艺术。每年稻田画的题材不同，既可紧扣盐城湿地多样性的主角之一——保护性动物，也可紧跟时事脉搏，描绘人物形象，还可以展示微缩版的国内外名胜。丰收之前，举行“稻田文化艺术节”，助推稻田景观艺术对外的影响力，提升盐城米业整体知名度，助力乡村旅游经济发展。乡村餐饮环境改造，旨在强化乡土饮食氛围，在建筑风格、内部装修、服务着装、美食特色等细节方面下功夫，旧时草房子、渔具、农具、餐具、灶具等有形资源都可融入其中。以上，通过提升乡村旅游的看头，让游客认识韵味盐城。

（二）充分利用本土饮食资源，提升乡村旅游的“吃头”

盐城地区食材种类多样，饮食类非遗数量众多，肴馔小吃也不在少数，可立足现有资源，依托乡村风味山庄、乡村精品餐厅、乡村创意餐厅、乡村酒店、农家乐餐馆、乡村美食街、乡村美食长廊等，深度打造原生性、多样性、本土化、品质化的乡村美食。原生性方面，突出乡村餐饮的绿、野、鲜特色，突出烹调技艺手工性和天然性，强调放心美食。多样性与本土化则是立足盐城海河之利、果蔬之长，打造多样餐饮，特别需对小吃与宴席给予关照。“小吃好吃，吃好吃小”，多样的地方性乡土小食更能彰显盐城风情，一是守护盐城传统风味小吃，但在口味和品相上要兼顾现代人的需求，做佳做精；二是“盐”料“外”烹，借鉴它域的烹饪技法，上新各式豆制品小吃、肉类小吃、果蔬类小吃；三是有选择性地引进与本地饮食文化背景相似或相关的小吃资源，避免不同本质的异地饮食威胁到盐城饮食文化；四是创意，将盐城食材抑或将其味、形应用到冰激凌、冷饮等网红小食中。宴席方面可开发各类主题美食宴，如利用射阳菊花打造养生菊花宴，利用盐城药食通用的植物性食材及海鲜打造“八仙宴”（仙通鲜，此宴席也强化康养功效）。品质化意在重视乡村餐饮服务质量和美食质量。以上，通过提升乡村旅游的吃头，让游客品尝滋味盐城。

（三）全面丰富现有饮食之旅，提升乡村旅游的“玩头”

进一步利用酿酒、制酱等饮食类非遗、饮食习俗等无形文化，开发主题明确的乡村旅游项目,在保障运营管理的前提下,全面丰富现有乡村旅游活动并实现其可持续性发展。在旅游形式上,可以是亲子互动,可以是研学专项,可以是公司团建,也可以是运动强身,还可以是休闲康养。以滨海八滩镇为例,五醍浆酒酿造、允大糟坊白酒制作让这里散发出浓浓的酒香。因此,根植酒文化主题建造乡村酒庄,酒庄以酿酒原料高粱为起点,采用"生产—加工—制作—销售—售后"一条龙式项目设计,即集高粱种植、酿酒工艺流程体验与展示、各式白酒品鉴、白酒购买与存放(酒庄采用古法将酒封存于地下以备游客日后所需,游客每年只需支付一定的保管费用)、酒浴酒疗、饮酒习俗体验、住宿(晚间展示盐城民间技艺,如面塑、杂技)、餐饮(名副其实"酒"席,如醉蟹醉螺、香肠捆蹄、杀猪菜等)等于一体。此类庄园融风景观光、农事体验、科普教育、文化娱乐、康养休闲、美食消费等功能于一身,提升了乡村旅游的玩头,利于让人体会趣味盐城。

(四) 品质+创意,提升乡村旅游的"买头"

购物是乡村旅游经济的重要来源,旅游商品是乡村塑造良好口碑宣传效应的重要媒介,因此需确保饮食类旅游商品的品质,保证安全、环保、健康、放心。种类方面,饮食类旅游商品不应只限于现有的农副土特产品、风味美食本身,还应包括农副产品的深加工及创意利用,也应涉及将饮食技艺变成商品。以盐都草莓为例,对内在国内已享有较高的知名度,对外 2022 年第十届世界草莓大会举办权花落盐都,都充分说明了盐都草莓的品质和影响力。可依托品质草莓,深加工各种以草莓为主题的食品(如果干、果酱、果汁、果酒、草莓味甜品小食),设计创意十足的生活用品(如女士口红、腮红等彩妆),提升盐都草莓在伴手礼中的市场占有率。当然,作为伴手礼出现,需要注重其价格档次、提携便捷、包装设计。包装上美观是基本,创意是灵魂,好的包装更能提升游客的购买欲望。通过迎合市场需求的创意旅游商品开发,让人乐购品"味"盐城。

(五) 以食为媒,讲述盐城故事,提升乡村旅游的"说头"

游客边听故事、边看原料与加工烹饪工序、边品美食味道、边思索意蕴,使其乐在乡村美味之中。

在说的内容上:① 做好盐城饮食背后故事的挖掘,将藏于民间的故事、传说、俗语、日常禁忌语、禁忌、吉祥崇拜等融于乡村饮食服务中,提升乡村旅游饮食的趣味性；② 尊重历史，严谨、客观地呈现盐阜地区饮食所蕴含的历史故事，进而延伸至以食表征的盐城人的性格特征、城市精神，即勤劳、勇敢、合作、进取的性格特征，多元、开放、包容、创新的城市精神；③ 创意包装，既可附会饮食打动人心的情感故事，也可以歌曲的形式串烧盐城美食，让人聆听歌曲里的盐城招牌、盐城味道。

在说的主体上，乡村旅游组织形式以散客自助居多，所以饮食内容的讲解主要与村民相关，因此可以对村民集中展开知识培训，力争人人都是美食讲解员，提升文化自信。以上，通过提升乡村旅游的“说头”，让游客感悟意味盐城。

（六）以食为媒，学习中华优秀传统文化，提升乡村旅游的“学头”

于饮食中讲求文化，于旅游中弘扬文化，可令游客以饮食体验为路径，实现精神享受、人格完善的目的。盐城饮食文化内涵厚重，吃什么、怎么吃、为什么吃、什么时候吃以及吃了以后会怎样，都富含中华优秀传统文化。依托盐城食之多样、茶之俭朴、酒之热烈、味之咸淡、食之应时等，学习打开中国传统文化的钥匙——天人合一思想，倡导生态原则，避免舌尖上的浪费，引导如何科学合理健康饮食；学习儒家仁、礼、义、智、信、孝思想等，以食见人生，引导游客正确价值观、人生观的树立。学习的方式主要有：开设饮食类非遗学堂，将面塑、糖画等相对容易操作的技艺带进学堂，在学技艺做美食的同时，通过积极向上的时事人物形象、事件事物形象推进素质教育；开展饮食类非遗旅游体验项目，以沉浸的方式体验晒盐的艰辛、捕鱼的智慧、制酱的坚守等，展开精准学习；将“生态盐城”搬上餐桌，既可从美食评价标准之一“色”的角度推出绿色乡村餐饮，也可从“形”的角度推出形似生态盐城地标性景观的乡土美食，还可从“器”的角度，将盐城乡村特色柳编、草编（蒲草、芦苇、芦竹）、贝壳等制作成饮食器具，充分体现靠水吃水、天人和合的盐城魅力。

三、以景传情，讲述美食故事

游客对异地饮食之美的体验，不只是品味饮食，更应秉持整体观，把饮食主体当地人与作为客体的饮食和饮食活动视为一个整体，审视当地人根据自身的需要对饮食及其活动赋予了怎样的特定意义。所以，饮食景观的打造，既要充分考虑当地人的饮食生产生活，也要充分挖掘地方美食。

（一）焕新升级“盐城八大碗博物馆”

目前，位于大洋湾唐渎里的盐城八大碗博物馆是展示盐城地方美食的重要载体，是寻味盐城海的味道的重要媒介，是走进“人如其食”盐阜人的重要抓手。从地方感角度，从中国沿海、里下河之临里运河（京杭大运河淮扬段）的地理位置出发，紧扣南北兼容、临海拥湖揽河的地方性，在汤汤水水的八大碗里，以符号“八大碗”讲述盐城故事，走进这座盐的城。焕新升级中，强调在地体验，按盐城八大碗的历史与特征、食材、食器、食单、饮食思想、饮食习俗、饮食礼仪等主题划分陈列厅，通过图文、影像、考古遗物、模型、文献资料以及互动科技支持，借力定期举办的海盐文化讲座、三鲜美食展示会、盐城传统小吃展示会、国家地理标志产品展示会等活动，开发设计研学体验、品鉴休闲、美食文创体验、美食 DIY 体验、旅游购物等旅游产品，据此了解盐城八大碗的过去、走进它的现在、展望其未来。

（二）打造不同主题的生态博物馆

以生态博物馆理念，依盐城海鲜、海盐、瓜果、湖鲜的不同优势，选取恒北村、草堰村、三官村、巴斗村等代表性村落，打造既有外在的主题美食景观，也让瓜果、湖鲜、海鲜生产方式、生活场景重现的文化空间，让游客身临其境。通过五感，即视觉上传统的美食原料取材、加工制作流程的展示、体验以及与美食加工制作相关的各类老物件的陈设，听觉上与美食生产与消费相关的民间口头文学、行话，触觉上美食生产生活的亲力亲为，味觉和嗅觉上的质色香味形器俱全的地域美食，综合体验地方美食文化，进而升华为情感体验，最终强化其对盐城的认同和依恋。

视觉上，要求立足地方，就地取材，全方位地从食材到食器、从食单到食之境展示盐城“渔之美”“果蔬之芳”，提升盐城乡村美食旅游的看头。听觉上，通过展演活动、美食消费体验等，走进盐城方言，听一听美食蕴含的民间故事、开拓进取的盐城城市精神、饶有趣味的行话，提升盐城乡村美食旅游的“说头”。触觉上，一则可以亲力亲为“食材—加工—制作—品鉴”全过程，二则可以借助或内服或外用的方式体验饮食的休闲养生、食治食疗功能，三则可以引入社区支持农业模式，借助以上方式提升盐城乡村美食旅游的“玩头”和“想头”。味觉和嗅觉上，利用煎炒烹炸等多样烹饪技法，围绕蟹、梨、瓜创意设计出全席，提升盐城乡村美食旅游的“吃头”和“念头”，强化地方感，提高重游率。

（三）推出系列美食节庆活动

不时不食，因时而食，结合春生夏长秋收冬藏特征，推出不同主题美食节庆。春有桃莓夏有瓜梨，秋有三鲜冬有食治养生。需注意的是，节庆活动的选址应根植在地性，且突出“一节一品”，注重节庆活动的品牌效应和市场感知度。龙冈蜜桃、盐都草莓、恒北早酥梨、东台西瓜、大纵湖大闸蟹、滨海白首乌、射阳菊花茶，是感知乡土盐城的重要窗口。节庆活动中，强调主客体参与，即主体参与、客体参与、活动多元。主体参与，突出与美食有关的非物质文化事项，注重将饮食生产生活空间用于氛围的营造，将村民饮食习俗融入展演活动中去，实现村民与游客的真实有效互动；客体参与，主张从色彩、造型、图案、实物等角度将美食元素用于环境的设计、微缩景观的打造等；活动多元，从节庆到会议再到论坛，提升业界学界知名度。

各美食节上，除了桃、莓、瓜、梨、三鲜（河鲜、海鲜、湖鲜）等，还可创意设计系列美食筵席和旅游商品。以恒北早酥梨为例，全梨席的设计应涵盖从面点小食到香梨沙拉，从羹汤到菜肴，从茶饮到果酒，从调味梨醋到养生梨膏。旅游商品的开发上，既可开发饮食类商品，如袋装果饮（直饮）、盒装茶包、罐装酱菜、与梨有关的零食（如糖果、梨酥、果干等）；还可将与梨、梨花、梨树等有关的色彩、造型、图案、成分等用于工艺品的开发，如与衣有关的服饰，与食有关的锅碗瓢盆杯，与住有关的小型居家装饰摆件、观赏盆景，与行有关的雨伞，甚至含梨成分的美妆、香囊等。

（四）优化乡村美食体验街区

以精品求发展，打造具有地域品牌效应的乡村美食体验街区。乡村美食体验街区的设计，既可实现旅游六要素之一“食”的功能，也能在留住游客、延长旅游时间方面发挥重要作用。海湖河三鲜、蔬菜瓜果飘香、小吃好吃是游客对盐城乡村美食的重要感知，因此，结合当前盐城唐渎里美食体验街区的市场知名度，可以其为窗口，在美食街店铺卫生质量严格管理的前提下，在文创元素的融入下，差异化经营，地域化发展，即立足沿海特色，从饮、食、购角度，力求一店铺一招牌、一店铺一美味、一店铺一体验。

四、以人为本，守住乡村饮食旅游乡愁底蕴

守住村落，守住村民，才能守住乡愁，守住乡土饮食，让乡村旅游得以可持续发展。在城镇化率稳步提高的当下，守住乡愁离不开保护意识的树立。谁来保护？怎么保护？

（一）强调村民参与

村民是饮食文化的承载者，在由古至今的生产生活中，村民创造了“靠山吃山，靠水吃水”因地制宜的饮食原料开发技艺、“物尽其用，口传心授”的饮食制作技艺、“不时不食，因时而食”的饮食养生思想、以食表意的饮食消费习俗等。乡村饮食旅游的发展，充分重视村民主体地位，维护好饮食文化能人，进而推进能人示范引领下的全民参与，最终实现人人都是旅游人。

全体村民参与旅游发展，通过餐饮的提供、饮食类商品的销售、乡村旅游的红利等在乡村饮食旅游中获益，最终实现村民生活幸福，既能增强其对地方饮食的保护、传承和弘扬的意识，增进文化认同，坚定文化自信，又可增强其参与旅游的积极性，愿意继续居住在村里，缓解农村人员大量流失问题，守住村落的人文内核，为饮食文化的保护传承打牢坚实的人力资本，也为乡土饮食旅游氛围的原真性营造带来人气。

为保证饮食体验质量，对村民素质提出要求，组织村民参观、学习、讨论，保障“质、色、香、味、形、器、适、序、境、趣”十美饮食的呈现。以境为例，“开轩面场圃，把酒话桑麻”的生活环境和进食情境，离不开村民主体，村民参与旅游，自觉维护好乡村公共文化空间，营造好“鹅湖山下稻粱肥，豚栅鸡栖半掩扉”的乡村生产生活环境，有助于营造游客心中的乡村意象，有助于强化美食蕴藏的地方认同。

（二）注重人才引进与培养

人才为本，全面提升乡村人才素质，盐城乡村饮食旅游的发展应做到以下几点：

（1）全力鼓励青年归乡返乡。一方面青年人学习能力强，可以缓解盐城食材开发的技术、饮食类非遗的技艺传承乏力问题；另一方面青年人富有开拓创新意识，既可以为饮食文化创新注入活力，也可以带来乡村旅游的创意发展。

(2) 提升村民素质。通过内部培训、外出学习,解决思想问题、教育问题和服务问题,带动盐城饮食文化与乡村旅游的高质量发展。

(3) 招募大学生、艺术青年。引导其积极参与乡村饮食旅游,为饮食文化复兴提供支持。

(4) 与高校、研究机构联合。双方共同培育文旅运营团队,复建、修缮与传统饮食生产生活相关的工具和设施,并通过学术论坛、研讨会等方式出省出国,提高盐城乡村饮食旅游在国内外的认同度,助推饮食的传承、乡村饮食旅游的发展。

参考文献

艾于兰,2015.中山市乡村旅游消费需求偏好调查分析[J].南方农村(6):64-67.

安传艳,李同昇,翟洲燕,等,2018.1992—2016年中国乡村旅游研究特征与趋势:基于CiteSpace知识图谱分析[J].地理科学进展(9):1186-1200.

北京巅峰智业旅游文化创意股份有限公司课题组,2019.农村振兴战略与旅游实践[M].北京:旅游教育出版社.

贝塔朗菲,1987.一般系统论:基础、发展和应用[M].林康义,魏宏森,译.北京:清华大学出版社.

曹荔函,张克云,2013.当权力遭遇性别:近10年女村官研究综述与展望[J].妇女研究论丛(6):106-113.

曹水群,2010.西藏乡村旅游中的饮食文化资源开发[J].农业经济(9):35-36.

陈纯,朱文君,2022.江苏省乡村康养旅游资源类型及其特征[J].商业经济(6):110-112.

陈刚,姜毅霞,郭锐,2020.乡村旅游与文化遗产保护利用:以绿春县哈尼族饮食文化资源为例[J].黑龙江民族丛刊(2):45-53.

陈水映,梁学成,余东丰,等,2020.传统村落向旅游特色小镇转型的驱动因素研究:以陕西袁家村为例[J].旅游学刊(7):73-85.

陈思,2017.汪曾祺饮食散文研究[D].西安:陕西师范大学.

陈玺,2018.江苏生态原产地产品保护机制的完善研究[D].苏州:苏州大学.

陈言美,2022.新型城镇化、农村基础设施及旅游经济的互动研究[D].昆明:昆明理工大学.

陈悦，陈超美，刘则渊，等，2015. CiteSpace知识图谱的方法论功能[J]. 科学学研究(2):242-253.

程豪，杨钊，2021. 从大众旅游到乡村旅居：乡村区域旅游发展的新趋势：基于元方法的驱动力分析与旅居地假设[J]. 地理科学(1):83-91.

崔森，郑宏丹，2019. 中国旅游食品安全保障体系的构建及对策[J]. 食品工业，40(10):275-279.

代则光，洪名勇，2009. 社区参与乡村旅游利益相关者分析[J]. 经济与管理，23(11):27-32.

段兆雯，2012. 乡村旅游发展动力系统研究：以西安市为例[D]. 杨凌：西北农林科技大学.

邓国胜，李彦岩，2023. 资源贫乏型乡村产业发展的演化机制研究：以陕西袁家村为例[J]. 吉林大学社会科学学报(1):38-53.

邓学龙，2020. 中国旅游产业融合发展路径选择：基于投入产出视角[J]. 创新，14(1):42-53.

房士林，葛莉，2002. 刍议现代旅游者的饮食情结[J]. 扬州大学烹饪学报(4):39-41.

冯刚，王莹，2024. 习近平文化思想的价值、特质与内在逻辑[J]. 重庆大学学报(社会科学版)，30(1):101-111.

冯玉珠，2015. 丝绸之路饮食文化旅游资源开发研究[J]. 美食研究(1):25-29.

高万鹏，2023. 盱眙龙虾：产业升级铸就大品牌[J]. 中国品牌(2):60-61.

管婧婧，2012. 国外美食与旅游研究述评：兼谈美食旅游概念泛化现象[J]. 旅游学刊(10):85-92.

郭长江，崔晓奇，宋绿叶，等，2007. 国内外旅游系统模型研究综述[J]. 中国人口·资源与环境(4):101-106.

郭玉琼，2018. 中国乡村旅游发展报告(2017)[M]//厦门理工学院文化产业与旅游学院，福建省社会科学研究基地文化产业研究中心，福建省高校新型特色智库两岸文创研究院，等. 两岸创意经济研究报告(2018). 北京：社会科学文献出版社·白皮书出版分社.

郭占锋，李轶星，张森，等，2021. 村庄市场共同体的形成与农村社区治理转型:基于陕西袁家村的考察[J].中国农村观察(1):68-84.
韩诚,2022.风味小吃亦养生[J].开卷有益-求医问药(2):5-7.
韩小明,2006.对于产业融合问题的理论研究[J].教学与研究(6):54-61.
韩双斌,2022.江苏省乡村文化建设与乡村旅游发展耦合机理及水平测度[J].时代经贸,19(11):127-132.
韩双斌,2023.饮食文化振兴与乡村旅游发展的互促机理及协同对策[J].江苏商论(6):45-49.
何宏,2007.饮食文化对旅游发展的影响[J].社会科学战线(2):311-313.
何景明,李立华,2002.关于"乡村旅游"概念的探讨[J].西南师范大学学报(人文社会科学版)(5):125-128.
何丽芳,2007.乡村旅游饮食文化资源开发研究[J].福建林业科技(1):167-169.
何琼峰,2011.国内居民出游意愿的影响因素及区域格局[J].经济地理(10):1754-1760.
何顺斌,2013.四川烹饪文化溯源:三星堆文物与古蜀国食虫文化探秘[J].中华文化论坛(3):56-61.
何伟,2006."中国龙虾节"成功的三大要素分析[J].江苏商论(12):28-30.
何伟,2007.基于SWOT模型的"中国龙虾节"发展战略分析[J].南京社会科学(9):142-146.
何雪融,李雨洪,曾袁园,等,2011.关于促进盱眙小龙虾产业发展的政府政策研究[J].企业导报(13):114-116.
赫玉玮,张辉,2019."一带一路"沿线城市国际旅游合作的现实基础与路径选择[J].青海社会科学(2):58-65.
洪柳华,2015.泉州美食的旅游价值研究:以小吃为例[D].泉州:华侨大学.
胡丰顺,杨少波,2012.我国城市化进程中农村文化的变迁与重构[J].江西社会科学(11):238-241.
胡炜霞,张玉芳,2022.黄河中下游旅游效率评价及影响因素分析[J].干旱区资源与环境(7):187-193.
胡正荣,叶俊,2023.论习近平文化思想的形成背景、核心要义与实践路径[J].山东师范大学学报(社会科学版):68(6):12-22.

黄继元,2005.挖掘民族饮食文化,丰富云南旅游资源[J].昆明大学学报(2):28-32.

黄鑫,邹统钎,储德平,2020.旅游乡村治理演变机理及模式研究:陕西袁家村1949—2019年纵向案例研究[J].人文地理(3):93-103.

姬顺玉,王晶,刘伟,2015.农村妇女小额担保贷款发放的对象特征及影响因素研究:基于甘肃省微观调查数据[J].西北人口(1):123-128.

季鸿昆,2005.关于饮食的风味偏嗜[J].饮食文化研究(4):3-8.

贾蕙萱,2008.中日酱文化的异同[J].扬州大学烹饪学报(1):1-10.

江宏飞,陈昕,2020.整合营销传播视角下农产品区域品牌传播策略研究:基于盱眙龙虾的案例分析[J].科技传播(20):98-101.

蒋丽萍,2013.丽江纳西族“三叠水”宴席的旅游人类学阐释[J].旅游研究,5(3):43-47.

焦玟,李庆雷,2020.美食旅游目的地的构成条件与培育策略[J].四川旅游学院学报(4):47-50.

金炳镐,1999.中国饮食文化的发展和特点[J].黑龙江民族丛刊(3):87-93.

金川,2019.上海乡村旅游业市场结构及优化配置研究[D].上海:华东师范大学.

蓝勇,唐敏,2020.历史时期中国酸食空间分布及成因研究[J].云南大学学报(社会科学版)(4):48-59.

李朝军,郑焱,2014.政府间合作与区域旅游可持续发展:以大别山为例[J].资源开发与市场(3):361-365.

李东,代传煊,黄丹,等,2021.链式多重中介模型:旅游参与、目的地形象感知与行为意向:以新疆入境游客为例[J].昆明理工大学学报(社会科学版)(4):77-85.

李东祎,张伸阳,2016.基于IPA分析的游客美食旅游价值感知研究[J].旅游研究(5):49-55.

李锋,2013.旅游经济脆弱性:概念界定,形成机理及框架分析[J].华东经济管理(3):76-81.

李家凯,2017.旅游食品安全与区域经济增长关系研究:以贵州省为例[J].食品工业,38(10):219-223.

李江敏,李志飞,2000.文化旅游开发[M].北京:科学出版社.
李俊霞,刘心刚,屈雷刚,2010.非物质文化遗产资源分析及价值评价:以兰州为例[J].科学·经济·社会(4):184-187.
李乐京,2013.民族村寨旅游开发中的利益冲突及协调机制研究[J].生态经济(11):95-98.
李勤,闫永强,周帆,等,2021.在地性视角下的乡村度假村风貌营造策略探析:以柞水县香炉沟村某度假村为例[J].小城镇建设(5):57-65.
李爽,2021.乡村旅游开发对农村女性的影响研究:以宁夏回族自治区为例[D].银川:宁夏大学.
李涛,2019.乡村旅游投资的区域差异研究:基于浙晋两省的对比分析[D].北京:中国科学院大学.
李涛,王明康,2021.县域乡村旅游投资空间特征与区域差异:以266家全国休闲农业与乡村旅游示范县为例[J].旅游研究(3):47-60.
李涛,王钊,陶卓民,等,2022.基于产业投资视角的乡村旅游发展区域差异与形成机制[J].自然资源学报(8):2051-2064.
李想,何小东,刘诗永,2019.国内外美食旅游发展趋势[J].旅游研究(4):5-9.
李艳萍,怀丽华,2007.基于旅游者需求的旅游餐饮开发[J].天津商学院学报(2):46-49.
李悦,王新驰,张姣姣,等,2020.美食旅游引导乡村振兴实施路径及启示:以陕西袁家村为例[J].美食研究,37(3):24-29.
厉无畏,2002.产业融合与产业创新[J].上海管理科学(4):4-6.
梁慧,王远坤,刘明霞,2016.游客对旅游目的地地方美食体验感知的IPA分析:以湖北恩施州为例[J].农林经济管理学报(3):335-342.
梁斯雅,刘桂宁,2014.生态原产地产品保护制度的发展与展望[C]//国家标准化管理委员会.市场践行标准化:第十一届中国标准化论坛论文集.成都:761-765.
林晓珊,谢林卿,2020.从“吃饱”到“吃好”:城镇中产阶层家庭饮食消费中的健康实践[J].浙江师范大学学报(社会科学版)(4):75-84.
刘彬,2021.旅游者的饮食难忘体验、地方依恋与忠诚度的关系研究:基于成都的实证分析[J].美食研究(4):23-30.
刘滨谊,杨铭祺,2003.景观与旅游区AVC评价量化模型:以玄武湖景观区总体规划为例[J].中国园林(6):61-62,67-68.
刘沧,2021.美食旅游开发模式研究进展[J].食品与机械,37(9):228-231.
刘春呈,2021.铸牢中华民族共同体意识的饮食文化认同进路[J].广西民族研究(2):43-52.
刘德谦,2006.关于乡村旅游、农业旅游与民俗旅游的几点辨析[J].旅游学刊(3):12-19.
刘峰,1999.旅游系统规划:一种旅游规划新思路[J].理学与国土研究(1):57-61.
刘桂锋,李杰,2016.国外科研数据管理研究进展:基于CiteSpace和VOSviewer的可视化分析[J].图书情报研究(4):9-23.
刘桂兰,2010.民艺类非物质文化遗产的特征与旅游价值评价:以河南为例[J].河南师范大学学报(哲学社会科学版)(6):111-114.
刘军丽,2016.成都乡村美食资源评价与旅游开发研究[J].美食研究(2):37-42.
刘俐,路玉琴,万斌,等,2014.武汉市乡村旅游消费行为研究[J].现代商贸工业(20):83-85.
刘琼,谢一琼,2013.文化人类学视域中的土家族饮食习俗与民族旅游经济:以鄂西南咸丰县为例[J].湖北民族学院学报(哲学社会科学版)(3):11-15.
刘淑芳,杨虎涛,2020.新冠疫情对中日韩三国旅游业的影响研究[J].亚太经济(2):21-29.
刘涛,徐福英,2010.乡村社区参与旅游中的利益矛盾及协调对策[J].社会科学家(5):91-94.
刘婷婷,保继刚,2021.旅游吸引物的非垄断性与目的地市场秩序的形成:以陕西袁家村为例[J].旅游学刊(12):114-126.
刘卫梅,林德荣,2019.旅游者目的地信任:形成机制及溢出效应[J].经济管理,41(7):121-135.
刘溪辰,2016.谈饮食文化与旅游资源开发的结合[J].辽宁师专学报(社会科学版)(4):12-14.

刘筱红,2006.以力治理、性别偏好与女性参与:基于妇女参与乡村治理的地位分析[J].华中师范大学学报(人文社会科学版)(4):2-6.

柳邦坤,2015.盱眙国际龙虾节塑造与传播城市形象探讨[C]//淮阴师范学院传媒学院,淮阴师范学院传媒发展研究中心,中国高等院校新闻学与传播学理事会,等.江苏社科界第八届学术大会学会专场应征论文论文集:580-587.

鲁明勇,2011.旅游产权制度与民族地区乡村旅游利益相关者行为关系研究[J].中南民族大学学报(人文社会科学版),31(2):40-45.

罗柏言,张应平,2009.民族饮食文化与伊犁旅游资源的开发:以哈萨克族为例[J].中国商贸(11):140-141.

罗文东,李龙强,2023.习近平文化思想的历史地位、理论贡献和指导意义[J].当代中国史研究,30(6):4-15.

罗夏梓平,张媛,2022.食物与"美"的生活:旅游场域中"孔雀宴"的审美人类学解读[J].美食研究,39(2):34-40.

吕宾,2021.文化自信视角下乡村文化振兴:实践困境与应对策略[J].湖湘论坛(4):71-84.

吕贵民,2020.袁家村里的人气又旺了[N].陕西日报,03-26.

吕永刚,2021.盱眙"龙虾节"的火红之道[J].决策(6):55-57.

马当英,1992.中国旅游食品地理初探[J].西北大学学报(哲学社会科学版)(1):63-69.

马荟,庞欣,奚云霄,等 2020.熟人社会、村庄动员与内源式发展:以陕西省袁家村为例[J].中国农村观察(3):28-41.

马晓京,1999.中国清真饮食文化的旅游价值及开发[J].中南民族学院学报(哲学社会科学版)(3):55-58.

马勇,1998.旅游学概论[M].北京:高等教育出版社.

麻学锋,张世兵,龙茂兴,2010.旅游产业融合路径分析[J].经济地理(4):678-681.

苗遂奇,郭慧,赵瑞熙,2023.习近平文化思想的实践价值和世界意义[J].党建(11):33-36.

莫幼政,李万青,2021.乡村特色美食在乡村振兴中的价值及其实现路径[J].南宁师范大学学报(哲学社会科学版)(4):11-18.

潘柳榕,2021.乡村振兴背景下乡村饮食文化对乡村旅游的助推作用[J].中国稻米,27(6):155.

潘顺安,2007.中国乡村旅游驱动机制与开发模式研究[D].长春:东北师范大学.

彭华,1999.旅游发展驱动机制及动力模型探析[J].旅游学刊(6):39-44.

彭兆荣,肖坤冰,2011.饮食人类学研究述评[J].世界民族(3):48-56.

钱学森,2011.钱学森论系统科学[M].北京:科学出版社.

秦莹,2008.南涧彝族"跳菜"的文化功能及社会作用[J].云南民族大学学报(哲学社会科学版)(1):49-51.

茹拥政,2016."鉴湖"璀璨黄酒小镇:绍兴鉴湖酿酒老厂区成功申请为"绍兴黄酒传统酿制工业遗产保护基地"[J].中国酒(7):50-53.

茹拥政,2018.品黄酒·融世界 酒都绍兴起宏图[J].中国酒(11):30-35.

桑虹丽,2022.乡村饮食旅游动机对游客忠诚度的影响机制及路径研究[D].南宁:广西大学.

尚雯雯,2015.美食旅游动机视角下餐饮老字号游客满意度与忠诚度研究[D].开封:河南大学.

施冠玉,王晓鹏,赵凡,等.2021."十四五"期间盱眙龙虾产业二次创业发展建议[J].科学养鱼(12):4-5.

世界环境与发展委员会,1997.我国共同的未来[M].长春:吉林人民出版社.

世界旅游组织,1997.旅游业可持续发展:地方旅游规划指南[M].北京:旅游教育出版社.

宋红娟,2023.中国旅游产业融合的趋势和模式变化:基于非结构化数据[J].管理评论,35(1):97-107.

宋蜀华,2001.论中国的饮食文化与生态环境[J].中央民族大学学报(1):34-39.

孙九霞,2019.旅游循环凝视与乡村文化修复[J].旅游学刊,34(6):1-4.

孙九霞,张凌媛,罗意林,2023.共同富裕目标下中国乡村旅游资源开发:现状,问题与发展路径[J].自然资源学报(2):318-334.

孙文昌,1992.旅游学导论[M].青岛:青岛出版社.

孙志强,2008.乡村旅游特色餐饮开发研究[J].经济问题探索(8):137-140.

谭业,2016.中国旅游食品安全监管体系发展态势、问题及对策[J].食品与机械,32(2):219-211.

汤云云,晋秀龙,袁婷,2020.美食旅游动机对旅游者行为意向的影响分析:以南京夫子庙景区为例[J].南宁师范大学学报(自然科学版)(3):68-75.

唐友波,1991.从中西饮食文化的差异看文化旅游的基点[J].东南文化(6):295-299.

唐彰元,2020.旅游食品安全治理中社会监督机制[J].食品与机械,36(6)103-106,121.

陶璐璐,2022.西周饮食器具艺术特征及设计应用研究[D].青岛:青岛理工大学.

万辉,2006.酒文化旅游资源类型分析:以中国白酒为例[J].社会科学家(增刊1):215-216.

汪嘉昱,梁越,何莉,等,2021.成都历史街区美食旅游者聚类研究[J].乐山师范学院学报(11):53-58.

王朝举,2021.民族村寨旅游增权与社区居民福利感知研究[D].武汉:中南财经政法大学.

王纯阳,屈海林,2013.旅游动机、目的地形象与旅游者期望[J].旅游学刊(6):26-37.

王欢,2018.云南少数民族茶文化的内涵挖掘与社会功能解析[J].贵州民族研究(7):137-140.

王辉,徐红罡,廖倩华,2016.外地游客在广州的美食旅游参与及美食形象感知研究[J].旅游论坛(6):23-31.

王克岭,李刚,2023.乡村旅游利益相关者冲突及互惠型治理机制:基于共生理论的探讨[J].社会科学家(2):53-58.

王浪,2018.国内旅游食品安全保障体系的构建及对策分析[J].食品安全质量检测学报,9(10):280-285.

王刘刘,1997.饮食文化与旅游业发展初探[J].中国烹饪研究(4):59-61.

王益翔，2015. 东浦黄酒特色小镇建设与绍兴酒发展新商机[J]. 中国酒(7)：50-54.

王应霞，2020. 乡村振兴战略背景下的乡村美食旅游开发探析：以广州市从化区为例[J]. 湖北开放职业学院学报(24)：100-102.

王雨静，2014. 构建消费者权益保护社会监督体系的探索与实践[J]. 法律适用(4)：106-110.

王兆峰，腾飞，2012. 西部民族地区旅游利益相关者冲突及协调机制研究[J]. 江西社会科学(1)：196-201.

魏超，2019. 大城市边缘区乡村旅游转型发展研究：以武汉市黄陂区为例[D]. 武汉：华中师范大学.

魏晓瑶，杜然然，杨渊，等，2022. 十八大以来健康中国战略的实施历程与成效[J]. 医学研究杂志(10)：1-5.

翁毅，2004. 福建省美食旅游开发研究[D]. 福州：福建师范大学.

乌铁红，李猛，郝孝园，2019. 地方感视角下民族旅游城市的旅游要素感知分析：以内蒙古呼和浩特市为例[J]. 内蒙古大学学报(哲学社会科学版)，51(5)：32-39.

吴必虎，2001. 区域旅游规划原理[M]. 北京：中国旅游出版社.

吴桂婷，郭智，颜家沛，等，2021. 美食旅游助力乡村振兴：以郫都区战旗村为例[J]. 西部旅游(18)：56-60.

吴晋峰，段骅，2001. 旅游系统与旅游规划[J]. 人文地理(5)：62-65.

吴旭，2020. 靠蹭热度的民俗文化村留不住游客[J]. 中国老区建设(5)：13.

吴彦辉，2021. 乡村旅游高质量发展：内涵，动力与路径[J]. 广西大学学报(哲学社会科学版)(5)：102-107.

吴正海，范建刚，2021. 资源整合与利益共享的乡村旅游发展路径：以陕西袁家村为例[J]. 西北农林科技大学学报(社会科学版)(2)：70-79.

吴壮益，2021. 湖南餐饮业与旅游业发展的互动关系研究[J]. 长沙大学学报(2)：65-70.

伍春，唐爱君，2007. 旅游供应链模式及其可靠性评价指标体系构建[J]. 江西财经大学学报(5)：107-109.

夏小华，雷志佳，2021. 乡村文化振兴：现实困境与实践超越[J]. 中州学刊

(2):73-79.

邢钰舒,2021.新冠疫情下人民健康的需求与供给[J].当代电力文化(3):70-71.

秀丽,2020.农耕文明的北上与蒙古族饮食文化的变迁[J].内蒙古大学学报(哲学社会科学版)(4):10-17.

徐丹,刘嫣红,万绪才,2014.国内游客饮食消费动机满足感及其满意度研究:以南京市为例[J].南京财经大学学报(2):77-82.

徐国亮,薛伟,2024.习近平文化思想视域下中华优秀传统文化国际传播的四重维度[J].浙江工商大学学报(3):36-46.

许贤棠,刘大均,胡静,等,2015.国家级乡村旅游地的空间分布特征及影响因素:以全国休闲农业与乡村旅游示范点为例[J].经济地理,35(9):182-188.

许业辉,韩磊,谢双玉,等,2021.乡村振兴背景下乡村旅游同质化问题解构与评价体系构建[J].中南林业科技大学学报(社会科学版)(6):108-114.

薛付忠,2017.健康医疗大数据驱动的健康管理学理论方法体系[J].山东大学学报(医学版)(6):1-29.

严宽荣,张辉,2009.城市旅游发展中相关者利益及协调策略分析[J].城市发展研究(5):37-40.

闫文秀,张倩,2017.浙江省传统经典产业特色小镇的建设发展与经验借鉴[J].上海城市管理(6):55-60.

杨国廷,2019.美食动机对游客满意度及行为影响的实证研究:以袁家村为例[D].太原:山西大学.

杨静,侯智勇,宋霞,2022.乡村振兴背景下美食文化旅游发展影响因素分析:基于DEMATEL模型的实证分析[J].农村经济(3):101-109.

杨铭铎,孙文颖,2020.中国饮食类非物质文化遗产保护传承的现状与路径研究[J].四川旅游学院学报(2):6-9.

杨清,1985.简明心理学辞典[M].长春:吉林人民出版社.

杨清童,2019.地方特色饮食文化对乡村经济的促进:以四川省乐至县国际烤肉节为例[J].教育现代化(19):35-37.

杨瑞龙,周业安,2000.企业的利益相关者理论及其应用[M].北京:经济科学出版社.
杨尚英,瞿倩,2022.中国西北地区花果文化旅游节研究[J].湖北农业科学(2):40-44.
杨昀,保继刚,2018.治理模式分异对旅游地发展的影响机制研究:阳朔遇龙河景区个案分析[J].人文地理,33(6):112-117.
姚力,2022.新时代十年健康中国战略的部署、推进与成就[J].当代中国史研究(5):36-51.
尹华光,王换茹,姚云贵,2015.武陵山片区文化产业与旅游产业融合发展模式研究[J].中南民族大学学报(人文社会科学版),35(4):39-43.
余丽,杨亮,2021.游客对广州美食旅游的价值感知研究[J].特区经济(6):120-122.
于文博,2024.价值·要义·传承:习近平文化思想对中华优秀传统文化的阐发[J].思想教育研究(1):16-22.
袁文军,石美玉,卢萍,2019.美食旅游者消费动机及其市场细分研究:基于参与美食活动游客的市场调查[J].泰山学院学报(6):118-125.
袁文军,晋孟雨,石美玉,2018.美食旅游的概念辨析:基于文献综述的思考[J].四川旅游学院学报(2):37-41.
翟凤英,金水高,葛可佑,1996.中国人群健康与营养状况调查阶段报告:8省实例研究[J].卫生研究(增刊1):16-25.
张承东,2011.地方节庆多元化目标实现路径的成功探索:盱眙龙虾节的实践与启示[J].旅游规划与设计(2):90-94.
张朝枝,朱敏敏,2020.文化和旅游融合:多层次关系内涵、挑战与践行路径[J].旅游学刊,35(3):62-71.
张聪,林叶新,2022.乡村振兴视域下饮食类非物质文化遗产发展路径研究:以广西武宣红糟酸制作技艺为例[J].四川旅游学院学报(2):20-24.
张凡,2020.盱眙龙虾　好山好水出好虾[J].中国品牌(6):76-77.
张海燕,2013.旅游企业与社区居民利益冲突及协调博弈研究[J].财经理论与实践(1):121-124.
张欢欢,陶传进,2020."赋权理论"视角下农村妇女参与乡村振兴的路径研究:以S公益项目为例[J].贵州社会科学(3):161-168.

张辉,2018.中国旅游发展笔谈:旅游特色小镇(一)[J].旅游学刊(5):1.

张宏梅,陆林,2009.入境旅游者旅游动机及其跨文化比较:以桂林、阳朔入境旅游者为例[J].地理学报,64(8):989-998.

张建萍,2003.生态旅游理论与实践[M].北京:中国旅游出版社.

张建生,2003.饮食文化与旅游经济[J].甘肃广播电视大学学报(2):25-27.

张骏,侯兵,2018.基于美食旅游视角的乡村旅游者类型及特点研究[J].美食研究(2):18-23.

张利,冯敏,2005.饮食资源的旅游开发价值:以成都茶馆为例[J].南宁职业技术学院学报(3):17-23.

张凌云,黎巎,刘敏,2012.智慧旅游的基本概念与理论体系[J].旅游学刊,27(5):66-73.

张楠,2020.以食为媒:饮食文化传播与国家形象建构[J].新闻爱好者(4):61-64.

张述林,邹再进,2001.面向复杂系统的旅游规划综合集成方法[J].人文地理(1):11-15.

张涛,刁宗广,2010.旅游业与餐饮业互动机制研究:以安徽省为例[J].皖西学院学报(2):114-116.

张涛,2012.饮食旅游动机对游客满意度和行为意向的影响研究[J].旅游学刊(10):78-84.

张天一,2022.中国食品安全的法律治理研究[D].呼和浩特:内蒙古大学.

张潇坤,谢晓良,徐绍荣,2022.果酒价值认知与购买行为研究[J].中国果树(8):98-102.

张雅玮,2012.上海市美食旅游开发现状及对策研究[J].旅游研究,4(3):85-89.

张艳荣,2020.中国传统风味小吃名称的语言特点研究[D].西安:西北大学.

张勇,2012.黄山市饮食文化旅游开发研究[D].扬州:扬州大学.

张志恒,陈兴鹏,冯会会,等,2016.基于利益相关者理论的区域生态旅游发展路径优化研究以敦煌市为例[J].资源开发与市场,32(6):749-753.

赵静,2019.乡村旅游核心利益相关者关系博弈及协调机制研究[D].西安:西北大学.

赵鹏,2019.成都:美食文化对旅游经济的带动价值[J].区域治理(47):18-20.

赵荣光,2018.中华饮食文化概论[M].北京:高等教育出版社.

赵荣光,2008.中国酱文化博物馆的创建与期待[J].扬州大学烹饪学报(2):8-12.

赵腾泽,2022.乡村旅游提质升级 助力乡村全面振兴:党的十八大以来旅游业高质量发展系列报道之五[N].中国旅游报,09-23.

郑洁琳,2018.中国首个旅游美食消费力白皮书出炉 地方特色小吃成游客首选[J].中国食品(10):171-172.

郑乐丹,2010.非物质文化遗产资源价值评价指标体系构建研究[J].文化遗产(1):6-10.

郑亚章,2009.饮食文化的旅游资源价值与开发:以三峡地区为例[J].改革与战略(5):150-152.

郑耀星,1999.区域旅游合作是旅游业持续发展的新路:制订《闽西南五市旅游合作发展规划纲要》的深层思考[J].福建师范大学学报(哲学社会科学版)(2):34-37.

钟竺君,2021.食旅游消费分布特征及驱动力研究:以云南特色野生菌为例[D].昆明:云南大学.

周玲强,黄祖辉,2004.我国乡村旅游可持续发展问题与对策研究[J].经济地理(4):572-576.

周书云,2010.旅游视角下地方饮食文化开发措施探析[J].黑河学刊(8):5-7.

周魏淇,陈绍刚,2019.国内旅游业与住宿餐饮业互动关系的实证研究[J].商场现代化(11):104-106.

周瑜,侯平平,2021.推拉理论视角下美食旅游对旅游者行为的作用机理[J].旅游导刊(3):90-107.

邹志兵,2022.基于类型分布与空间划分的特色小镇建设研究:以东浦黄酒小镇为例[J].江西建材(4):322-324.

庄国栋,张辉,2015.基于产业融合的中国旅游产业创新发展路径研究[J].长春师范大学学报,34(6):74-77.

左冰,保继刚,2008.从"社区参与"走向"社区增权":西方"旅游增权"理论研究述评[J].旅游学刊(4):58-63.

ADEYINKA-OJO S F,KHOO-LATTIMORE C,2013. Slow food events as a high yield strategy for rural tourism destinations: the case of Bario, Sarawak[J]. Worldwide hospitality and tourism themes,5(4):353-364.

AHLAWAT M,SHARMA P,GAUTAM P K,2019. Slow food and tourism development:a case study of slow food tourism in Uttarakhand,India[J]. GeoJournal of tourism and geosites,26(3):751-760.

BANERJEE O, CICOWIEZ M, GACHOT S, 2015. A quantitative framework for assessing public investment in tourism: an application to Haiti[J]. Tourism management,51:157-173.

BELISLE F J, 1983. Tourism and food production in the Caribbean[J]. Annals of tourism research,10(4):497-513.

BERTELLAG,2011. Knowledge in food tourism: the case of Lofoten and Maremma Toscana[J]. Current issues in tourism,14(4):355-371.

BESSIÈRE J,2013. 'Heritagisation',a challenge for tourism promotion and regional development:an example of food heritage[J]. Journal of heritage tourism,8(4):275-291.

BONIFACE P, 2003. Tasting tourism: travelling for food and drink[M]. Hampshire: Ashgate Publishing Limited.

BOYNE S,HALL D,2004. Place promotion through food and tourism:rural branding and the role of websites[J]. Place branding,1:80-92.

BOYNE S, HALL D, WILLIAMS F, 2003. Policy, support and promotion for food-related tourism initiatives: a marketing approach to regional development[J]. Journal of travel and tourism marketing, 14 (3/4): 131-154.

ÇELA A, KNOWLES-LANKFORD J, LANKFORD S, 2007. Local food festivals in Northeast Iowa communities: a visitor and economic impact study[J]. Managing leisure,12(2/3):171-186.

CHEN Q,HUANG R,2016. Understanding the importance of food tourism to Chongqing,China[J]. Journal of vacation marketing,22(1):42-54.

COHEN E, AVIELI N, 2004. Food in tourism: attraction and impediment [J]. Annals of tourism research,31(4):755-778.

CORIGLIANO M A, BAGGIO R, 2002. Italian culinary tourism on the Internet. Gastronomy and tourism[M]. Sondrio: Proc. of ATLAS Expert Meeting.

DIAWATY P, LOUPIAS H H, 2018. The negative impact of rapid growth of culinary tourism in Bandung City: implementation of innovative and eco-friendly model are imperative[C]// 2nd International conference on tourism, gastronomy, and tourist destination (ICTGTD 2018). Jakarta, Indonesia. Paris, France: Atlantis Press.

ELLIS A, PARK E, KIM S, et al., 2018. What is food tourism? [J]. Tourism management,68:250-263.

EVERETT S, AITCHISON C, 2008. The role of food tourism in sustaining regional identity: a case study of Cornwall, South West England[J]. Journal of sustainable tourism,16(2):150-167.

FIELDS K, 2003. Demand for the gastronomy tourism product: motivational factors[J]. Tourism and gastronomy:50-64.

FIGUEIREDO E, FORTE T, EUSÉBIO C, 2021. Rural territories and food tourism exploring the virtuous bonds through a systematic literature review[J]. European countryside,13(3):622-643.

FOX R, 2007. Reinventing the gastronomic identity of croatian tourist destinations[J]. International journal of hospitality management,26(3): 546-559.

FREEMAN R E, 1984. Strategic management: a stakeholder approach[M]. Boston: Pitman/Ballinger.

FUSTÉ-FORNÉ F, MUNDET I CERDANL, 2021. A land of cheese: from food innovation to tourism development in rural Catalonia[J]. Journal of tourism and cultural change,19(2):166-183.

GILBERT D, TUNG L, 1990. Public organizations and rural marketing planning in England and Wales [J]. Tourism management, 11 (2): 164-172.

GRAZIANI J, 2003. Travel spending leads to 5, 000 more restaurants in AAA tourbook guides[J]. Business wire.

GUAN J, GAO J, ZHANG C, 2019. Food heritagization and sustainable rural tourism destination: the case of China's Yuanjia Village [J]. Sustainability, 11(10): 2858.

GUNN C, 1972. Vacationscape: designing tourism regions [M]. Austin: University of Texas.

HALL C M, MITCHELL R, 2000. We are what we eat: food, tourism and globalization[J]. Tourism culture & communication, 2(1): 29-37.

HALL C M, SHARPLES L, 2003. The consumption of experiences or the experience of consumption? An introduction to the tourism of taste[M]// HALL C M, SHARPLES E, MITCHELL R, et al. Cambourne, food tourism around the world development, management and markets. Oxford: Butterworth Heinemann: 1-24.

HALL C M, MÜLLER D K, SAARINENEN J, 2009. Rural tourism: Tourism as the last resort? [M] // HALL C M, MÜLLER D K, SAARINEN J. Nordic tourism: Issues and cases. Bristol, UK: Channel View Publications: 109-129.

HERMAN S, AFANDI M, SAMDINET Z, et al. , 2013. Review of valuation from a nonmarket perspective: travel cost method for rural tourism[J]. Worldwide hospitality and tourism theme, 5(4): 329-341.

HJALAGER A M, 2004. What do tourists eat and why? Towards a sociology of gastronomy and tourism [J]. Tourism (Zagreb): 52 (2): 195-201.

HJALAGER A M, JOHANSEN P H, 2013. Food tourism in protected areas-sustainability for producers, the environment and tourism? [J]. Journal of sustainable tourism, 21(3): 417-433.

HJALAGER A M, RICHARDS G, 2002. Tourism and gastronomy [M].

London:Routledge.

HORNG J S,TSAI C T,2012. Culinary tourism strategic development:an Asia-Pacific perspective[J]. International journal of tourism research,14(1):40-55.

IIZUKA R,KIKUCHI T,2016. A village of high fermentation:brewing culture-based food tourism in Watou,West Flanders,Belgium[J]. European journal of geography,7(1):58-72.

ISO-AHOLA S E,1982. Toward a social psychological theory of tourism motivation:a rejoinder[J]. Annals of tourism research,9(2):256-262.

JANG S C,HA J,PARK K,2012. Effects of ethnic authenticity:investigating Korean restaurant customers in the US[J]. International journal of hospitality management,31(3):990-1003.

JIMÉNEZ BELTRÁN J,LÓPEZ-GUZMÁN T,SANTA-CRUZ F G,2016. Gastronomy and tourism:profile and motivation of international tourism in the city of Córdoba,Spain[J]. Journal of culinary science & technology,14(4):347-362.

JONES A,JENKINS I,2003. A taste of Wales-Blas Ar Gymru:institutional malaise in promoting Welsh food tourism products[J]. Tourism and gastronomy:129-145.

KANTARCI K,2007. Perceptions of foreign investors on the tourism market in central Asia including Kyrgyzstan,Kazakhstan,Uzbekistan,Turkmenistan[J]. Tourism management,28(3):820-829.

KIKUCHI T,2008. Potential development of geographical studies on rural tourism with the adoption of the research framework of food tourism[J]. Geographical space,1(1):32-52.

KIM S,ELLIS A,2015. Noodle production and consumption:from agriculture to food tourism in Japan[J]. Tourism geographies,17(1):151-167.

KIM H,LEE S,UYSAL M,et al.,2015. Nature-based tourism:motivation and subjective well-being[J]. Journal of travel and tourism marketing,32(sup1):S76-S96.

KIM S,IWASHITA C,2016. Cooking identity and food tourism:the case of Japanese udon noodles[J]. Tourism recreation research,41(1):89-100.

KIM Y G,EVES A,2012. Construction and validation of a scale to measure tourist motivation to consume local food[J]. Tourism management,33: 1458-1467.

KIM Y G, EVES A, SCARLES C, 2009. Building a model of local food consumption on trips and holidays: a grounded theory approach [J]. International journal of hospitality management,28(3):423-431.

KIVELA J,CROTTS J C,2005. Gastronomy tourism:a meaningful travel market segment[J]. Journal of culinary science & technology,4(2/3):39-55.

KIVELA J,CROTTS J C,2006. Tourism and gastronomy: gastronomy's influence on how tourists experience a destination [J]. Journal of hospitality & tourism research,30(3):354-377.

LONG L M,1998. Culinary tourism:A folkloristic perspective on eating and otherness[J]. Southern folklore,55(3):181.

MCKERCHER B, OKUMUS F, OKUMUS B, 2008. Food tourism as a viable market segment:it's all how you cook the numbers! [J]. Journal of travel & tourism marketing,25(2):137-148.

MGONJA T J,2015. Evaluating local food tourism linkages as a strategy for promoting sustainable tourism and economic development: a case of Tanzania[D]. South Carolina:Clemson University.

OKUMUS B,2021. Food tourism research:a perspective article[J]. Tourism review,76(1):38-42.

OKUMUS B,OKUMUS F,MCKERCHER B,2007. Incorporating local and international cuisines in the marketing of tourism destinations:the cases of Hong Kong and Turkey[J]. Tourism management,28(1):253-261.

PAVLIDIS G, MARKANTONATOU S, 2020. Gastronomic tourism in Greece and beyond: a thorough review [J]. International journal of gastronomy and food science,21:100229.

PRESENZA A, DEL CHIAPPA G, 2013. Entrepreneurial strategies in leveraging food as a tourist resource:a cross-regional analysis in Italy[J]. Journal of heritage tourism,8(2/3):182-192.

QUAN S, WANG N, 2004. Towards a structural model of the tourist experience:an illustration from food experiences in tourism[J]. Tourism management,25(3):297-305.

RAND G E D, HEATH E, ALBERTS N, 2003. The role of local and regional food in destination marketing:a South African situation analysis [J]. Journal of travel & tourism marketing,14(3/4):97-112.

RAND G E D,HEATH E,2006. Towards a framework for food tourism as an element of destination marketing[J]. Current issues in tourism,9(3): 206-234.

RENKO S,RENKO N,POLONIJO T,2010. Understanding the role of food in rural tourism development in a recovering economy[J]. Journal of food products marketing,16:309-324.

RICHARDS G, 2003. Gastronomy: an essential ingredient in tourism production and consumption? [M]//HJALAGER A M,RICHARDS G. Tourism and gastronomy. London:Routledge.

RINALDI C,2017. Food and gastronomy for sustainable place development: a multidisciplinary analysis of different theoretical approaches [J]. Sustainability,9(10):1748.

ROBINSON R N,CLIFFORD C,2012. Authenticity and festival foodservice experiences[J]. Annals of tourism research,39(2):571-600.

ROUDI-FAHIMI F, MOGHADAM V M, 2006. Empowering women, developing society:female education in the Middle East and North Africa [J]. Al-Raida journal(114/115):4-11.

RUSHER K, 2003. The Bluff Oyster Festival and regional economic development:festivals as culture commodified[J]. Food tourism around the world:192-205.

SAXENA G, CLARK G, OLIVER T, et al., 2007. Conceptualizing integrated rural tourism[J]. Tourism geographies,9(4):347-370.

SHAH G, SHENDE K, 2017. A study on the importance of food tourism and its impact on creating career opportunities amongst the residents of pune city[J]. International journal of research in IT and management, 7(3): 192-208.

SIMS R, 2009. Food, place and authenticity: local food and the sustainable tourism experience[J]. Journal of sustainable tourism, 17(3): 321-336.

SMITH S L, XIAO H, 2008. Culinary tourism supply chains: a preliminary examination[J]. Journal of travel research, 46(3): 289-299.

SMITH S, COSTELLO C, MUENCHEN R A, 2010. Influence of push and pull motivations on satisfaction and behavioral intentions within a culinary tourism event[J]. Journal of quality assurance in hospitality & tourism, 11(1): 17-35.

SOFIELD T H B, 2003. Empowerment for sustainable tourism development [M]. [S. l.]: Emerald Group Publishing.

SWARBROOKE J, 2002. The development and management of visitor attractions [M]. Oxford: Reed Educational And Professional Publishing Ltd.

TELFER D J, 2000. Tastes of Niagara: building strategic alliances between tourism and agriculture[J]. International journal of hospitality & tourism administration, 1(1): 71-88.

TELFER D J, WALL G, 1996. Linkages between tourism and food production[J]. Annals of tourism research, 23(3): 635-653.

TELLSTROM R, GUSTAFSSON I B, MOSSBERG L, 2010. Local food cultures in the Swedish rural economy[J]. Sociologia ruralis, 45(4): 346-359.

THOMÉ-ORTIZ H, 2018. Heritage cuisine and identity: free time and its relation to the social reproduction of local food[J]. Journal of heritage tourism, 13(2): 104-114.

TIKKANEN I, 2007. Maslow's hierarchy and food tourism in Finland: five cases[J]. British food journal, 109(9): 721-734.

TOMESCU A M, BOTEZAT E A, 2014. Culinary tourism in Romania:

professional points of view[J]. Biennal Intrenational Congress:677-688.

WALLE A H, 1995. Business ethics and tourism: from micro to macro perspectives[J]. Tourism management, 16(4):263-268.

WORLD TOURISM ORGANIZATION, 1998. Guide for local authorities on developing sustainable tourism[M]. Madrid: World Tourism Organization.

WU X, 2014. The farmhouse joy (nongjiale) movement in China's ethnic minority villages[J]. The Asia pacific journal of anthropology, 15(2):158-177.

YEOMAN I, MCMAHON-BEATTE U, 2016. The future of food tourism [J]. Journal of tourism futures, 2(1):95-98.

강경심, 이순례, 2021. 농촌관광의 내재적동기와 음식선호에 대한 융복합 연구 [J]. The journal of the convergence on culture technology (JCCT), 7(1): 272-283.

김헌철, 2019. 관광지 선택속성이 관광만족도에 미치는 영향에 있어 향토음식이미지의 조절효과: 기장군을 중심으로[J]. Tourism research, 44(4): 151-169.

김성곤, 이선호, 이종호, 2017. 음식관광 참여활동, 관광만족도, 행동의도 간의 구조적인 인과관계-관광만족도의 매개효과[J]. 관광학연구, 41(7):11-26.

민용기, 배인호, 2015. 장소마케팅을 위한 음식관광의 전략적 발전: 태국의 길거리음식 홍보사례를 중심으로[J]. 관광연구, 30(5):513-533.

박보미, 윤유식, 이경희, 2009. 관광 자원으로서 전통 음식의 매력성에 따른 구매 의사에 관한 연구[J]. 동아시아식생활학회지, 19(5):819-826.

박수진, 황태규, 2018. 음식관광자원의 분류 및 중요도 비교에 관한 연구 [J]. 한국지역경제연구, 16(3):91-112.

안성식, 백만기, 이현종, 2011. 관광산업에 있어서 음식요인이 관광지 만족 및 관광지충성도에 미치는 영향에 관한 연구[J]. 관광레저연구, 23(3): 63-85.

최지아, 이은주, 2015. 종가의 음식관광자원 가능성 연구: 충재 권벌종가 팸투어 참가자 대상으로[J]. 동아시아식생활학회, 25(5):752-764.